LEONHARD F. SEIDL

# Wer mordet schon in Oberbayern?

**WILDES BAYERN** In Oberbayern spielen sie Cowboy und Indianer. Wobei der Cowboy der Django ist und die Indianer die Verbrecher sind. Dem Django sein Revier reicht von Ingolstadt über Pfaffenhofen, Erding, Dachau, München bis nach Burghausen. Überall lauern Lumpen. Er muss stets auf der Hut sein. Und wenn ihm mal so ein Striezi entkommt, kann er sicher sein, dass seine Oma mit ihrem Hacklstecker rechtzeitig da ist, um dem Verbrecher ein Bein zu stellen.

*Leonhard F. Seidl ist in der Nähe des Isentals aufgewachsen. Nach seinem Studium der Sozialen Arbeit ist er mittlerweile freiberuflicher Autor, Biograf und Dozent für kreatives Schreiben. Zwischendurch machte er Halt im Knast, um für sein Projekt »Beschriebene Blätter – Kreatives Schreiben mit straffälligen Jugendlichen« zu recherchieren, für das er 2007 ausgezeichnet wurde. In seinen mittlerweile zahlreichen Veröffentlichungen schickt er nur noch seine Figuren ins Gefängnis und genießt mit seiner Familie das Leben in Nürnberg. www.textartelier.de*

Bisherige Veröffentlichungen im Gmeiner-Verlag:
Django ermittelt in Bayern (2015)

LEONHARD F. SEIDL

# Wer mordet schon in Oberbayern?

*11 Krimis und 125 Freizeittipps*

GMEINER SPANNUNG

Besuchen Sie uns im Internet:
www.gmeiner-verlag.de


Im Ehnried 5, 88605 Meßkirch
Telefon 07575/2095-0
info@gmeiner-verlag.de

1. Auflage 2015

Lektorat: Sven Lang
Herstellung: Mirjam Hecht
Umschlaggestaltung: U.O.R.G. Lutz Eberle, Stuttgart
unter Verwendung eines Fotos von: © Wieselpixx – Fotolia.com
und © davis – Fotolia.com
Druck: GGP Media GmbH, Pößneck
Printed in Germany
ISBN 978-3-8392-1781-8

Personen und Handlung sind frei erfunden.
Ähnlichkeiten mit lebenden oder toten Personen
sind rein zufällig und nicht beabsichtigt.

# INHALT

# HEILIGER ZENO BEHÜTE UNS

## - ISEN/BURGRAIN-

Django war noch ein Hosenscheißer, wie sie ihn mit einer Eisenstange erschlagen haben. Es geschah im Markt Isen, einem idyllisch gelegenen Ort mit etwas mehr als 6.000 Einwohnern im Landkreis Erding. Gerade als ein lärmender Düsenjäger über den Ortsrand rauschte, stieß Django die Eisenstange in das eiskalte Wasser des gleichnamigen Flusses Isen. Die Forelle trieb kurz darauf an der Wasseroberfläche; die Eisenstange hatte den Forellenbauch erwischt. Trotzdem musste der Koxholt Heiko den Fisch zusätzlich erschlagen.

35 Jahre waren seitdem vergangen. Den Tatort gab es mittlerweile nicht mehr, weil der Verlauf der Isen geändert worden war. Gar nicht so sehr zum Nachteil, wie Django fand. Denn jetzt schlängelte sich der Bach gemütlich dahin, in der Nähe des Ufers waren asphaltierte Wege, ein Spielplatz und Bänke angelegt worden. Dort konnten die Senioren des einen Steinwurf entfernten Heims von ihren Verwandten spazieren gefahren werden oder sich mit den kleinen Isenern aus dem Kindergarten treffen. Auch wenn Django manchmal mit seiner Oma hier entlang ging, war sie doch froh, in ihrem eigenen Haus leben zu können. Gemeinsam mit ihrem Enkel, dem Django, am anderen Ende von Isen. In einem alten Haus, das ihr ihr Mann hinterlassen hatte. Bei jedem Spaziergang genossen sie die von Bäumen gesäumte, plätschernde Isen und den Blick auf die gegenüberliegenden Hänge.

Wie fast sein ganzes Leben lang, hatschte Django in seinem speckigen, dunkelblauen Mantel, dem Cowboyhut und den Stiefeln mit der Oma zum Neujahrsgottesdienst. Er hatte den Rollstuhl der Oma noch nicht einmal auf den Friedhof geschoben, der die St. Zeno Kirche [1] umgab, da wusste er schon, dass irgendetwas nicht stimmte. Nicht umsonst arbeitete er seit Jahren als professioneller Schnüffler. Auch die Oma merkte sofort, dass etwas faul war. Sie hatte sich ihr kriminalistisches Gespür während Djangos Sturm- und Drangphase angeeignet und weiterhin gepflegt, weil man einfach gefragt war, wenn man viel wusste: über die verschwundenen Schuhe der Nachbarn – der Dieb war eine Katze gewesen, die immer nur einen Schuh stibitzt hatte; die Krampfadern des Bürgermeisters oder die Staubfussel in der Kirche. Und ein bisserl Dreck haben s' ja alle am Stecken. Die Menschenmenge am Friedhof, die zwar immer da war an Neujahr, war heuer irgendwie größer, als gäbe es etwas umsonst.

»Da ist was passiert, da ist was los«, zischte die Oma. Vor lauter Freude haute sie ihm den Hacklstecker auf den Kopf, sodass nicht nur der Kies knirschte. Als sie auf den Friedhof fuhren, wäre Djangos Cowboyhut fast hinuntergefallen. Django drückte die Oma durch die Menschenmenge, was der nicht schnell genug ging, weswegen sie ihm gleich noch eine mitgab. Jetzt sah Django Sterne, dass man meinen könnte, es wäre wieder Weihnachten. Dabei war das neue Jahr erst ein paar Stunden alt. Samt Djangos guten Vorsätzen. Schon heute in der Früh war es ihm schwergefallen, seinen Vorsatz durchzuhalten. Nämlich, als die Oma wie jeden Morgen das Vier-Kilo-Schokocreme-Glasl auf den Tisch gewuchtet hatte. Als Kind hatte er Salzstangen darin eingetunkt und damit sich und seine Umgebung angemalt. Sehr zur Freude seiner Mama, die sich mittlerweile leider nicht mehr freuen konnte. Sicherheitshalber hatte Django der Oma seinen Vorsatz verschwiegen. Sie sagte auch nix, als er grantig auf seinen Müsli-Kernen herumlutschte. Aber der graue Star und sie beaugapfelten das Vogelfutter, als hätten sie gerne was davon gehabt.

Jetzt wurde es Django endgültig zu viel mit der Drängelei und er bog ab auf die Umleitung zwischen den Gräbern. Wie die Oma hob er mehrmals die Hand, um der Blosn etliche »Servus! Gsunds Neus!« zuzurufen. Die antworteten allerdings nur manchmal, weil etwas anderes wichtiger zu sein schien.

Wie sie dann vor dem Eingang der St. Zeno Kirche standen, die dem Dom von Freising nachgebaut worden war, blieb die Tür zu, wie der Deckel des Schokocreme-Glasls.

»Du, Schorsch, was ist denn da los?«, rief die Oma, »haben die Moslems jetzt die Tür zugesperrt?«

Django war das ganz schön unangenehm. Der Tahsin hatte sicher was anderes zu tun, als die Kirche zuzusperren. Der schlief wahrscheinlich gerade seinen Silvesterrausch aus.

»Nein, die Schandi sind grad drin. Kripo aus Erding, Spurensicherung, der ganze Apparat.«

Django parkte die Oma zwischen zwei Grabsteinen und drängelte sich zum Schorsch. Irgendwie war sie auch ein bisschen selber dran schuld, dass er sie stehen ließ, weil von ihrem Geplärre sein Tinnitus wieder aufgewacht war.

»Servus, Schorsch.«

»Servus, Django.«

Django hieß Django seit seiner Jugend. Nach dem Tod seiner Eltern hatte er zum ersten Mal den Django gesehen, den Italo-Western von 1966. Seitdem war er als ausrangierter Nordstaatensoldat unterwegs. Zu seiner harten Zeit schleifte er sogar einen Holzsarg – wie Django im Film – hinter sich her. Allerdings bekam er bereits nach einer Woche Probleme mit seiner Schulter, weswegen heute nur noch ein Silbersarg um seinen Hals baumelte. Mit seinen kurzen, roten Stoppelhaaren und seiner Wampen schaute er zwar nicht aus wie der Franco Nero, aber seiner verblichenen Maria war das egal gewesen. Für sie kam es auf die inneren Werte an. Von denen hatte Django genug, auch wenn er es nicht immer zeigte.

»Warum sind die Schandi eigentlich da?«

»Den St. Zeno hab'ns g'stohlen.«

»Gibt's schon Hinweise auf die Täter?«

»Ich weiß nix.«

Wenn der Schorsch nichts wusste, seine Franzi hatte nämlich ein größeres kriminalistisches Gespür als die Oma, dann musste Django selber aktiv werden. Also ging er um die Kirche herum, suchte den Boden ab und dackelte von Grab zu Grab. Da sah er den grünen Trachtenhut liegen, auf dem Glas einer Totenkerze. Er hob den Hut hoch, es rauchte, obwohl es gar nicht so kalt war für diese Jahreszeit. Der Geruch von verbranntem Stoff kroch in seine Nase und er wusste sofort, wem er gehörte. Nur einer hatte einen Anstecker mit einem Gewehr an seinem Hut und war in ganz Isen und Umgebung dafür bekannt.

Plötzlich hörte er jemanden seinen Namen brüllen: »Django, du Saugrippe! Django, wo bist denn?«

»Zefix, ich hab die Oma vergessen.« Schon sah er das Kopftuch und den roten Schädel zwischen den Gräbern daher kurven. Zum Glück standen die meisten Leute auf der anderen Seite und hatten nicht mitbekommen, dass er die Oma hat stehen lassen. Mit gebeugten Schultern schob er sie durch den Hinterausgang. Eigentlich war das auch gar nicht so schlimm, weil die Oma ja noch selber fahren konnte. Aber sie war da halt ein bisschen eigen.

»Zeit für einen Kaffee und ein Stück Torten ist es, oder, Oma?«, versuchte er sie zu beruhigen. Was aber nicht wirklich hinhaute. Vielleicht auch, weil ihm bereits bei dem Wort ›Torte‹ das Wasser im Mund zusammenlief und der Magen fordernd knurrte.

»Einfach seine Oma vergessen, wo gibt's denn so was? Kein Wunder, dass du seit der Maria keine Frau mehr gefunden hast.«

Django war kurz davor, die Oma mitten auf der Straße stehen zu lassen. Jetzt wäre das nicht so tragisch gewesen. Dafür in ein paar Minuten, wenn die Leute von der Kirche heimfuhren. Weil er den Täter finden musste, beschloss er, sie im Café zu parken.

»Servus, Rosi«, begrüßt er die Bedienung und steckte ihr 50 Euro zu. »Wenn d' Oma fertig ist, gibst ihr ein Kreuzworträtsel und Mittag fährst sie zum Klement 2 rüber.«

Die Rosi stierte Django mit offenem Mund an.

»Ich muss die Büste vom heiligen Zeno aufstöbern«, schob er noch schnell hinterher.

Weil sein Auto in der Werkstatt war, schnappte er sich ein Radl, das vor dem Café stand. Später würde er es zurückbringen, woran die alte Weinsteigerin allerdings nicht glaubte. Sie lehnte am Fenster, schräg gegenüber, auf einem Kissen und beobachtete ihn. Nur kurz verließ sie ihren Beobachtungsplatz, um die Polizei in Dorfen anzurufen. Und obwohl die sie schon kannten, manchmal frotzelten, dass sie eine Standleitung mit der Weinsteigerin z'Isen einrichten könnten, informierten sie dann doch umgehend die Kollegen in der Kirche.

In der Zwischenzeit radelte Django runter zum Seniorenheim. Die Sonne strahlte ihm ins Gesicht und er sog die frische Januarluft tief ein. An der Isen entlang fuhr er Richtung Tennisplatz, wo er die schmale Brücke überquerte. Zwischen den Wiesen und Feldern, durch das Tal, an Pferden und am betonierten Wasserfall vorbei. Dort, wo sich der Bach gabelte und wo er mit seinen Spezln wie sie klein waren, ein selbst gebautes Floß hingeschleppt hatte. Schweißgebadet, aber glücklich waren sie am Wasser angekommen. Sie hatten das Floß zu Wasser lassen. Und sofort war es untergegangen. Genau wie damals prickelte es in seine Armen vor lauter Aufregung. Endlich hatte er mal wieder einen spannenden Fall zu klären.

An der Urtlmühle [3], mit ihren Fischteichen und Hühnern bog er rechts nach Mais ab, weil dort der Martl in seinem verfallenen Hof lebte. Als der Berg nach Mais hinauf gar nicht enden wollte, konnte Django seine Radltour schon weniger genießen, obwohl die Sonne nach wie vor schien. Sein Magen hatte ab der Hälfte des Berges nur noch die Linzertorte von der Oma vor Augen und der Durst quälte ihn wie Sau. Was tät er jetzt für ein Weißbier und einen Apfelstrudel mit Eis geben …

Wenn er mehr Zeit gehabt hätte, hätte er pausiert, als er oben angekommen war, und hätt die Aussicht ins Tal und nach Isen hinüber genossen. Aber wie bei einem Mord waren auch nach einem Diebstahl die Stunden danach die wichtigsten. Außerdem konnte es passieren, dass es nicht lange dauerte, bis der Gschwoischädel Kommissar Rutzmoser und seine Kollegen beim Martl auftauchten. Und so hatte der Django einen eindeutigen Vorsprung.

An einem Maisfeld vorbei fuhr er zum Martl seinem wurmstichigen Häuserl. Plötzlich ertönte ein Schuss, der durch den Wald widerhallte. Der Irre ballerte gleich noch einmal. Django ließ sich sicherheitshalber auf den kotigen Feldweg fallen, in der letzten Zeit hatte er wegen seiner Diät oft genug den Löffel abgeben müssen. Sein Cowboyhut rollte gegen einen Holzstapel neben der Straße und er schürfte sich die Hände auf. Weil nicht noch mehr Blut fließen sollte, zog er den Kopf ein und seinen Deringer aus dem Halfter. Da feuerte der Martl erneut. Django duckte sich kurz, um gleich darauf zurückzufeuern, da er sich nicht alles gefallen lassen musste.

»Haut's ab, Ihr Verbrecher!«, plärrte der Martl und feuerte auf Django im Graben. Dieses Mal hörte der sogar die Kugel pfeifen.

»Ich bin allein, Martl!«

»Verschwind!«

»Ich will doch nur mit dir reden.«

Und schon pfiff ihm die nächste Kugel um die Ohren.

»Das haben's das letzte Mal auch gesagt und dann haben's mich geteert und gefedert.«

Django zwickte sich in den Arm.

Wach ich oder träum ich. Das hört sich nach einem guten Western an. Jetzt musste er alles riskieren. Er sprang auf, riss die Arme hoch, seine Pistole baumelte an seinem Zeigefinger. So viel Todesmut würde den Martl hoffentlich beeindrucken. Weil nichts geschah, ging Django in Richtung des schießwütigen Wilderers. Und er hatte richtig vermutet: Der Martl kam hinter der Mauer hervor, von der der Putz abblätterte. Groß verändert hat er sich nicht, seitdem er ihn zuletzt gesehen hatte. Nur dass sein schwarzer Rauschebart mittlerweile ergraut war. Die Lodenjoppen und die Lederhosen zog er wohl nie aus.

»Was möchst?«, fragte der Martl grantig. Bevor Django

antworten konnte, schob er hintennach: »Wer bistn überhaupt?«

Django überlegte, welche Frage er zuerst beantworten sollte, weil der Martl mit seinem Gewehr im Anschlag nicht wirklich friedlich aussah. Er konnte genau in den dunklen Abgrund des Gewehrlaufs schauen. Selbst wenn er die Kugel kommen sah, half ihm das auch nichts mehr. Darum ließ Django seinen Blick hinunter ins Tal und weiter nach Isen wandern, was für den Martl ein Zeichen von friedvollen Absichten sein sollte.

»Der Django bin ich, von Isen.« Der Martl würde nicht mehr wissen, dass er ihm als Kind mal das Radl weggesperrt hatte. Die Buben hatten es im hohen Gras liegen lassen. Sauer war der Martl damals, weil er das niedergedrückte Gras nicht richtig mähen hatte können.

»Und was willst?« Das Gewehr hielt er immer noch im Anschlag.

»Die Büste vom Heiligen Zeno haben s' gestohlen.«

»Und was hat das mit mir zu tun?«

»Das«, langsam zog Django den Lodenhut mit dem Gewehranstecker aus seinem Mantel. Brösel fielen auf die Wiese. »Hab ich am Friedhof gefunden.«

»Sakrament, mein Hut. Die Saubande.«

»Welche Saubande?«

»Orgesch, heißen s'.«

Orgesch, Orgesch, irgendwo hatte Django den Namen schon mal gehört.

»Nach dem Verbrecher Escherich, dem Halbnazi. Die jagen mich.«

Jetzt erinnerte er sich. Eine Straße in Isen hieß Georg-Escherich-Straße. Dass die immer noch nach so einem benannt war?

»Warum?«

»Weil s' sagen, ich wilder.«

Django überlegte.

»Und jetzt wollen s' mir anscheinend den Diebstahl vom St. Zeno anhängen. Eher tät ich die Alte Linde [4] umsägen oder mich ins Heimatmuseum [5] stellen, als in einem Gotteshaus was stehlen. Der Zeno ist für alle da, wie die Viecher.«

Auch wenn er nicht wusste, warum, so glaubte er dem Wilderer Martl doch, was vielleicht ein bisschen unprofessionell war.

»Wann waren die von Orgesch denn das letzte Mal da?«

»Schwören tät ich's ned, aber vor zwei Tag hat mir jemand den Hut g'stohlen.«

Django warf den Hut zum Martl, der sein Gewehr mittlerweile runtergenommen hatte. Wie Django den Hut aus dem Handgelenk herauswirft, schultert er die Flinte und schießt Django seinen Cowboyhut vom Kopf. Den Filzhut fängt der Martl mit dem Lauf auf und inspiziert ihn kritisch. »Der is ja total verbrutzelt«, holte ihn der Martl aus seinen Überlegungen.

»Auf einem Grablicht ist er gelegen.«

»Drecksäu.«

»War sonst noch was los, die letzten Tage?«

»So eine Blosn haben ihre Radl in d'Wintergersten g'legt. Und der Nachbar, der Wenninger darf schauen, wo er bleibt beim Ernten«, murmelte der Martl. »Das war auch vor zwei Tagen.«

»Aso.«

»Die Radl habe ich ihnen erst am nächsten Tag wiedergeben wollen. Aber dann ist der Tschinkel Luck vor der

Tür g'standen. Und hat was verzählt von Schandi und so weita. Da hab ich's ihm lieber g'geben.«

»Der Luck«, dachte Django und klaubte seinen Cowboyhut auf. Zefix, ein Loch.

»Kaum redet man vom Teufel …«

Ein Polizeiauto raste den Berg hinauf. Django schaute, dass er weiterkam. Mit seinem geliehenen Rad bretterte er hintern Holzstapel, schmiss es auf den Boden und sich gleich daneben. Wie der Streifenwagen vorüberfuhr, sah er den Gschwoischädel seines ganz speziellen Freundes Kommissar Rutzmoser, der auf der Beifahrerseite saß.

Als die Polizeibeamten am Holzstapel vorbei waren, stieg er wieder auf und fuhr links ab zum Müllner Bründl [6]. Die Zunge hing ihm vor Durst bis zu den Knien. Im Wald ließ es ihn fast hin. Der Weg war dermaßen ausgewaschen, dass er eigentlich ein Mountainbike gebraucht hätte und keine alte Schäßn. Also schob er das letzte Stück. Die frische Waldluft kühlte ihn. Vielleicht half ihm das Wasser des Müllner Bründl ja auch bei seiner Diät. In der Schule hatte Django nämlich gelernt, dass sich bei der Schlacht von Hohenlinden um 1800, wie der Kaiser Napoleon gewütet, sich ein Reiter an diesen Ort verirrt hatte. Weil das damals aber alles Moor war, sank das Pferd bis zum Sattel ein. Und wie so oft, hatte er gehofft, dass ihm der liebe Gott wieder raushalf. Sein Bitten wurde erhört, und sein Pferd scharrte sich frei. Wie er sich dann noch einmal umgeschaut hatte, sprudelte genau an der Stelle, wo er beinahe eingesunken wäre, eine Quelle. Das vermeintliche Wunder hatte der Reiter aufgeschrieben und das Schriftstück in einem hohlen Baumstamm gelegt. Deswegen war später an der gleichen Stelle eine Kapelle gebaut worden, angeblich von einem Müller.

Django schnappte sich eine Tasse, die an einem Haken unter dem Holzdach der Quelle hing, und füllte sie mit Wasser. Dass Wasser so gut sein konnte. Sogar der Hunger ließ nach.

Den Berg in Mais runter nahm er die Hände vom Lenker, hob die Arme übermütig in die Höhe, weil's einfach schön war, einen interessanten Auftrag zu haben, auch wenn er nicht bezahlt wurde. Isen lag zu seinen Füßen und er sah schon die Schlagzeilen in der Zeitung. ›Privatdetektiv Kugler rettet Heiligen Zeno‹. Dann hatte es endlich ein Ende mit dem ganzen Gefrotzel, dann war er, Django, der Held, dem die Frauen zu Füßen lagen, und nicht nur da. Das Stichwort Frauen passte gar nicht zum Tschinkel Luck, zu dem Django jetzt hinradeln musste. Was seine gute Stimmung gleich ein bisschen drückte. Der hatte damals seiner Maria schöne Augen gemacht; als sie noch am Leben war. Django war sicher, dass der Luck bei ihr keine Chance hatte, mit seinem Angeberschlitten und seinem Schloss. Meistens zumindest. Der Tschinkel Luck wohnte nämlich im Schloss Burgrain 7. Da hörte Django eine Polizeisirene näher kommen.

Hat der Martl, der Sauhund, Kommissar Rutzmoser gesteckt, dass ich da bin? Und die wissen von meinem geliehenen Radl?

Er radelte wie ein Irrer, brauste um die Kurve zur Urtmühle, über die Brücke, unter ihm die Isen, hinter ihm das Blaulicht. Die Hühner auf der anderen Seite der Straße liefen alle davon. Er bog in den Hof der Urtlmühle ein, ein bisschen zu schnell. Der Hinterreifen rutschte weg und Django hinterher. Er schürfte sich die Hände noch mehr auf. Das Polizeiauto hielt, die zwei Senfhosen rissen die Türen auf und sprangen heraus. Django packte sein Rad, stieg auf und schlingerte über den schmalen Steg, unter dem ein Bach floss. An zwei Fischweihern vorbei ging's zum Wasserfall, an dem er mit dem Heiko einmal schwarzfischen gewesen war, und drehte sich erneut um. Die zwei Schandi wetzten nach wie vor hinter ihm her. Er musste sie abhängen, sonst kam's hier zu einer ähnlichen Schlacht wie bei der Schlacht von Hohenlinden. Django radelte, radelte und radelte, doch die Dorfpolizisten schienen eine bessere Kondition als die Tatortkommissare zu haben. Sie waren ihm weiterhin auf den Fersen. Allerdings ohne Mütze.

Hatten die nix anderes zu tun, als einen Radldieb zu jagen, der keiner war?

Beim Pferdegatter stierten ihm die Pferde hinterher, als er durch eine Pfütze bretterte und der Dreck nur so spritzte. Rutzmoser und sein Lehrbub blieben stehen und stützten die Arme auf den Oberschenkeln ab. Klarer technischer Vorteil, dachte Django und schaute, dass er weiter kam. Er musste sich den Luck vorknöpfen.

Die Leute erzählen, dass die Franzosen und die Schweden im Burgrainer Schloss bereits nach dem Dreißigjährigen Krieg einen im Turm vergrabenen »Schatz an Gold« gefunden haben. Später befand sich im Schloss ein Blindenheim, was gut zum Luck passte, weil er nicht kapiert hatte, dass nur er der Maria schöne Augen gemacht hatte, sie ihm aber nicht.

Django strampelte sich den Berg zum Burgrainer Schloss hinauf ab. Bis er keuchend vor dem verblichenen roten Burgtor stand, mit dem weißen Dreieck, das nach oben wies.

Du hast schon bessere Zeiten gesehen, dachte Django und läutete. Ob dem Luck das Geld ausgegangen war? Und ich als Cowboy in einer Burg war wie ein Vegetarier in einer Schlachtschüssel. Was tat man nicht alles, um einen Fall zu lösen.

Eine kleine Tür innerhalb des Tores öffnete sich und der Burgherr grinste ihn an: der Tschinkel Luck. Sein fülliges Haar ließ Django erst einmal seinen Cowboyhut zurechtrücken, unter dem sich die letzten roten Haare versteckten. Aber auch am Luck hatte der Zahn der Zeit genagt. Und zwar heftig. So zerknittert hatte Django ihn nicht in Erinnerung gehabt.

»Ja, der Django. Was für ein Glanz in meiner Hütte.«

Ich geb dir gleich einen Glanz, dachte Django, knirschte mit den Zähnen und lurrte in die Hütte. Der Schlossherr legte seinen Arm um ihn und zog ihn sanft mit sich. »Frisch ist es. Lass uns an Kachelofen setzen und einen Grog trinken.«

Django war sprachlos. Er hatte eher mit einem verstimmten Luck gerechnet. Am liebsten hätte er den Grog abgelehnt, da er dahinter ein Ablenkungsmanöver vermutete. Aber er wusste, dass Rituale wichtig waren, um das Vertrauen des zu Befragenden zu gewinnen. Und beim Luck war das nötiger als bei anderen. Außerdem hatte er nach der Ochsentour überhaupt nichts gegen einen Grog einzuwenden. Luck führte Django über eine Treppe, an zwei Ritterrüstungen vorbei. Auf einem roten Teppich ging es einen langen Gang entlang. Die Dielen knarrten unter Djangos Stiefeln, sein Blick blieb immer wieder auf Bildern von der Burg und den Sitzgruppen mit Stühlen und Tischen im Gang hängen. Bis sie die Küche erreicht hatten, wo in einem ein blau gekachelten Ofen das Feuer knackte. Luck deutete auf die Eckbank: »Komm gleich.«

Django ließ sich auf die Eckbank fallen. Erst saß er noch aufrecht auf dem Polster. Nach und nach wurde ihm wärmer, dann rutschte er fast unter den Tisch. Kurz bevor ihm die Augen zugefallen wären, kam Luck mit einem Tablett zurück, auf dem zwei Grog standen und ihn Plätzchen anlachten. Django versuchte eine ganze Sekunde zu widerstehen, streichelte sich über den Bauch und griff dann doch nach einem Vanillekipferl. Diät hin, Diät her. Seine Mundwinkel wanderten nach oben und seine Finger erneut zu dem Teller mit den Plätzchen. Dieses Mal musste eine Kokosmakrone dran glauben.

»Schön, dass es dir gut geht«, kommentierte Luck Djangos Diätbruch. Bei Django schrillten die Alarmglocken.

Wenn der so freundlich ist, dann weiß er wahrscheinlich, woher der Wind weht, dachte Django und schob den Teller sicherhcitshalber in Richtung Luck.

Der schob ihn wieder zurück und sagte: »Nur nicht so schüchtern.«

Django wusste nicht, ob das bereits die erste Anspielung war, und nippte am Grog.

»Was führt dich zu mir, alter Freund?«

Fast hätte Django gesagt: »Freunde waren wir noch nie.« Stattdessen blies er in das Glas. »Die Büste vom heiligen Zeno ist aus der Isener Kirche gestohlen worden.«

»Ist doch eh nur eine Kopie, oder?«, versuchte der Luck den Diebstahl kleinzureden.

»Was sie nicht weniger wertvoll macht.«

Django leerte das Glas und merkte, wie er ihm zu Kopf stieg. Da fiel ihm auf, wie sich Luck unruhig hin und her bewegte. Django deutete auf seinen Hintern.

»Wie geht's denn dir eigentlich?«

Bevor Luck antworten konnte, schrie eine Frauenstimme: »Luck, was macht eigentlich der Schiefer in deinem Hintern?«

Luck wurde knallrot und sprang auf. Ohne ein weiteres Wort zu verlieren, verließ er das Kaminzimmer.

Django erhob sich beschwingt und sah sich im Raum um: Kinderfotos, das blaue Bayerische Kochbuch. Vor einem Bild der heiligen Maria mit dem Jesuskind stoppte er. Da stand Luck wieder hinter ihm, mit einer weiteren Tasse dampfenden Grogs. Django nahm ihn kommentarlos entgegen, um den schmerzlichen Gedanken an seine Maria hinunterzuspülen.

»Ja, ja, die heilige Maria«, sinnierte Luck abwesend. Was für Django nur gespielt war. Er kam gar nicht mehr dazu, die Wut über die Provokation herunterzuschlucken, so schnell schoss es aus ihm heraus: »Wenn du meinst, dass ich darauf einsteige, dann hast du dich aber geschnitten.«

»Die war wirklich unbefleckt«, provozierte Luck weiter.

Django versuchte sich nicht vorzustellen, was er sich gerade vorstellte. Versuchte nicht an Maria und Luck beim Waldfest in Isen zu denken, hinter dem Baum. Er nippte noch einmal am Grog und sagte betont leise: »Luck, wie ist das jetzt? So ein Schloss kostet ja ganz schön Geld. Da würde einem ein gefälschter St. Zeno gerade recht kommen, oder?«

»Das ich im Gegensatz zu dir hab. Deswegen hat mir die Maria auch schöne Augen g'macht.«

»Hat sie nicht. Das weißt du genauso gut wie ich.«

»Ich weiß nur, dass sie mir nicht nur schöne Augen gemacht hat, sondern ...«

Da unterbrach Djangos Handy den Satz mit der Titelmusik zum gleichnamigen Western. Gerade richtig. Die Oma war am Telefon.

»Du, Django, ich habe gerade so einen Streifenpolizisten belauscht. Der hat beim Klement rumposaunt, dass die

Spusi in der Kirch Faserreste g'funden hat. Vielleicht hilft dir das ja. Übrigens haben die jetzt auch was Veganes. Die Rosi sagt, damit kann man gut abnehmen.«

»Ja, das glaub ich«, sagte Django und legte auf.

Die Veganer essen meinem Essen das Essen weg, dachte Django und wählte die 110. Der Luck schaute ihn aus großen Augen an.

»Kugler am Apparat. Ich wollte ihnen einen Verdächtigen melden, den Diebstahl in Isen in der Kirche betreffend.«

Pause.

»Beweise? Der hat einen Schiefer im Hintern, den sollten Sie sich mal anschauen … Nein, den Schiefer und nicht den Hintern. Also bringen S' die Spusi mit ins Burgrainer Schloss zum Tschinkel Lukas. Ja, bis später. Ich pass auf, dass der Verdächtige nicht abhaut.«

»Ich hau dir gleich eine rein, du Volldepp!«, wütete Luck.

»Wie findest du es eigentlich, dass in Isen immer noch eine Straße nach einem Rechtsextremen benannt ist?«

»Nach dem Georg Escherich?«

»Ich finde, das muss man alles im Kontext seiner Zeit sehen. Aber mal was anders …«

Aha, du bist Orgesch und versuchst abzulenken, dachte Django.

»Hast eigentlich schon mal drüber nachgedacht«, fuhr der Luck fort, »wo der Martl war, wie's bei ihm eingestiegen sind?«

»Wo denn?«

»Vielleicht bei der Hubertuskapelle 8 oder beim Wirt, wo er gerade ein Reh verkauft hat.«

»Also bist du Orgesch?«

»A hör mir doch auf mit diesen Ewiggestrigen. Das sind doch nur ein paar gspinnerte Halbstarke.«

Django verzog sich, bevor Rutzmoser auf der Burg eintraf. Auch wenn er den Luck nur allzu gern in Handschellen gesehen hätte. Denn der hatte kein Alibi für die letzte Nacht. Somit war er zwar aus den Augen für Django, aber nicht aus dem Sinn. Und vor allem die Behauptung, die Maria hätte ihm nicht nur schöne Augen gemacht, lag wie die Wut in seinem Magen und wartete nur darauf, herausgespien zu werden. Was sie dann auch wurde.

Am nächsten Tag in der Früh hatte Django einen dermaßenen Kater, dass er nur Essiggurken zum Frühstück runterbrachte. Und dann stand in der Zeitung noch, dass die Schandi den einzigen Verdächtigen freilassen mussten, da das Beweismittel nicht aus der Kirche war. Django hätte es eh erstaunt, wenn sich der Lucke an den glatt gesessenen Bänken der Isener Kirche einen Schiefer eingezogen hätte. Doch das wollte er in seiner gestrigen Wut einfach nicht wahrhaben. Also beschloss er, zum Pfarrer zu gehen, vielleicht hatte der irgendwas mitbekommen. Der Pfarrer freute sich zwar, dass Django ihn besuchte, aber auch er sah aus, als könnte er ein wenig Urlaub gebrauchen. Hatte ihm doch der Kardinal einige zusätzliche Pfarreien aufgebrummt, die er nun zu betreuen hatte.

Trotzdem war Zeit für einen Kaffee. Der rumorte ganz schön im Django seinem Magen herum.

»Ich hab ein bisserl rumg'fragt«, sagte der Pfarrer. »Es ist jemand beobachtet worden.«

»Und wer?«

»Die Weinsteiger Resi war sich nicht ganz sicher. Er …«

»Also war es ein Mann?«

»Zumindest war er so angezogen.«

»Und …«

»Ja, das wollte ich ja grad erzählen.«

»Entschuldigen S', ich bin noch nicht so ganz auf der Höh' heut.«

»Also, ausg'schaut hat er wie der Tschinkel Luck aus Burgrain. Seine Jacke hat er ang'habt. Aber der Hut hat ausg'schaut wie der vom Martl.«

Irgendwer wollte sie da tratzen.

»Der Luck hat mich ja erst kürzlich g'fragt, ob er den Zeno mal ausleihen darf, weil er so gut in die Burgkapelle passen tät.«

»Und?«

»Ich hab g'sagt, der Zeno ist in Isen daheim und da will er auch bleiben, weil er doch so fremdelt.«

Django hatte den Witz nicht mitbekommen, weil er gerade über etwas anderes nachdachte. Er sagte nur: »Ja, fremdeln.«

»Fremdelt die Oma eigentlich im Moment, Django?«

»Manchmal«, sagte Django gedankenverloren.

»Django«, lachte der Pfarrer laut auf, »aufwachen!«

»Bin ja schon wach«, sagte er verdutzt und verabschiedete sich wieder von der Maria, bei der er in Gedanken gewesen war.

Sein Bauchgefühl, dass die Maria nun losgelassen hatte, verriet ihm, dass er sich auf den Luck konzentrieren musste. Die Oma war von gestern noch sauer, weil er sie so lange abgestellt hatte. Deswegen wartete sie bereits vor der Tür auf ihn. Aber Django musste nach Burgrain, um das Schloss zu beobachten. Auch wenn er wusste, dass der Luck wahrscheinlich in der Arbeit war.

»Oma, unser Auto ist in der Werkstatt. Wie soll ich dich denn da nach Burgrain mitnehmen?«

Die Oma überlegte. Django hatte schon ein bisserl Schiss, was für ein Blödsinn ihr jetzt wieder einfallen würde. Sicherheitshalber fügte er hinzu: »Es kann sein, dass ich ganz schnell sein muss und da kann ich dich wirklich nicht gebrauchen.«

Die Oma rieb schmollend am Griff ihres Kirschholzsteckers, damit er warm wurde und nach Kirsche duftete.

»Komm, ich fahr dich dafür rauf in die Lourdesgrotte 9 und hol dich später wieder ab. Da bist doch so gern. Und wenn der Fall gelöst ist, dann machen wir einen Ausflug in die Waldkapelle St. Zeno 10, versprochen.« Django hätte sogar zugestimmt, ins Indianerreservat zu fahren, wenn er nur endlich loskonnte.

Also schob Django die Oma über den Apothekerberg hinunter, der so steil war, dass er mit dem Bremsen fast nicht mehr nachkam und die Absätze seiner Cowboystiefel nur so rauchten. Am liebsten wäre er trotz der Januarkälte von der Brücke in den Schinderbach gehüpft, um sich abzukühlen. Zum einen hätte er sich dabei wahrscheinlich einen Fuß gebrochen, da das Wasser nicht sonderlich tief war, und zum anderen musste er ja gleich zurück und noch mal den Josefsberg hinauf. Schnaufend und ohne Mantel erreichte er die Lourdesgrotte. Weil er umgehend weiterwollte, ließ er die Oma einfach stehen.

»Aber vergiss mich nicht«, brüllte sie ihm hinterher. »Sonst versohle ich dir deinen dicken Hintern!«

Dieses Mal nahm Django sein eigenes Radl, das er gestern am Marienbrunnen abgestellt hatte. Erneut fuhr er über die Urtlmühle nach Burgrain, wovon seine Katerfamilie – Muskelkater und grogbedingter Kater – wieder verflogen. Er radelte am scharfen Eck vorbei, wo früher die Burgrainer Schule gestanden hatte, die Django in der dritten und vierten Klasse besucht hatte, und quälte sich den Burgberg rauf.

Vor dem Parkplatz der Burg verschanzte er sich in einer Scheune, in der Brennholz aufgeschichtet war. Es dauerte nicht lange, bis Manfred, dem Luck sein Sohn, das Schloss verließ. Der Wuschelkopf starrte ewig in die Wolken. Ein Träumer, wie dein Papa, dachte Django. Der Manfred schnappte sich ein BMX-Radl und sauste den Berg runter. Dabei sah er sich ständig um. Django stieg ebenfalls auf sein Radl und folgte ihm. Selbst wenn es sein könnte, dass er sich auf den Weg zu einem Freund machte, musste ihm Django folgen. Er hatte es im Urin, dass er was mit dem Fall zu tun hatte. Da er für seine Verhältnisse heute mindestens drei Tour-de-France-Etappen hinter sich hatte, vergrößerte sich der Abstand zwischen ihm und Manfred zusehends. Zudem fuhr auf der Straße vor der Urtlmühle ein Auto nach dem anderen den Berg hinunter, sodass er ewig warten musste. Als es dann endlich möglich gewesen wäre, bretterte ein Streifenwagen daher und stoppte. Django, schaute Kommissar Rutzmoser fragend an, als der Ausstieg.

»So, der Django.«

»Für Sie bin ich immer noch der Herr Kugler.« Django kannte Rutzmoser noch von früher. Er war es, der in ganz Isen das schnellste und lauteste Mofa mit einem Rennauspuff gehabt hatte. Und auch dem süßen Kraut, das jetzt die Oma gegen ihr Rheuma raucht, war er nicht abgeneigt gewesen.

»In Ordnung, Herr Hilfssheriff.«

Django überhörte die Provokation und sagte: »Ich muss …«

Rutzmoser legte eine Hand auf den Lenker. »Und ich muss Sie vernehmen, Herr Kugler. Sie werden beschuldigt, ein Fahrrad gestohlen zu haben.«

Oh je, schoss es Django durch den Kopf. Das hat er in seinem gestrigen Suri ein paar Häuser weiter abgestellt. »Und was für ein Fahrrad soll das sein?«

»Die Frau Weinsteiger hat Sie beobachtet.«

»Die Frau Weinsteiger, die alte Karfreitagsratschn also. Die beobachtet ja auch die Bisamratten, wie sie den Maibaum aufstellen.«

»Da hast recht«, stimmte der Lehrbub mit dem Oberlippenbart Django zu und lachte laut gackernd auf. Dafür fing er sich einen giftigen Blick vom Kommissar ein.

»Wisst Ihr was? Ich mache euch einen Vorschlag. Mir packen mein Radl bei euch in den Kofferraum und ihr zeigt's mir, was für ein Radl ich gestohlen haben soll.«

»Wie sollen wir dir denn ein Radl zeigen, dass du gestohlen hast?«, fragte der Lehrbub.

Du bist ein ganz ein Gscheider, hah?, dachte Django und wollte den Kofferraum öffnen. »Gut, dann zeig ich es euch halt.«

»Finger weg!«, sagte Rutzmoser und schlug ihm auf die Hand.

»Zum Trinken habt ihr nicht zufällig was dabei?«, fragte Django, als er in dem Streifenwagen saß.

»Da«, sagte der Lehrbub und langte ihm eine Flasche Wasser nach hinten.

»Das wäre ja noch schöner!«, schimpfte Rutzmoser und riss sie ihm wieder aus der Hand. »Vielleicht noch eine Minibar gefällig, der Herr? Du bist hier der Beschuldigte …«

»Sagt's mal«, nutzte Django die Gelegenheit. »Wisst ihr, wer Orgesch ist?«

»Die den Martl geteert und gefedert haben?«, fragte der Oberlippenbart, worauf ihm Rutzmoser den Ellenbogen in die Seite rammte.

»Scho.«

»Laufende Ermittlungen«, sagte Rutzmoser.

»Echt?«, fragte der Lehrbub. »Gegen die Kniabiesler.«

»Also waren es Jugendliche.«

»Scho«, sagte der Lehrbub und Rutzmoser stöhnte auf.

»Also, wo steht das Fahrrad?«, fragte Rutzmoser, als sie das Ortsschild Isen passierten.

»Beim Café. Hat euch das die Weinsteigerin nicht gesagt?«

Der Oberlippenbart lachte wieder sein gackerndes Lachen.

Das Radl stand zwar nicht beim Café, aber gleich in der nächsten Straße, wo es zum Klement hinunterging.

»Da schau her«, frotzelte Django. »Dass ein gestohlenes Radl einfach so herumsteht.« Er holte sein Radl aus dem Kofferraum des Streifenwagens und kurvte zur Lourdesgrotte. Dort wartete die Oma schon auf ihn.

»Django!«, sagte sie und schlug die Hände über dem Kopf zusammen.

»Jetzt bin ich ja da, Oma.«

»Du glaubst ja nicht, wer da war.«

»Die Mutter Gottes vielleicht?«

Die Oma überhörte Djangos Blödelei einfach. »Nein, der Manfred, der Bub vom Tschinkel Luck.«

»Ich glaub es nicht.«

»Doch. Und weißt, was der holen wollte?«

»Dich?«

»Ach, geh weiter. Den heiligen Zeno. Den hat er da abgestellt gehabt. Dass er sich nicht so allein fühlt. Aber jetzt hat er ein schlechtes Gewissen gekriegt.«

»Den aus der Kirche?«

»Scho, wen sonst.«

»Und warum hat er ihn gestohlen?«

»Er wollte nicht in die Schule.«

»Wer will da schon hin?«

»Weil er eine Matheschulaufgabe hätte schreiben müssen.«

Django dachte mit Grausen an seine Matheschulaufgaben. Zum Glück haben sie damals noch zusammengehalten. Also er und sein Banknachbar, der Fischer Simon. Der war nicht nur in Mathe eine Eins.

»Und was hat das mit dem Heiligen Zeno zu tun?«

»Der Zeno schützt auch vor Hochwasser. Der Manfred hat gemeint, wenn er ihn stibitzt, dann gibt's in Lengdorf wieder Hochwasser. Und dann muss er nicht ins Gymnasium nach Dorfen, weil der Bus nicht durchkommt.«

»Ein Hund ist er schon«, murmelte Django, »verträumt, aber ein Hund. Kaum zu glauben, dass er der Sohn vom Luck ist. Und wo ist der Zeno jetzt?«

»Ich hab gesagt, er soll ihn zum Pfarrer bringen. Wenn er Glück hat, muss er nur ein paar Vaterunser beten.«

Glück ist immer Ansichtssache, dachte Django und schob die Oma den Kapellenweg hinunter.

»Halt!«, stoppte sie ihn nach wenigen Metern. »Du hast mir versprochen, dass wir einen Ausflug zur Waldkapelle machen.«

»Morgen, Oma«, sagte Django, dem gerade ein Krampf in die Wade fuhr. »Morgen.«

FREIZEITTIPPS:

1 Kirche St. Zeno: Früher vermutlich benediktinische Zelle, die das Domstift Freising finanziell absichern sollte. Bischof Josef (748–764) förderte das Kloster und gilt als eigentlicher Gründer – er liegt im nördlichen Seitenschiff begraben. Reizvolles Portal aus dem 12. Jahrhundert, das zu den bedeutendsten Zeugnissen süddeutscher Romanik zählt. Beim Wiederaufbau nach 1638 Barockisierung. Kopie eines Werks von Peter Paul Rubens über dem Nordeingang.

2 Gasthof Klement: Gasthof mit Saal in dem regelmäßig hochkarätige Kleinkunst dargeboten wird. Im Saal wurden Teile der Kultserie »Irgendwie und Sowieso« von Franz Xaver Bogner gedreht. Auch vegane Gerichte.

3 Urtlmühle: Einstige Mühle an der Isen. Seit ein paar Jahren Wohnhaus. Der Legende nach soll der alte Urtlmüllner, kurz vor seinem Tod, etwas von einem verborgenen Schatz gemurmelt haben.

4 Alte Linde: Georg-Escherich-Straße. Naturdenkmal. Der Überlieferung nach 1434 gepflanzt. Stammumfang über sechs Meter. 1894 bei einem Wirbelsturm Beschädigung. 1912 wurde die damals entstandene Aushöhlung zugemauert.

5 Heimatmuseum im Alten Rathaus am Marktplatz. Geschichte Isens sowie handwerkliche und landwirt-

schaftliche Geräte Öffnungszeiten: jedes 2. Wochenende im Monat: samstags von 14. bis 16 Uhr – sonntags von 10 bis 12 Uhr und nach Vereinbarung Franz Wenhardt, Tel: 08083/339

6 Müllner Bründl: Kapelle im Wald bei Mais, mit Quelle. Laut einer Sage von einem Müller erbaut, der die schriftliche Überlieferung eines Wunders dort in einem Baumstumpf gefunden haben soll.

7 Schloss Burgrain: stattlicher, mehrflügeliger Schlossbau, einst Herrschaftssitz des Hochstifts Freising. Von 784 bis 811 wird eine erste Festung errichtet. Um 1200 Entstehung der heutigen mittelalterlichen Burganlage. Große spätbarocke Schlosskirche vom Beginn des 18. Jahrhunderts. Kann von innen nur nach vorheriger Anmeldung besichtigt werden, da noch bewohnt. Ulrich Klapp Tel. 08083/8648.

8 Hubertuskapelle Sollach: An der Grundstücksgrenze zu den Bayerischen Staatsforsten. 2008 bis 2010 durch Jäger gebaut, von der Bevölkerung finanziert.

9 Lourdesgrotte: In der Josefskapelle von 1609.

10 Waldkapelle St. Zeno: Östlich von Isen im Sollacher Forst. Renovierung der ehemaligen Hofkapelle durch die Bayerischen Staatsforste

# DER HERZOG IST TOT, ES LEBE DER HERZOG!

## - NEUBURG AN DER DONAU –

Schlecht gelaunt und hungrig erhob sich Django aus dem Bett. Seine Diät dauerte nun schon 30 Tage und eigentlich sollte sie jetzt zu Ende sein. Da er immer wieder gesündigt hatte, musste er noch einmal 28 Tage dranhängen; für jeden Ausrutscher einen weiteren Tag.

Umso verblüffter war er, als ihm der Geruch von Pfannkuchen in die Nase stieg. Pfannkuchen und Diät? Irgendwie passte das nicht zusammen. Da läutete das Telefon. Django ging ran: »Django, hello«, brummelte er in den Hörer.

»Fabian Lotz. Schlösserverwaltung Neuburg. Guten Morgen.«

Django hätte am liebsten gefragt, was an diesem Morgen gut war, streichelte sich aber stattdessen über den Bauch, der ihn furchteinflößend anknurrte.

»Wir haben ein Problem.«

»Das habe ich auch«, rutschte es Django heraus.

»Eigentlich dachte ich, Sie könnten mir weiterhelfen. Ihnen eilt ein exzellenter Ruf voraus.«

»Um was geht's?«

»Ist Ihnen Schloss Neuburg ein Begriff?«

»Nein.«

Fabian Lotz stöhnte genervt auf. »Sind Sie an einem Auftrag interessiert?«

Django war vor allem an seinem Frühstück interessiert,

aber um weiterhin Geld für Frühstück zu haben, brauchte er wieder einen Auftrag. »Freilich.«

»Dann würde ich Sie bitten, nach Neuburg zu kommen. Noch heute.«

Django legte auf und ging in die Küche. Dort türmte sich zu seinem Erstaunen ein Berg kleiner Pfannkuchen, abwechselnd geschichtet mit Himbeeren, Bananen und als Krönung eine Kugel Eis; der Farbe nach zu urteilen Erdbeere. Daneben lag ein dicker Wälzer.

Die Oma hatte das gleiche Gebäude auf ihrem Teller liegen und schob sich bereits die erste Gabel davon in den Mund. Er sah sie fragend an.

»Wir probieren ab sofort eine neue Diät aus«, mampfte sie, »vegan.«

Er verzog reflexartig das Gesicht, sah auf den Tisch, setzte sich und begann zu essen. Nach wenigen Bissen sagte er: »Bin dabei.«

Gute zwei Stunden später saßen sie im Büro der Schlossverwaltung Neuburg. Fabian Lotz knetete seine fleischigen Hände wie einen Teig, aber Django bekam interessanterweise keinerlei Appetit. Obwohl Lotz erst um die 60 war, zerfurchten tiefe Falten sein Gesicht, seine Mundwinkel hingen herab, als könnte er nie wieder lachen. Und das tat er auch nicht.

»Es ist einfach furchtbar. Ich muss mich auf ihre absolute Verschwiegenheit verlassen können.« Django nickte. Dann sah Lotz die Oma streng an. Django wusste, dass die Oma eine Ratschkathl war, trotzdem brauchte sie das Gfries nicht so anzuschauen.

»Also, schieß los«, brummte Django und verkniff sich ein »Gringo«.

Nachdem Lotz den Fall dargelegt hatte, führte er sie zum Residenzschloss 11. Auf der Schlossterrasse genehmigte ihnen der hektische Lotz nicht einmal, ihren Blick über die Dächer von Neuburg schweifen zu lassen, er schleifte sie umgehend vor die Muschelgrotte. »Hier sehen Sie unser nicht wiederkehrendes Stück«, schwärmte er, als würde er von einer Frau sprechen. »Unser Pfalzgraf Philip Wilhelm erbaute sie, ja, ich möchte sagen, erschuf sie 1667.«

»Einen Adeligen, der Grotten baut, habe ich noch nie erlebt«, grummelte die Oma dazwischen.

»Natürlich legte er nicht selbst Hand an. Stattdessen ließ er einen Augsburger Grottenmeister kommen.«

Gerne hätte sich Django die kunstvollen Ornamente näher angesehen. Weswegen er Lotz bat, das Eisentor mit Spitzen aufzusperren, das ein engmaschiges Metallnetz überzog. In einer Einbuchtung saß eine aus Muscheln gestaltete Meerjungfrau auf einem Stein. Eine weitere saß ihr gegenüber, das Gesicht furchtbar entstellt, weil die Muscheln entfernt worden waren und darunter das Holz zum Vorschein kam. Auch auf den Ornamenten um die Meerjungfrauen herum fehlten größtenteils die Muscheln, die an den großflächigen Verzierungen im Inneren aber noch vorhanden waren.

»Sicher ist Ihnen schon aufgefallen, dass hier etwas abkömmlich ist«, sagte Lotz.

»Ja, was zum Trinken«, knurrte die Oma.

Lotz reagierte nicht. »Wir haben versucht, durch Sicherheitsmaßnahmen und Wachmannschaften den Diebstahl der kostbaren Muscheln einzudämmen. Doch es werden regelmäßig weitere entwendet.«

»Kann man die nicht einfach wieder dranmachen?«, fragte Django.

»Das sind einzigartige Muscheln aus der Donau. Die gibt es nicht mehr.«

»Und wen vermuten Sie als Täter?«

»Keinen Täter, sondern eine Täterin.«

Eine Gruppe japanischer Touristen rollte von hinten heran. Lotz machte dem ungewöhnlichen Ermittlerduo ein Zeichen. Sie folgten ihm in Richtung Mauer, wo quadratische Hecken vom Kiesweg umrahmt wurden. Die Hecken sahen aus wie Firmlinge, die gerade beim Friseur gewesen waren.

»Eine Hexe verleibt sich die Muscheln ein, um mir zu schaden.«

Django sah, wie die Oma in ihrem Rollstuhl dem Impuls widerstand, die Hand zu heben und damit vor ihrem Gesicht herumzuwedeln. Stattdessen formte sie mit ihren Lippen stumm das Wort: »Damisch.«

Django, der während seiner Zeit als Privatdetektiv schon viel erlebt hatte, zuckte nur mit den Schultern. Lotz bezahlte ihn für seine Arbeit und er bezahlte ihn gut. Es gab Kollegen, die behandelten regelmäßig Kunden, die im Grunde Patienten waren. Bei diesen Patienten sorgten die Kollegen dafür, dass kein Gas mehr in ihre Wohnung eingeleitet oder sie nicht mehr von den Russen überwacht wurden. Vielleicht hatte Django dieses Mal ebenfalls einen Patienten erwischt.

»Hat die Hexe auch einen Namen?«

»Manuela Haselbeck. Sie wohnt hier in Neuburg und besitzt einen Plattenladen.«

»Und warum sollte sie die Muscheln stehlen?«

»Um mir zu schaden.«

Django beobachtete, wie Lotz wieder seine Hände knetete, und dachte: Du hast doch schon einen Schaden.

»Sie war meine Vorgängerin bei der Schlossverwaltung und gönnt mir meinen Posten nicht, hält mich für inkompetent.«

»Das ist natürlich ein Motiv«, sagte Django und überlegte, was er von dem Vorschuss zu Mittag essen würde. Am Brunnen vorbei folgten sie Lotz durch den Ostflügel in den Schlosshof zur Schlosskapelle. Dann verließen sie die Residenz, ohne einen Blick in das Schlossmuseum oder die Staatsgalerie zu werfen. Wenn der Fall abgeschlossen war, würde sich Django einen Besuch gönnen.

Lotz ließ sie alleine ziehen. Auf eine Begegnung mit der Hexe könne er verzichten, erklärte er. Sie habe ihm schon genug angetan. Was auch immer er damit meinte.

Gerne wären die Oma und Django durch den Hofgarten gegangen, in dem sich Punker tummelten. Die Oma war hart im Nehmen, aber die Treppen wollte er dann doch nicht mit ihr hinunterscheppern. Also schob er sie über die Straße in den Kräutergarten, wo sich die Hexe nach Lotz' Aussage um diese Uhrzeit meist aufhielt.

Allerdings zupfte in dem verwucherten Garten lediglich eine adrette Frau mit langen Beinen an den Pflanzen herum. Mit einer Hexe hatte sie überhaupt nichts gemein. Django erinnerte sie mehr an ein Model. Selbst als sie den Kräutergarten [12] durchforstet hatten, konnten sie kein hexenähnliches Wesen entdecken.

Plötzlich riss sich die Oma von Django los und bretterte mit dem Rollstuhl auf die Frau zu. »Entschuldigung, ich hab so dermaßen Rheuma. Können Sie mir weiterhelfen?«

Die Frau rieb sich Erde von den schlanken Fingern und sah die Oma interessiert an: »Sieht man es mir an, dass ich eine Hexe bin?«

»Ja«, sagte die Oma und lachte. »Am bösen Blick.«

Ein Schmunzeln umspielte die schmalen Lippen der Frau. »Gegen den bösen Blick hilft Acker-Gauchheil. Allerdings ist das giftig und deswegen mit Vorsicht zu genießen. Gegen Rheuma kann ich Zinnkraut empfehlen.« Die Frau bückte sich und zupfte etwas von den stark verzweigten langen Stängeln ab. Da sah Django den Abdruck einer Muschel in ihrer Gesäßtasche. Er schob sich Kautabak in den Mund und speicherte das Gesehene in seinem Gedächtnis ab. »Das Zinnkraut finden Sie zudem auf Wiesen, an Straßen- oder Wegrändern. Aber auch hier ist Vorsicht geboten, da es dem Sumpfschachtelhalm zum Verwechseln ähnlich sieht.«

»Damit könnte ich also einen Kontrahenten ausschalten?«, fragte Django und kam näher.

»Indianer?«, frotzelte die Frau und ließ den Blick über Djangos Cowboyhut, den Mantel und die Stiefel gleiten.

»Wissen Sie, wo es in Neuburg gute Platten gibt, Rock 'n' Roll?«, fragte Django.

»Da sind sie bei mir genau an der richtigen Stelle.«

Während Django und Manuela Haselbeck über Musik fachsimpelten, rollte die Oma durch den Kräutergarten. Als sie zu den beiden zurückkam, hörte sie: »Ja, das ist wirklich eine schlimme Sache mit den Muscheln. Heute habe ich einen Brief mit seltsamem Inhalt in meinem Laden gefunden, der mit dem Diebstahl zusammenhängen könnte.« Sie zog ein Papier aus ihrer Hosentasche und hielt es Django entgegen.

»Nestersturm«, stand darauf geschrieben. »Wie erschraken die Schwalben, als sie ihre kleine Wohnung nicht mehr sahen! Mit ihren Schnäbeln zogen sie suchend den Halbkreis des Nestgrundes, flatterten ängstlich umher, lugten in alle Winkel … fanden nichts. Schon am nächsten Tag begannen sie wieder zu bauen. Und wieder zerstörten die Wächter das Nest.«

»Und warum wurde der Brief gerade bei Ihnen abgelegt?«

»Vielleicht versehentlich liegen gelassen. Oder der Briefeschreiber vertraut dem Lotz von der Schlossverwaltung nicht. Mir dafür aber umso mehr.«

»Können Sie den Inhalt des Briefes deuten?«

Sie zuckte mit den Schultern. »Vielleicht wissen die Mitarbeiterinnen der Provinzialbibliothek mehr.«

Am Donaukai **13** entlang gingen der Django und seine Oma in die Altstadt. Auf der Donau, vor der Leopoldineninsel, schipperten Kajaks vorbei. »Irgendwie werde ich das Gefühl nicht los, dass ich etwas übersehen habe«, hirnte Django. Die Burg thronte vor ihnen hinter einer Mauer. Django nahm Anlauf, um die Oma den Berg hinaufzubekommen. Er schob sie durch das Residenztor **14**, wo ihnen ein Junge auf einem klapprigen Fahrrad entgegenkam. Und schon drangen sie wieder in die Altstadt ein; zwischen verschiedenfarbigen Bürgerhäusern mit geschwungenen, stufenförmigen und eckigen Giebeln zu ihrer Linken und der lang gezogenen Hofkirche ›Unsere Liebe Frau‹ zu ihrer Rechten. Django wusste, dass er bei attraktiven Frauen immer ein wenig vorsichtig sein musste. Und Manuela Haselbeck war eine von der Sorte. Falls heute Abend, wenn er die Muschelgrotte observierte, nichts geschah, würde er sie zu Hause besuchen. Sicherheitshalber mit der Oma. Oder doch lieber ohne?

»Was du schon wieder denkst, möchte ich gar nicht wissen«, sagte die Oma.

Und wie ich gerade geschaut habe, möchte ich auch

nicht wissen, dachte Django. Der weitläufige Karlsplatz war wie ausgestorben. Lediglich die Autos, die am grauen Rathaus parkten, in das man durch zwei ineinanderlaufende Treppen gelangte, zeugten von der Anwesenheit von Menschen. Tauben gurrten, plusterten sich auf, balzten. Ansonsten lag eine seltsame Stille über diesem Teil der Altstadt. Die Bäume, die den Platz mit dem Marienbrunnen in seiner Mitte umrahmten, trieben aus, erinnerten Django an seine karge Haarpracht. Er schob seinen Cowboyhut zurecht und nahm sich vor, Manuela oder Lotz zu fragen, ob es in der letzten Zeit Proteste von Tierschützern gegeben hatte, weil Schwalbennester entfernt worden waren.

Wie alle Gebäude hier versprühte auch die Hofapotheke ihren barocken Charme, der Eingang war verziert mit einem bunt-goldenen Wappen. Manuela hatte erzählt, dass der Birdland Jazzclub im Keller weltbekannten Bands eine Bühne bot. Womöglich fiel Django der seltsam gekleidete Mann wegen des historischen Ambientes zuerst nicht auf, obwohl er nur allzu gut in diese altehrwürdige, aristokratische Szenerie passte. Mit seinem wallenden Bart, dem Umhang und dem eigenartigen Hut auf dem Kopf huschte er an der Apotheke vorbei. Auf den ersten Blick hätte man ihn für einen Obdachlosen halten können. Allerdings bewegte er sich bewusst vornehm, wenn auch nicht sonderlich langsam. Um ihn nicht zu verlieren, ließ Django die Oma einfach auf dem Karlsplatz stehen. Am Weveldhaus mit den vergitterten Fenstern im Erdgeschoss sah er die eigentümliche Gestalt in das Schulgässchen einbiegen. Als Django um die Ecke ging, war er bereits verschwunden.

In der bis oben mit Büchern vollgestellten Provinzialbibliothek tummelten sich unzählige Menschen, die etwas von der Bibliothekarin wissen wollten. Die kleine, resolute Frau Zeit nahm sich für jeden Zeit, dann war Django an der Reihe. Es dauerte keine zwei Sekunden, bis sie den Verfasser des Briefes identifiziert hatte. »Ich weiß, wer das verfasst hat.«

»Und wer?«, hakte die Oma nach.

»Er ist schon lange tot.«

Django fuhr sich mit der Hand übers Gesicht. »Super!«

Die Bibliothekarin ließ sich davon nicht beirren. »Ernst Toller hat den Text geschrieben. Er war …«

»Sozialist«, warf die Oma ein, »und Mitglied der Räteregierung in München.« Der Bibliothekarin schien die Gschnappigkeit der Oma nichts auszumachen, sie redete einfach weiter. »Er saß für kurze Zeit in Neuburg im Gefängnis.«

»Also könnte der Brief eine Kritik an der Neuburger Politik sein«, schlussfolgerte Django. »Wird denn viel Geld in die Renovierung der historischen Gebäude gesteckt?«

Die Bibliothekarin nickte. »Auf der anderen Seite könnte es sich auch um Tierschützer handeln.« In dem Moment knurrte Djangos Magen so laut, dass es selbst der Buchhändlerin auffiel. »Hunger?«

Jetzt nickte Django.

»Wo gibt's denn da bei euch was Veganes zum Essen?«, fragte die Oma unverblümt und deutet auf Django. Der wurde rot wie ein blutiges Steak. »Vegan, oh je.« Die Buchhändlerin schüttelte den Kopf. »Vegetarisch wird schon schwierig. Aber einen Bioladen haben wir.«

Die Tofuwiener aus dem ›Naturladen‹ in der Markthalle 15 am Schrannenplatz schmeckten Django gar nicht so schlecht. Er fühlte sich auch weniger schlapp, als nach einem fetten Schweinsbraten. »Wir bleiben heute Nacht hier. Ich werde die Grotte mal ein bisserl im Auge behalten.«

Bis Django seine Nachtschicht antreten musste, war noch ein bisschen hin. Die Oma war müde und er brachte sie ins Hotel. Gerade als er sich von ihr verabschiedet hatte und überlegte, was er die verbleibende Stunde anstellen sollte, klingelte sein Handy. Die Kräuterhexe war am Apparat: »Mir ist da was eingefallen, das ich Ihnen gerne persönlich erzählen möchte.«

Kurz darauf flanierte er mit Manuela Haselbeck durch den Englischen Garten 16. Die Bäume verschluckten die Wärme des Frühlingstages, Vögel zwitscherten und Django kam ein wenig zur Ruhe. »Wissen Sie, Django.« Sie sah ihn aus ihren grünen Augen an, dass sein rechtes Auge zu zucken begann. »Was ich vorhin noch sagen wollte: Glauben Sie dem Lotz nicht alles, was er Ihnen erzählt.«

»Und was soll ich ihm nicht glauben?«

»Dass ich ihm mit einem Fluch seine schlimme Gicht beschert habe. Aus Rache dafür, dass er meinem Mann keine Aufträge mehr zukommen lässt.«

Django lachte laut los: »Andere legen ihrem Ehemann einen bösen Fluch auf.«

»Ich bin eine Frau, die die Freiheit liebt«, sagte Manuela Haselbeck und sprang über einen Baumstamm, dass ihre schwarzen Haare durch die Luft flogen. Dann lehnte sie sich an einen Baum und winkelte das rechte Bein an. Django sah, dass sie unter dem Rock halterlose Strümpfe trug.

»Was hat der Mann wirklich gegen Sie?«, versuchte er wieder professionell zu werden und nicht weiter auf ihre Beine zu starren.

»Ich weiß es nicht«, sagte sie verträumt, legte den Kopf in den Nacken und sah in die Baumkrone.

Django konnte nicht anders, ging langsam auf sie zu. Als er vor ihr stand, stoppte er. Sie senkte den Kopf, sah ihn an, ihr Gesicht näherte sich dem seinen und sie hauchte: »Du hast da eine Zecke.« Sie packte den Blutsauger, öffnete den Mund und schluckte ihn herunter. »Ich bin die Manuela.«

Nachdem sich Django von seinem Schrecken erholt hatte, fand er über Manuela Haselbeck im Internet heraus, was sie ihm schon gesagt hatte. Ihr Mann reparierte Klaviere. Sie besaß einen Plattenladen. Hatte früher bei der Schlösserverwaltung gearbeitet. Ob es im Schloss so viele Klaviere zu reparieren gab?

Die Nacht legte sich auf die Dächer der Stadt. Django saß in der Grotte, Lotz hatte ihm einen Schlüssel überlassen, Deringer und Taschenlampe lagen griffbereit auf seinem Schoß. Bis auf pickende Spatzen und ein Donnergrollen sah und hörte er stundenlang nichts, weswegen er einnickte. Erst sein knurrender Magen weckte ihn. Er hatte doch glatt vergessen, sich eine Brotzeit mitzunehmen. Schritte knirschten auf dem Kies und Django war plötzlich hellwach, stand vorsichtig auf. Dabei knurrte sein Magen so laut, dass er Sorge hatte, er würde ihn verraten. Glücklicherweise war er nicht so dumm gewesen, Manuela zu erzählen, dass er heute hier Wache schob. Da sah er die Umrisse einer Person, die sich dem Gitter näherte. Django schlich sich ebenfalls an. Der Schatten ließ etwas fallen, drehte sich um und hastete davon. Django folgte ihm, schlug die Tür hinter sich zu. Hatte keine Zeit, um wieder abzusperren. Die Schritte des Flüchtenden hallten im Hof des Schlosses. Am Stadttheater 17 preschte er in Richtung Hutzeldörr. Django schaffte es, ihm auf den Fersen zu bleiben, obwohl er schnaufte wie ein kettenrauchender Esel. Er raste durch die Stadtmauer, an einem Turm vorbei in den Hutzeldörr. Noch bevor er das Obere Tor und die Alte Vogtei 18 erreicht hatte, war er dem Verbrecher zum Greifen nahe. Er spürte schon das Leder der Jacke des jungen Mannes mit den bunten Haaren. Da rannte ihm etwas zwischen die Beine und jaulte. Django stolperte und fiel aber so was von auf die Fotzen. Der Flüchtende verschwand in der Dunkelheit, dafür glotzte plötzlich eine grün gewandete, stark geschminkte Frau auf ihn herunter und fragte: »Mein Waggerl, ist dir was passiert?«

Django stand auf, klopfte sich wütend den Dreck vom Mantel und fluchte: »Zefix!« Dann wandte er sich der Frau zu. »Jetzt passen S' mal auf: Erstens bin ich nicht Ihr Waggerl, und zweitens: Was wollen S' überhaupt von mir?«

Sie bückte sich, streckte die Hand aus. Django holte ebenfalls aus, weil er dachte, sie würde nun anfangen, ihn sauberzumachen. Stattdessen hob sie einen Dackel auf und streichelte ihrem Waggerl über das Fell. Kopfschüttelnd ging Django zurück zur Grotte, da ihm eingefallen war, dass er die Tür nicht zugesperrt hatte.

Was er befürchtet hatte, war eingetreten. Die Tür zur Grotte stand sperrangelweit offen und natürlich fehlten weitere Muscheln. Das Ganze war nur ein Ablenkungsmanöver gewesen. Hatte Manuela in der Zwischenzeit die Muscheln geklaut?

Wenigstens kannte er jetzt einen der Täter: ein bunthaariger, arbeitsscheuer Punker. Und der hatte sicher auch das Flugblatt im Plattenladen eingeworfen. Django schob das neue Flugblatt in eine mitgebrachte Plastiktüte. Darauf:

›Der Nestersturm‹ von Ernst Toller. Das würde er morgen wohl der Polizei übergeben müssen, ob Lotz wollte oder nicht. Auf den Ruf der Schlösserverwaltung war jetzt auch geschissen. Sonst würde es ewig dauern, bis er an den Typen rankam. Obwohl, gestern hatte er doch eine Gruppe von Punkern im Hofgarten gesehen, vielleicht waren die immer noch da. Django sperrte das Tor ab und ging über den Hofgarten, der menschenleer war, zur Oma ins Hotel.

Gleich nach dem Frühstück rollte er die Oma zu Manuela in den Plattenladen. Django staunte nicht schlecht, als anstelle von Manuela der Punker aus dem Nebenraum kam.

»Ich weiß ganz genau, dass du das warst. Heut Nacht, an der Grotte. Wo du das verloren hast.« Django hob das Flugblatt mit dem Nestersturm hoch.

»Ja, weil's nicht angehen kann, dass die Schwalben einfach so vertrieben werden«, entschuldigte sich der Rothaarige. »Wir dachten uns, wenn wir das Ganze in einen historischen Kontext …«

»Hört, hört, historischer Kontext«, maulte Django ihn nach.

»… einbetten, findet unser Anliegen mehr Gehör.«

»Da kannst du dir sicher sein. Ich ruf jetzt erst einmal die Schandi.«

Die Polizisten fanden es nicht verwunderlich, was Django ihnen erzählte. Da er lediglich das Flugblatt als Beweis hatte, mussten sie den jungen Mann wieder gehen lassen. Allerdings erfuhr Django von dem Beamten ein weiteres interessantes Detail. Manuela war nicht nur die Chefin des Verdächtigen, sondern hatte vor einigen Jahren sogar ein Punkertreffen in Neuburg mitorganisiert, als sie noch bei der Stadt angestellt war.

»Django!«, tönte es durch den Plattenladen. Djangos Handy. Lotz! Vermutlich hatte er den Muscheldiebstahl festgestellt. Weil aber gerade der altertümlich gekleidete Mann vorbeihuschte, drückte er den Anruf einfach weg und schnappte sich die Oma. Ein drittes Mal einen Verdächtigen laufen zu lassen, innerhalb von zwölf Stunden konnte er sich nicht erlauben. Das würde an seiner eh schon brüchigen Detektivehre kratzen. Also wetzten sie dem verkappten Herzog hinterher, über die Elisenbrücke und die Leopoldineninsel. Kurz danach bog er rechts ab. ›Arcoschlösschen‹ 19 stand auf einem Schild, das in die Richtung wies, in die der Herzog gerannt war. Auf dem Parkplatz rasteten Wohnmobile, ein Mann verkaufte aus Behältern Fische, die auf einem Autoanhänger befestigt waren. Dahinter stießen sie wieder an das Donauufer. Kinder spielten kreischend am abfallenden Strand, auf dem Fluss trieben Enten.

»Schön ist es da«, sagte die Oma träumerisch. »Ja, schön heiß«, erwiderte Django genervt und zog sich seinen Ledermantel aus. Seinen Hut nahm er nicht ab. Der Herzog stolzierte gerade über eine Holzbrücke, unter der ein Bächlein floss, entfernte sich dadurch ein wenig vom Donauufer und stoppte vor einer Grotte. Dort kniete er vor dem Jesus am Kreuz und der Marienstatue auf einer Gebetsbank nieder, faltete die Hände und betete. Django hielt vor der Brücke und tat so, als würde er auf die Donau schauen. Nach gefühlten 125 Vaterunser stand der Herzog auf und kam Django und der Oma entgegen.

»Verdammt«, fluchte Django und beugte sich zur Oma herunter, die flüsterte: »Wenn du mich jetzt abbusselst, dann kriegst eine Watschn.«

»Keine Angst, mein Mund ist so trocken, dass ich ihn gar nicht aufkrieg.«

Sie folgten dem Herzog den gleichen Weg zurück. Bis zum Supermarkt in der Innenstadt, in dem er Tampons einkaufte.

»Tampons?«, wunderte sich Django.

»Ja, es soll auch treusorgende Ehemänner geben«, antwortete die Oma und Django verstummte.

Sollte er sich so sehr in der Manuela getäuscht haben? Weil er nicht glaubte, dass er sich wirklich getäuscht hatte, brachen sie erneut zum Plattenladen auf. Allerdings empfing ihn dort wieder nur das bunthaarige Bürscherl mit einem Pflaster im Gesicht.

»Ist die Manuela da?«, fragte Django, ohne Hallo zu sagen.

»Die war heute gar nicht da.«

»Und wo ist sie?«

»Das werde ich dir gerade sagen.«

Django ging zu ihm hin. »Ja, wirst du.«

Er verzog das Gesicht. »Vielleicht beim Lotz. Sie wollte was mit ihm besprechen.«

Django verließ, ohne sich zu verabschieden, mit der Oma den Laden.

Da schlug sich Django mit der Hand vor die Stirn. »Dass ich da nicht schon längst drauf gekommen bin.«

»Dass du der Sohn von meinem Sohn bist?«

Django rief bei Lotz an, der erst einmal lospulverte. Oma hörte nur »Vollpfosten«, »Dilettant«, »unfähig«, dass ihr ihr Enkel sogar ein bisschen leidtat. Als er aufgelegt hatte, flüsterte er: »Komisch, die Manuela ist nie bei ihm gewesen. Wo die bloß steckt?« Auch ihr Mann wusste nicht mehr. Djangos Herz stolperte, wie er mit ihrem Mann telefonierte. Er rollte die Oma auf den Spitalplatz **20** und setzte sich auf den Rand des Brunnens.

»Verrätst mir endlich, auf was du gekommen bist?«

»Der sieht aus wie der Herzog Ludwig, der VII. Genannt der Bärtige. Der war bekannt für seine Liebschaften, hatte einen unehelichen Sohn mit Behinderung, den er enterbte. Darum hat es sogar einen Krieg gegeben. Die Manuela hat mir gestern davon erzählt.«

»Ich verstehe nicht ganz, worauf du hinauswillst.«

»Vielleicht spinnt der Typ, den wir verfolgt haben und glaubt er wäre der Herzog.«

»Und ist deswegen so angezogen«, ergänzte die Oma.

»Genau. Und die Tampons hat er für die Manuela gekauft. Er hat sie entführt, für seinen Hofstaat.«

»Dann müssen wir nur noch herausfinden, wo er wohnt.«

»Das dürfte nicht so schwierig sein. Neuburg ist klein und so viele laufen nicht herum, die ausschauen wie ein Herzog.«

Weil die Heilig-Geist-Kirche gleich gegenüberlag, beschloss Django, den Pfarrer um Rat zu bitten, der gerade auf dem alten Friedhof, neben der Kirche zugange war. Er wusste sofort, wen sie meinten: den Halmburger Luck. »Da gehen Sie am besten über den Sèter Platz mit der Stadtbibliothek vorbei und passieren die Christuskirche 21 von den Lutheranern. Rückseitig der Seminarkirche 22 Richtung ehemalige Floßlände, am Frauenplatz, wohnt er.

In dem geduckten, dunklen Haus muffelte es. Die Haustür, von der die Farbe abblätterte, war nicht verschlossen. Im Flur war es still, nur hinter der Tür mit dem handgeschriebenen Schild kratzte es. Django gab der Oma ein Zeichen und holte seinen Deringer heraus. Sie zückte ihren Hacklstecker. Einer postierte sich links neben der Tür, der andere rechts. Dann läutete Django. Der Herzog öffnete,

Django drückte ihn zur Seite, die Oma steckte den Hacklstecker zwischen seine Haxen, er fiel und schon standen sie in seiner Wohnung. Der Herzogverschnitt rappelte sich auf und brüllte die Oma an: »Du wildgewordenes Weib, was soll das überhaupt? Jetzt habe ich wieder Nasenbluten.«

Da hatte Django alle Räume durchkämmt. Von Manuela keine Spur. Der Herzog schob sich einen Tampon in die Nase.

»Entschuldigen Sie bitte die Unannehmlichkeiten. Wir dachten, Sie befänden sich in Gefahr«, sagte Django und schaute, dass er sich mit der Oma verzog. Auch wenn sie keinen Schritt weiter waren als zuvor. Sicherheitshalber vergewisserte sich Django bei einer Nachbarin nach einem Keller oder Dachboden des Herzogs. Beides gab es laut deren Aussage nicht. Die Kostüme für seine Stadtführungen bewahrte er in seinem engen Schlafzimmer auf.

»Oma, ich weiß nicht mehr weiter«, sagte Django und nahm den Cowboyhut ab. »Komm, jetzt essen wir was. Mit vollem Magen lässt es sich besser denken«, versuchte sie ihn aufzumuntern, was sie aber nicht schaffte. Er hatte Manuela mehr liebgewonnen, als ihm recht war. Ihr Mann, dachte er.

Am Abend war Manuela nach wie vor verschollen. Da die berühmte 24-Stunden-Frist bisher nicht verstrichen war, konnte sie auch keine Vermisstenanzeige aufgeben. Django schleuderte einen Stein nach dem anderen in die Donau. Er hasste es, untätig rumzusitzen. Also ging er noch einmal zu Manuela nach Hause. Sie wohnte genau über dem Plattenladen. Da ihr Mann nicht da war, machte ihnen der Punker auf. »Was wollt ihr denn?«, stöhnte er genervt.

»Deine Chefin finden.«

Er überlegte kurz und öffnete dann die Tür. »Bin dabei.«

In dem ordentlich aufgeräumten Zimmer reihten sich Bücher über Pflanzen und Kräuter in den Regalen, ein Buddha lächelte frohgemut in der Ecke. Django suchte die Couch ab, während Oma die unteren Reihen der Regale durchforstete. Schon nach wenigen Sekunden hob sie triumphierend einen Geldbeutel mit einer Muschel darauf in die Höhe und sagte: »Auch du kannst dich mal täuschen.«

Django griff zwischen die Polster und stieß auf etwas Hartes: ein Handy, Manuelas Handy. Mit schwitzigen Fingern ging er die Anrufe der letzten Stunden durch. Zuletzt hatte sie mit Lotz telefoniert. Er zog sein Handy heraus und rief bei ihm an. Dessen Handy war ausgeschaltet.

»Schnell, zu Lotz!«

Die bunte Truppe stand keine Zigarettenlänge später vor Lotz' Haustür. Django läutete, dass es nur so röhrte. Aber weder öffnete sich die Tür, noch öffnete sich ein Fenster unter dem geschwungenen Dachgiebel. Also klingelte er bei allen anderen Nachbarn. Als sich jemand aus der Gegensprechanlage meldete, log Django unverblümt: »Post«, und der Summer ging.

Er sah den Punker an: »Dietrich dabei?«

»Vorurteile im Gepäck?«, antwortete der spontan.

»Dann eben nicht«, sagte Django, nahm Anlauf und warf sich mit der Schulter gegen die Tür. Die bewegte sich keinen Millimeter. Für Django dagegen fühlte es sich an, als hätte sich seine Schulter ausgerenkt.

»Wart einmal«, sagte die Oma und kramte ein kleines Täschchen heraus. »Hab ich dir noch gar nicht erzählt, dass ich eine Fortbildung zum Schlüsseldienst gemacht hab.« Weil Django vergessen hatte, seinen Deringer auszupacken, holte er es jetzt nach. Leise klackend öffneten sich Schloss und Tür. Im Gang war es zappenduster. Zuerst huschte Django hinein, die Pistole im Anschlag. Danach der Punker und die Oma mit ihrem gezückten Hacklstecker. Es war still. Sie stießen die erste Tür auf: Klo – leer. Weiter. Die zweite Tür: Küche – leer. Weiter. Die dritte Tür: verschlossen. Django ließ die Oma nach vorn, die packte erneut ihr Dietrichset aus und fuhr einen Schritt zurück, als die Tür offen war. Dahinter war es wieder dunkel. Django griff nach dem Lichtschalter, klackte, es blieb aber immer noch dunkel. Trotzdem tastete er sich in den dunklen Raum, seine zwei Mitstreiter folgten ihm. Plötzlich fiel etwas auf sie herab, Django fühlte ein Netz auf Gesicht und Händen. Das Licht sprang an und Django sah, was geschehen war: Nicht nur er, sondern auch die Oma und der Punker waren in einem feinmaschigen festen Netz gefangen, das sich unter ihm zugezogen hatte. In einem Raum, welcher der Schlossgrotte bis ins Detail glich. Da zierten Muschelornamente, Glas, Rinden und grobschlächtige Steine die Wände. Tierkreiszeichen glotzten herunter und ein Wappen von Philipp Wilhelm wurde von zwei goldenen Löwen mit Krone gehalten.

Hier sind also die Muscheln gelandet, dachte Django. Du vermischt ja die ganze Neuburger Geschichte in deinem Wahn. Und wie er befürchtet hatte, saß die verängstigte Manuela auf einer Art Thron, in einem altertümlichen Kleid, einem perlenbesetzten Haarband, Ohrringen und Halsband. Daneben thronte der bärtige Lotz in Ritterrüstung.

»Wer wagt es, in meinen Palast einzudringen?«, donnerte er laut los.

Django wollte schon lospoltern, besann sich jedoch, dass er mit einer anderen Strategie weiterkommen würde.

»Eure Durchlaucht, bitte verzeihen Sie die Störung. Die Hofwache hat uns eingelassen.«

»Die werden für ihre Verfehlung geköpft werden.«

»Recht so«, sagte Django. »Sagen Sie, Eure Majestät. Wie soll es uns möglich sein, Ihnen die gebotene Demut darzubringen, wenn wir nicht angemessen niederknien können?«

Der durchgeknallte Lotz, alias Ludwig VII. legte die Finger an das Kinn und fuhr sich durch den schmalen Oberlippenbart.

»Ich werde Gnade walten lassen«, verkündete er leiser und stand auf. Er schritt klappernd auf Django zu, ohne die Oma oder den Punker eines Blickes zu würdigen. Bedächtig öffnete er die Schnur, die das Netz zugezogen hatte, sodass sich Django befreien konnte. Der sprang auf, brachte Lotz zu Boden und fesselte ihm mit der Netzschnur die Hände.

»Ich werde Sie ebenfalls köpfen lassen«, drohte der.

»Da freue ich mich schon drauf«, erwiderte Django und lachte Manuela an. Bevor er sie von ihren Fesseln erlöste, befreite er die Oma aus dem Netz. Den Punker ließ er noch ein bisschen zappeln.

Im Bad fand Django Tabletten gegen Syphilis, was auch die geistige Verwirrung von Fabian Lotz erklärte. Die muss er sich bei einem seiner herrschaftlichen Ausflüge in die Damenwelt eingefangen haben.

»Darf ich bitten, gnädige Frau«, sagte Django, als er nach Manuelas Hand griff, um Lotz' Königreich zu verlassen.

»Salbader hier nicht so geschwollen rum, Cowboy«, antwortete sie und stupste seinen Hut mit dem Finger nach oben. »Behandle mich lieber wie eine Hexe, so wie es sich gehört.«

Neuburg an der Donau:

11 Residenzschloss (Schlossterrasse, Muschelgrotte, Kirche, Museum): Bedeutende Anlage der Frührenaissance (1530–45). Schlosskapelle, Bayerns ältester protestantischer Kirchenbau. Im nördlichen Rundturm barocke Grottenanlage. Alljährlich im Herbst Neuburger Barockkonzerte. Schlossmuseum mit den Abteilungen ›Vorgeschichte‹, ›Kirchlicher Barock‹ und ›Fürstentum Pfalz-Neuburg‹. Als Höhepunkt gilt die Bayerische Staatsgalerie Flämische Barockmalerei im Westflügel mit 160 Bildern flämischer Maler.

12 Hof- und Kräutergarten: Hofgarten weitläufige Parkanlage unterhalb des Schlosses. Seit 2012 im Mai Hofgartenfest (facettenreiches Bühnenprogramm überwiegend regionaler Künstler, sowie Open-Air-Kinovorführungen und Strandbereich).
Kräutergarten 2006 am Finanzamt vom örtlichen Verschönerungsverein neu angelegt.

13 Donaukai und Leopoldineninsel: Landeplatz für Wasserwanderer und Promenade mit schönem Fährmannsbrunnen, jährlich im Mai die bekannten Fischerstechen. Bebaute Insel an der Elisenbrücke im Nordwesten. Bietet schönen Blick auf die Altstadt. Benannt nach Leopoldine Eleonore Josepha von Pfalz-Neuburg (1679–1693, Prinzessin von Kurpfalz und Pfalzgräfin von Neuburg).

14 Residenztor / Unteres Tor, Karlsplatz, Rathaus, Marienbrunnen, Hofapotheke, Hofkirche, Weveldhaus/Stadtmuseum:
Residenztor / Unteres Tor: Torbau mit Wappen des Kurfürst Karl Theodors vor dem Nordflügel des Schlosses. Der ›Nadelöhr‹ genannte, lange einzige östliche Zugang der Stadt führt durch den Schlossbau Pfalzgraf Ottheinrichs.
Karlsplatz, Rathaus Der Platz wurde nach einem Turmeinsturz 1602 erweitert. Umsäumt von 200 Jahre alten Linden sowie imposanten Adels- und Bürgerhäusern aus Renaissance und Barock.
Marienbrunnen von 1729 und 1773. Das Rathaus ist ein Renaissancebau mit stattlicher Freitreppe, Eingangsportal mit Ceres und Justitia, darüber Stadtwappen. Im Erdgeschoss städtische Kunstgalerie. Hofapotheke von 1837-1992, Jazzclub im Gewölbekeller.
Hofkirche: Hofkirche ›Unsere Liebe Frau‹: 1607/08 erbaut. Bedeutendes Bauwerk der Spätrenaissance. Stuckierung von italienischen Künstlern. 1624-27 Fertigstellung von Turm und Westfassade.
Weveldhaus/Stadtmuseum: Ehem. Adelswohnsitz, Erdgeschoss von 1517 mit Renaissancefresken, Fassade und Obergeschosse barock, Aufstockung und Umbau 1713 durch W. a. v. Weveld. Stadtmuseum mit Ausstellungsstücken zur Herrschafts-, Religions- und Bürgergeschichte, sowie Sonderausstellungen. (Jan. bis Mitte März geschlossen.)

15 ›Naturladen‹ in der Markthalle. Seit 20 Jahren bestehender Bioladen mit frischem Obst und Gemüse und anderen (veganen) Produkten.

16 Englischer Garten: 1803 nach dem Vorbild des Englischen Gartens in München konzipiert, nach anfänglichen Glanzzeiten wechselhafte Geschichte.

17 Stadttheater: Einst herzoglicher Kornspeicher. 1868/69 Einbau eines Biedermeier-Emporentheaters, Modernisierung mit Anbau eines Foyers 1986/88.

18 Das Obere Tor, Alte Vogtei: Erbaut durch die Stadt 1530. Am Giebel das Stadtwappen mit den Prinzen Ottheinrich und Philipp auf Steckenpferden.

19 Arcoschlösschen: direkt über dem Nordufer der Donau gelegen. Von 1805. Früher mit Weinanbau, seit Langem Gastronomiebetrieb.

20 Spitalplatz / Brunnen / Heilig-Geist-Kirche / Alter Friedhof: Barrierefreier Umbau des Spitalplatzes 2009. Brunnen – gusseiserner Stadtbrunnen aus dem 19. Jh. Heutige barocke Pfarrkirche anstelle der früheren Spitalkapelle. Angrenzend an den alten Stadtfriedhof (aus dem 17. Jh.).

21 Christuskirche: Evangelische Pfarrkirche, 1927/30 erbaut. Stellte das erste große Projekt nach dem Krieg in Neuburg dar.

22 Seminarkirche: Ehem. Ursulinenkloster mit Kirche St. Ursula, errichtet 1700/01. In den ehem. Klosterräumen Ausstellung der barocken Ursulinengewänder.

# DAS GRÖSSTE GLÜCK DER GRÖSSTEN ZAHL

## -INGOLSTADT-

»Ich sah zu, wie die Verwesung des Todes mehr und mehr nach des Lebens blühendem Antlitz griff.«

*Mary Shelley, ›Frankenstein‹*

Ein Erdbeben schüttelte Django durch. Wann hatte es das zuletzt in Oberbayern gegeben? Weil das Beben gar nicht enden wollte, versuchte er aus dem Haus zu laufen, kam aber keinen Schritt voran.

»Django! Django!«, tönte die Oma und rüttelte weiter an seinem Oberarm. Django wachte langsam auf. Die Oma war das Erdbeben gewesen. »Bruder Martin ist am Telefon.«

»Ich habe doch gar keinen Bruder.«

»Der aus Ingolstadt.«

»Ich habe auch in Ingolstadt keinen Bruder.«

»Das ist auch nicht dein Bruder, du Depp, sondern unser aller Bruder.«

»Aso«, grummelte Django, wuchtete sich aus dem Bett und ging ans Telefon. »Django.«

»Bruder Martin am Apparat.« Django schlug ein badischer Dialekt entgegen. »Bin ich hier richtig bei Privatdetektiv Django?«

»Scho.«

»Ich muss Sie dringend sprechen.«

»Das passt jetzt aber nicht so ganz.« Django spürte einen Stich im Rücken. Er drehte sich um und sah die Oma mit ihrem Hacklstecker in der Hand, wie sie ihn grimmig anschaute.

»Wir kommen.« Er schaute auf die Uhr. »In zwei Stunden sind wir da.«

Auf der Fahrt nach Ingolstadt hielt ihm die Oma eine Predigt, dass er dem Bruder Martin gegenüber nicht so unfreundlich sein konnte. Von ihrer Schulfreundin hatte sie nur Gutes über ihn gehört. Der Bruder, ein Franziskanermönch, sei ein anständiger Mann, der die dortige Straßenambulanz seit mittlerweile sechs Jahren leitete. So einem könne man keine Bitte abschlagen. Und wenn Django das Honorar zu wenig war, dann würde die Oma eben was von ihren Ersparnissen drauflegen. Django wusste bisher zwar nichts von ihren Ersparnissen, war allerdings zu müde, um weiter nachzuhaken.

Als sie die Donau überquerten, schnaufte die Oma genussvoll aus: »Ingolstadt ist einfach immer wieder schön.« Am Brückenende begrüßte sie auf einer Hauswand ein roter Reiter, unter dessen Hufen Ingolstadt gezeichnet war.

Sie stellten ihr Auto am Viktualienmarkt ab, wo sie eine wilde Mischung aus Essensgerüchen und Geschirrgeklapper empfing. Über den Rathausplatz mit den bunten Liegen gelangten sie zum Alten Rathaus 23. Davor parkten zwei blumengeschmückte Räder, an die Blechbüchsen gebunden und ein ›Just married‹ Schild geklebt waren. Glücklicherweise verkniff sich die Oma eine Bemerkung zu Djangos Junggesellendasein. Jetzt mussten sie lediglich noch an der Moritzkirche 24 und am Pfeifturm vorbei und schon waren sie in der Straßenambulanz. Bruder Martin hatte ihnen den Weg ganz genau beschrieben.

Auf dem Vorplatz kehrte ein Mann Blätter zusammen und sagte zu ihnen: »Ich tät mich beeilen, sonst kriegt ihr kein Essen mehr.«

Django fragte sich, ob er so verhungert aussah.

Omas Rollstuhl musste unten warten, Django und ihr Hacklstecker bugsierten sie die geschwungene Holztreppe nach oben.

»Hallo«, empfing sie ein grauhaariger Mann mit einem dreieckigen Kinnbart. Im Hintergrund tönte ›Another brick in the wall‹ aus dem Radio, in einem Aquarium stürzten sich Fische auf ihr Mittagessen. Erst musterte er Django und dann die Oma. »Nach dem Mittagessen könnt ihr duschen. Jetzt sucht euch einen Platz.« Wo Django seinen Sarg um den Hals hängen hatte, baumelte bei ihm ein unförmiges Holzkreuz. Als die Oma etwas erwidern wollte, war er bereits verschwunden. »Dort hinten ist Platz«, sagte er, als sie eintraten, und deutete auf einen Tisch, an dem eine kleine Frau in Omas Alter und ein junger dunkelhäutiger Mann saßen. Da Djangos Magen bereits während der Erwähnung des Wortes »Mittagessen« geknurrt hatte, setzten sie sich brav. Glücklicherweise gab es Gemüseeintopf, weswegen er ordentlich reinhaute. So konnte er seine Diät guten Gewissens fortsetzen.

Nachdem Django seinen Teller geleert hatte, erhob er sich und schlurfte an den Tresen. Neben einem Holzschild mit den Worten ›Die ganze Welt ist ein Irrenhaus und hier ist die Zentrale‹ stand jetzt der Mann, den Django für Bruder Martin hielt.

»Django«, stellte sich der Privatermittler vor.

»Bruder Martin«, sagte der Mann und reichte ihm die Hand. »Entschuldigen Sie bitte, ich hatte nicht …«, er musterte Django, »mit einem Cowboy gerechnet. Selbst, wenn ich es mir bei Ihrem Namen fast hätte denken können. Kommen Sie doch bitte mit.«

Django und die Oma folgten Bruder Martin in einen Raum mit einer Liege, auf der sich unzählige Verbandsachen befanden, und traten an einen Schreibtisch. Sie setzten sich und Bruder Martin begann ohne Umschweife zu erzählen.

»Es ist eine sehr heikle Angelegenheit. Deswegen habe ich mich auch an Sie gewandt.«

Bruder Martins Augenringe sahen zu Boden.

»Ich möchte nicht, dass unsere Klienten …«

»Klienten?«, frage Django.

»Ja, so nennen wir die Menschen, die in der Straßenambulanz Hilfe suchen.« Er strich sich durch seinen ergrauten Oberlippenbart. »Die Sache ist die. Mittlerweile werden drei von ihnen vermisst. Seit einer Woche sind sie spurlos verschwunden.«

»Passiert das bei Santlern nicht öfter?«, fragte die Oma.

»Santler?«, fragte Bruder Martin.

»Obdachlose«, übersetzte Django.

»Natürlich geschieht das des Öfteren. Die Leute kommen hierher, duschen sich, wechseln ihre Kleidung, ich versorge sie medizinisch. Wissen Sie, Leben ist Bewegung. Deswegen kann es schon mal passieren, dass einer verschwindet, in eine andere Stadt oder auf Therapie geht, ohne dass wir das mitbekommen. Aber hier verhält es sich anders. Alle drei hatten regelmäßigen Kontakt zu uns. Und es gibt noch eine Gemeinsamkeit.«

»Dass sie gerne litern«, rutschte es Django heraus.

Bruder Martin verdrehte die Augen und räusperte sich. »Das stimmt häufig, doch in diesem Fall stimmt es nicht ganz. Erhard Sellert trinkt, selbst wenn er es aufgrund seiner Epilepsie nicht tun sollte. Gabriela Kaul ist ebenfalls alkoholkrank.«

Django sah Oma triumphierend an.

»Mike Rinne trinkt, wenn überhaupt, mal auf einer Studentenparty.«

»Ein Student?«

»Ja. Er kommt aus armen Verhältnissen, hat sich in den Kopf gesetzt, zu studieren.«

»Schön«, sagte die Oma.

»Finde ich auch«, sagte Bruder Martin.

Django fand das auch schön, wurde aber langsam ungeduldig. »Was haben die drei denn jetzt gemeinsam?«

»Alle drei sind Flaschensammler.««

Django hatte sofort ein Bild vor Augen. »Hatten sie irgendwelche Probleme in der letzten Zeit?«

»Probleme?« Bruder Martin sah Django erstaunt an. »Wenn Sie mir einen zeigen können, der hier keine Probleme hat, dann verleihe ich Ihnen den Friedensnobelpreis.«

»Hatten sie Feinde?«

»Ein anderer Flaschensammler, der Fritz, hat Erhard vor einer Weile körperlich angegriffen. Es ging um einen Abfalleimer. Aber selbst wenn er schon einiges auf dem Kerbholz hat …«

»Wie meinen Sie das jetzt?«, hakte Django nach.

»Dazu möchte ich nichts sagen.«

Für einen kurzen Moment stieg in Django Wut hoch. Wie sollte er die Vermissten wiederfinden, wenn nicht einmal sein Auftraggeber alle Informationen herausgab?

»Schweigepflicht«, sagte die Oma und fügte hinzu: »Ich würde auch nicht wollen, dass fremde Menschen von meinen Hühneraugen erfahren.«

Das konnte Django sehr gut nachvollziehen. »Dafür sehen vier Augen mehr als zwei.« Er lachte und schlug der Oma auf die Schulter. »Deswegen sind wir ja so ein Superteam.«

Bruder Martin musste grinsen.

»Ich brauche eine Liste, wo sich Fritz und die Vermissten aufgehalten haben beziehungsweise in der Regel aufhalten …«

Bruder Martin schob ihm die Liste herüber: »Hier bitte. Außerdem ein Plan der Route.«

»Route?«

»Die meisten Flaschensammler gehen eine bestimmte Strecke ab. So sieht ihr Arbeitstag aus.«

»Warum haben Sie sich eigentlich nicht an die Polizei gewandt?«, fragte Django, bevor sie sich verabschiedeten.

»Wissen Sie. Die Menschen hier haben schon genug Sorgen. Und wenn sie dann noch mehr Angst haben müssen, weil ein Mörder umgeht, der Flaschensammler umbringt, ist ihnen auch nicht geholfen. Darum ist Diskretion in diesem Fall so wichtig.«

Um sicherzugehen, dass Erhard Sellert sich wirklich nicht an seinem Schlafplatz aufhielt, schob Django die Oma zur Tiefgarage hinter das Liebfrauenmünster 25. Laut Bruder Martin schlief er seit neun Jahren in der Tiefgarage. Django, der nach dem Mittagessen einen Kaffee getrunken hatte, musste dringend aufs Klo und war sehr erleichtert, als ihn am Eingang zur Tiefgarage ein rotes Schild ansprang: ›Hier finden Sie eine nette Toilette.‹ Die Toilette fand er gleich, doch von Erhard keine Spur. Obwohl sie alle Schleusen absuchten, in denen es nach Abgasen roch und teilweise das Wasser stand. Laut Bruder Martin stellte Erhard dort meist seine Habseligkeiten und sein Werkzeug zum Suchen der Flaschen und ausbeulen der Dosen ab. Doch nirgends ein Schlafsack oder eine Tüte mit Pfandflaschen.

»Verschwinden Sie! Sonst rufe ich die Polizei!«, drohte plötzlich eine Männerstimme. »Lagern ist hier verboten!«

»Wer sagt das?«, fragte Django und ging einen Schritt in die Richtung, aus der die Stimme gekommen war.

»Wer will das wissen?«, fragte die Stimme.

»Spielen wir: ›Wer wird Millionär?‹, oder was? Sie sagen mir jetzt, wer Sie sind, oder …«

»Oder was?«

»Oder ich werde andere Saiten aufziehen.«

»Das können wir gerne Cowboy.«

»Für Sie bin ich immer noch der Django.«

»Hört, hört, der Django. Und was wollen Sie hier?«

»Ich bin Privatdetektiv. Wir suchen einen Mann: Erhard Sellert. Er …«, Django suchte nach einer passenden Formulierung. »hat sich hier rum … aufgehalten.«

»Genau wie Sie«, sagte Django, worauf ein Schatten aus der Dunkelheit sprang. Der Mann drückte Django an die Wand. Eine Alkoholfahne nebelte Django ein. Bevor er nach seinem Deringer greifen konnte, gab es einen Dumpfen und der Mann fiel um. Die Oma hatte ihn mit dem Hacklstecker niedergestreckt.

»Danke, aber jetzt werden wir erst mal nichts aus ihm herauskriegen«, sagte Django. Auf der Toilette füllte er die leere Plastiktüte aus dem Abfalleimer mit Wasser und schüttete es dem Grobian übers Gesicht.

»Morgn«, sagte Django freundlich, als der Typ spuckend erwachte.

»Ich werde Sie!«, tobte der.

»Sie werden gar nichts, sonst zeige ich Sie an. Also …«

»Ja, der hat hier immer geschlafen. Es war unmöglich, ihn zu vertreiben.«

»Aber jetzt haben Sie's ja geschafft.«

»Schaut so aus«, sagte der Mann stolz und stand auf.

»Und wie?«

Er zuckte mit den Schultern.

»Jetzt haben Sie nicht nur sein Revier für sich, sondern auch einen Schlafplatz, Fritz.«

»Woher?«, sagte er, drehte sich um und machte einen Satz, um davonzulaufen. Doch er knallte der Länge nach auf den Betonboden der Tiefgarage.

»Du bleibst erst einmal da«, sagte die Oma und schwang ihren Hacklstecker. Schwerfällig richtete sich Fritz auf.

»Also, wann hast du Erhard das letzte Mal gesehen?«

»Am Abend, bevor er verschwunden ist. Was für ein Tag das war, kann ich Ihnen nicht so genau sagen.«

»Und da habt Ihr euch noch einmal gestritten?«

»Nein, der Streit ist schon länger her. Wir sind uns aus dem Weg gegangen. Er war ziemlich voll.«

»Noch was?«

Fritz verzog das Gesicht.

»Gabriela Kaul und Mike Rinne, sind Ihnen die beiden die letzten Tage über den Weg gelaufen?«

»Die Gabi hab ich ewig nicht gesehen. Und einen Mike kenne ich nicht.«

»Jung.« Django hielt ihm ein Foto unter die Nase.

Fritz zuckte mit den Schultern.

Da nicht mehr aus ihm rauszuholen war, gingen der Django und die Oma zur rot gestrichenen Asamkirche **26** mit ihrer kunstvoll verzierten Außenfassade. In der Nähe befanden sich einige Abfalleimer, die zu Erhards Route gehörten, wie andere Flaschensammler Bruder Martin berichtet hatten. Die Flaschensammler kannten sich untereinander, grüßten sich und pflegten manchmal so etwas wie ein kollegiales Verhältnis. Und sie hatten feste Routen, die sie täglich abarbeiteten. Da konnte man sich schon in die Quere kommen.

»Warte«, sagte die Oma auf einmal. Sie deutete mit ihrem Hacklstecker auf ein Papier, das unter dem Straßenschild Konviktstraße prangte. In kindlicher Schrift war ein ›STOPP‹ darauf gemalt und eingekreist worden, daneben stand: ›Schüler der Klassen 5, 8, 9 & 10 der GMR sind hier nicht gestattet!‹

»Was es damit wohl auf sich hat?«, sagte Django. Da fiel ihm ein, dass Bruder Martin von Flaschensammlern berichtet hatte, die immer mal wieder von Jugendlichen aus besser gestellten Familien ›Blöde Sprüche‹ hörten. Vielleicht hatten die Jugendlichen hier herumgelungert. Da gerade Ferien waren, würden sie in der nahegelegenen Schule niemanden dazu befragen können.

Bruder Martin hatte ihnen Erhards Route auf einem Plan der Touristeninformation eingezeichnet. Er war haargenau dem empfohlenen Altstadtrundgang gefolgt. Und das taten die Oma und Django jetzt ebenfalls. Aber zuvor gönnte sich jeder von ihnen zwei Kugeln Eis. »So macht die Arbeit Spaß«, sagte Django und schleckte, bevor ihm die Sonne zuvorkam.

Sie folgten dem Plan. Vor dem Kreuztor 27 blieb Django stehen. Der viereckige Torturm des Backsteinbaus mit dem Aufbau und den Erkern mit seinem Spitzhelm hatte fast etwas Märchenhaftes und sah aus wie eine umgedrehte Eiswaffel. »Das Ingolstädter Wahrzeichen«, murmelte die Oma in ihren Damenbart.

Auch als sie an der Alten Anatomie 28 vorbeigingen, keine Spur von Erhardt, genauso wenig wie am käsigen Taschenturm. Vor der Hohen Schule 29 sagte die Oma zu Djangos Überraschung: »Da ist der Frankenstein auf die Welt gekommen.«

»Auf die Welt gekommen?«

»Ja, die Mary Shelley hat ihn in ihrem Roman da drin zum Leben erweckt.«

»Frankenstein«, sinnierte Django. Es war schon lange her, dass er den Film gesehen hatte. Von dem Buch hatte er noch nie gehört. Er versuchte, die Handlung aus seinem Gedächtnis zu rekonstruieren. Ein junger Professor, Dr. Frankenstein, grub mit seinem Gehilfen Leichen aus und der Gehilfe stahl das Gehirn eines Verbrechers aus der Universitätsstadt. In einer Gewitternacht erweckte Frankenstein den, aus verschiedenen Leichenteilen zusammengeflickten Menschen mithilfe der Blitze, zum Leben. Das Experiment uferte aus, der künstliche Mensch mordete und musste zuletzt von seinem Schöpfer vernichtet werden.

Was wäre, wenn ein Dr. Frankenstein die drei Flaschensammler in seine Gewalt gebracht hätte? Django lachte laut auf, dass die Oma ihn erstaunt ansah. »Ich will ja gar nicht wissen, was dir schon wieder für Sauereien in deinem Belli rumgehen.«

»Ich auch nicht«, sagte Django. Irgendwie ließ ihn der Gedanke nicht mehr los. Aber wer sollte so eine grausame Tat planen und durchführen? Fritz musste selbst um sein Überleben kämpfen, er hatte anderes zu tun. Dr. Frankenstein war ein junger, ehrgeiziger Student gewesen. Mike Rinne? Allerdings hatte er als BWL-Student wohl kaum die Fähigkeit, aus drei Obdachlosen einen perfekten Menschen zusammenzubasteln. Vielleicht lag des Rätsels Lösung in den Jugendlichen, welche die Flaschensammler tratzten. Hatten die Lehrer der Jugendlichen versagt? Oder die Eltern? Auf dem Fresko an der Hauswand waren Schüler zu sehen, die einem Gelehrten lauschten. Andere studierten Schriften und Bücher. Schon immer hatten sich Menschen gegenüber Schwachen und Armen unfair verhalten, das war keine Erscheinung der Neuzeit. Auch heute ging es darum, sich in der Gesellschaft zu behaupten. Und die Jugendlichen, die das nicht oder nur schwer schafften, brauchten einen Fußabstreifer. Frei nach dem Radfahrerprinzip: ›Nach oben buckeln und nach unten treten.‹ In manchen Augen waren die Flaschensammler vielleicht unnütz, weil sie sich vom Abfall der Gesellschaft ernährten, sie waren überflüssig. Aber immerhin gab es Menschen wie Bruder Martin, die sich um sie kümmerten. Er hatte erzählt, dass die Zahl der psychischen Erkrankungen zugenommen hatte, weil der Zusammenhalt unter den Menschen fehle, weniger zusammen unternommen werde.

Django wurde von den schweren Gedanken ganz müde, er brauchte dringend einen Kaffee. Auch wenn sie in der Dollstraße etliche gemütliche Cafés anlachten, beschlossen sie zum Schliffelmarkt in der Fußgängerzone zu gehen. »Du Schliffe«, hatten ihn seine Eltern als kleiner Junge genannt, als sie noch lebten. Eine liebevolle Bezeichnung für Lausbub. Django hoffte dort auf Jugendliche zu treffen, die Flaschensammler anpöbelten. Weil die Oma einen unbändigen Durst hatte, kauften sie jetzt gleich eine Apfelschorle. Django kam eine hübsche Brünette entgegen und lächelte ihn an. Er lüpfte seinen Cowboyhut und sah ihr nach. Vor lauter Übermut schleuderte er die Apfelschorle in die Luft; die halbvolle Flasche landete in einem Abfalleimer. Er fischte sie wieder heraus und spürte dabei die Blicke der Passanten, die mit Einkaufstaschen an ihm vorüberhetzten. Einer blieb sogar stehen und schüttelte den Kopf. »Voll das Opfer«, hörte er eine junge Männerstimme spötteln. Als sich Django wieder aufrichtete, sah er drei Halbstarke auf der Lehne einer Bank sitzen und rauchen. Django schlurfte auf sie zu.

»Na, Alter, bisschen Kohle gefällig?«, fragte ein Milchbüberl mit drei Haaren unter der Nase und zerrte seinen übergroßen Geldbeutel mit einer Kette daran aus der Gesäßtasche hervor. Er kruschte darin und warf Django einen Cent zu, den der lässig auffing, aber nicht einsteckte. Stattdessen holte er seinen Lederbeutel mit Kautabak hervor und schob sich ein Stückchen in den Mund.

»Ihhh!«, piepste ein Dicker neben dem Milchbüberl. »Der frisst ja Scheiße.«

Jetzt wurde es Django endgültig zu viel. Er flüsterte dem Dicken ins Ohr: »Hast du eigentlich schon mal Scheiße gefressen?« Worauf sich das Milchbüberl aufmandelte: »He, Alter, chill mal deine Cojones. Oder willst du ihm am Ohr lutschen? Geh lieber Abfalleimer durchwühlen, du verranzter Cowboy.«

Django ging einen Schritt weiter, bis er vor dem Großmaul stand. »Pass mal auf, dass ich dir deine Cojones nicht ausreiße.«

Die drei fingen wieder an, wie Schulmädchen zu kichern. »Der macht sich ja schon in die Hosen, wenn ihm jemand seine Flaschen klaut«, sagte das Großmaul.

Dann packte Django zu. Das Großmaul wurde still, sein Kopf knallrot und er begann zu schwitzen. Der Dicke stotterte: »Aber, aber …«

»Kann es sein, dass ihr in der letzten Zeit öfter Flaschensammler schikaniert habt?« Er drückte noch fester zu und holte die Fotos der drei Vermissten aus der Manteltasche. »Die? Den und den?« Weil das Großmaul nicht reagierte, zog Django an den Cojones des aufgestellten Mausdrecks. Die Oma saß nur in ihrem Rollstuhl und grinste. Wahrscheinlich hätte sie ihren Hacklstecker gern zum Einsatz gebracht. »Und?«, fragte Django.

Dem Großmaul lief der Schweiß über das Gesicht. »Warten Sie.«

Django lockerte seinen Griff ein bisschen.

»Den einen«, das Großmaul zeigte auf Erhard. »Er war hier. Wir hatten eine Schnur an eine Flasche gebunden.«

»Wann war das?«

»Vor ein paar Tagen.«

»Und seitdem habt ihr ihn nicht mehr gesehen?«

Plötzlich spürte Django eine Pranke auf seiner Hand. »Wären Sie so gütig und würden meinen Sohn in Ruhe lassen?«

Django ließ los und drehte sich um. Vor ihm stand ein Schlipsträger, der ihn mindestens um einen Kopf überragte.

»Wissen Sie, was Ihr Sohn getan hat?«

»Mit Sicherheit ist er nicht handgreiflich geworden.«

»Da wäre ich mir nicht so sicher.«

»Hier haben Sie meine Karte. Wenn es Probleme gibt, können Sie sich gerne mit meinem Anwalt in Verbindung setzen.«

Django sah auf die Karte: »Jörg Brauner. Alternative für Deutschland (AfD).« Als er aufsah, waren die vier verschwunden.

»Anwalt«, brummelte die Oma in ihrem Rollstuhl. Django ließ sich auf die Bank fallen.

»Vielleicht weiß der, wo die drei sind? Bis jetzt sind wir keinen Schritt weiter.«

»Ich hätte da eine Idee: Kaffee.«

Während die zwei ihren Kaffee am Schliffelmarkt schlürften, erläuterte die Oma Django ihren Plan.

Um auch noch die restliche Route von Erhard zu berücksichtigen, schob Django die Oma am Ickstatt-Haus **30** vorüber. Weil sie auf dem Carraraplatz einen weiteren Kaffee trinken wollte, war er sich nicht sicher, ob sie ein wenig Muffe vor dem hatte, was nun folgen sollte. Immerhin senkte sich mittlerweile die Nacht über Ingolstadt und ein Verbrecher ließ Flaschensammler verschwinden; warum, war ihm nach wie vor ein Rätsel. Die kurfürstliche Reitschule, in der sich die Bibliothek befand, erinnerte Django daran, dass er den Frankenstein-Roman von Mary Shelley lesen sollte. Vielleicht lag darin der Schlüssel zur Lösung dieses Falls.

Auch am Paradeplatz keine Spur von Erhard. Auf der Brücke zum Neuen Schloss **31** am Uhrturm schnappte sich Django einen Apfel von einem Baum, der im Schlossgraben neben anderen Bäumen stand. Der Oma gab er ebenfalls einen. Er biss hinein. Hatten die vier aus der Sicht des Täters in irgendeiner Form gesündigt? Faulheit traf nur auf den ersten Blick zu. Völlerei und Maßlosigkeit bei allen nur bei Mike nicht. Im Schlosshof parkte vor dem riesigen Anker, dem Brunnen und Kanonen, die immer da waren, ein bunt angesprühtes Auto. Elektro-Musik tönte aus den Boxen, junge Leute bauten eine Bühne ab. Ein braun gebrannter junger Mann hatte sich sein T-Shirt ausgezogen, die Oma vergaß den Apfel und konnte sich gar nicht sattsehen.

»Oma, bei dem hast du eh keine Chance«, frotzelte Django.

»Sei dir da mal nicht so sicher.«

Die Dämmerung senkte sich über Ingolstadt. Weil der Hunger die Oma und Django jetzt schon sehr plagte, beschlossen sie, noch etwas essen zu gehen. Die Oma würde noch genügend Kraft brauchen, um den Lockvogel zu spielen.

Django hielt ein Taxi an und sie erkundigten sich bei dem Fahrer, wo sie etwas Veganes zu essen bekämen. Die hübsche Brünette, die ihn angeflirtet hatte, hatte Django darin bestärkt, seine Diät fortzusetzen.

»Da gibt's eigentlich nur das Swept away [32] in Ingolstadt«, sagte der dunkelhaarige Mann in tiefem bayerischem Dialekt. Django hatte überlegt, ob er ihn überhaupt fragen sollte. Er war davon ausgegangen, dass er höchstens gebrochenes Deutsch sprach. Wie man sich manchmal doch täuschen konnte.

Nach dem Essen schob Django die Oma am Ufer entlang bis zum Donausteg. Dort, an den Drahtseilen, hingen unzählige Schlösser, mit denen sich Verliebte ewige Treue geschworen hatten. Darunter floss die Donau. Und vom Donaustrand [33], an dem ein Holzboot ankerte, wehte Countrymusik herüber.

»Da müssen wir hin«, sagte Django.

»Nix da. Wir müssen Bruder Martin helfen, die Leute wiederzufinden.«

Und weil die Oma wie so oft recht hatte, gingen sie durch die rote Stadtumwallung in den Klenzepark, neben dem der Festungsbau Reduit Tilly thronte. Zwei Landschaftsgärtner packten soeben ihr Werkzeug ein, mit denen sie die blühenden Beete gepflegt hatten. In der Wiese machte sich ein Grüppchen Studierender mit Flaschen in der Hand gerade auf, um woanders weiterzufeiern. Die

Dunkelheit ergriff nach und nach Besitz von den Bäumen und den plätschernden Wasserläufen. Glücklicherweise hatte Django wie immer seine Taschenlampe dabei, die er der Oma, samt einem Stecken, den er von einem Baum abgebrochen hatte, in die Hand gab. Sie legte Stecken und Taschenlampe auf den Schoß und fuhr los.

»So, Oma«, er drückte ihr ein Bussi auf die Backe, wovon das mulmige Gefühl auch nicht nachließ. »Pass gut auf dich auf. Und Pfand heil, oder so.«

»Schleich di!«, sagt die Oma trocken und kurvte davon.

»Ich lasse dich nicht aus den Augen«, flüsterte Django noch, was die Oma wahrscheinlich gar nicht mehr gehört hatte.

Um nicht aufzufallen, setzte er sich unter einen Baum auf eine Bank. Die Oma rollte von Abfalleimer zu Abfalleimer am Wasserlauf, die Allee entlang. Die Taschenlampe blitzte immer wieder auf. Plötzlich hörte er knirschende Kiesel. Er kam sich vor wie in einem schlechten Kriminalroman, wo die Kiesel ständig knirschten. Und auf einmal stand sie vor ihm: die Brünette aus der Fußgängerzone.

»Servus«, sagte sie und grinste ihn an.

Weil Django nicht wusste, was er sagen sollte, sagte er ebenfalls »Servus«.

»Darf ich mich setzen?«

»Wenn's d' meinst«, sagte Django und biss sich im selben Moment auf die Zunge. Die hübsche Frau setzte sich, er sah ein Licht im Park aufblitzen, das er für die Taschenlampe der Oma hielt, und sog das nach Jasmin duftende Parfüm ein.

»Bist nicht aus Ingolstadt, oder?«

»Nein«, sagte Django.

»Das merkt man gleich.« Sie legte ihre Hand auf seinen Oberschenkel.

»Warum jetzt das?«, stotterte er, während ihre Hand immer weiter seinen Schenkel hinaufwanderte.

»Sonst tätst mich schon kennen.«

»Wahrscheinlich.«

Ihr Mund näherte sich dem seinen. »Die scharfe Gabi bin ich.«

»Scheiße, die Oma«, entfuhr es Django. Er riss sich von der Gabi los und wetzte in Richtung des Wasserlaufs. Aber von der Oma war weit und breit nichts zu sehen. Er wetzte weiter bis zum Geheimnisvollen Garten, der von der Landesgartenschau noch übrig geblieben war, vorbei am Brunnenplatz, wo ein Liebespaar schmuste.

»Zefix«, fluchte er und stützte sich schwer schnaufend auf seinen Oberschenkeln ab. Wenn der Oma was zugestoßen ist. Immer wieder bringen mich die Frauen dazu, Fehler zu machen. Die Oma hätte ihm jetzt wahrscheinlich erwidert, dass er da schon selber dran schuld war. Womit sie recht gehabt hätte. Die gute Oma.

Total fertig setzte er sich auf die Stufen und schaute in das Wasser.

»'tschuldigung«, riss ihn eine Stimme aus seinen Überlegungen. Eine junge Frau in Kapuzenpulli und weiter Hose stand vor ihm. »Sie sind doch der Cowboy aus der Stadt heute. Der …« Sie überlegte. »Sie haben dem … Ich hab da was für Sie.« Sie hielt Django ein Handy entgegen. »Die Jungs haben den armen Flaschensammler nämlich ständig getriezt. Und wie ihnen das letzte Mal langweilig war, da haben s' sogar in der Tiefgarage nach ihm gesucht und das gefunden.«

Er griff nach dem Handy und dachte: Hätte mir gar nicht gedacht, dass der ein Handy hat. Es war an, aber der Akku war gleich leer. Django ging die Nummern durch. Der letzte Anruf war vor drei Tagen eingegangen. Er drückte ›anrufen‹. Dann tutete es dreimal und es wurde abgehoben. »Fritz, was gibt's?«

Django legte sofort wieder auf. Fritz also. Das machte ihn noch verdächtiger. Er musste sich ein Ladegerät besorgen und die anderen Nummern checken. Wenn die Oma nicht bald wieder auftauchte, würde er die Schandi informieren.

Von seinem Handy aus rief er Bruder Martin an. Glücklicherweise hatte er ein Telefon der gleichen Marke, weswegen er mit seinem Ladegerät das von Erhard aufladen konnte.

Django bestellte ein Taxi und rannte zum Brückenkopf. In der Straßenambulanz wartete Bruder Martin bereits auf ihn und die Neuigkeiten. Als ihm Django berichtet hatte, fuhr er sich mit den Händen über sein müdes Gesicht. »Ich habe die ganze Zeit das Gefühl, etwas vergessen zu haben.«

Django musste unentwegt an die Oma denken. Er konnte sich nicht mehr konzentrieren.

Plötzlich schlug Bruder Martin mit der flachen Hand auf den Tisch. »Genau. Alle drei waren auf einer Internetseite angemeldet.« Sie setzten sich an Bruder Martins Computer. Der gab ›www.Pfandgeben.de‹ ein. Auf der Seite erschienen zwei grüne Hände, die Flaschen hielten. Darunter stand: ›Du möchtest deine Pfandflaschen verschenken?‹ In einer Zeile darunter konnte man angeben, in welcher Stadt man suchte, dann folgte noch eine Erklärung. ›Das Prinzip ist Folgendes: Wir geben Dir die Handynummern von PfandsammlerInnen in Deiner Gegend und Du rufst einfach jemanden an. Hilf PfandsammlerInnen bei ihrer Suche & werde Deine Flaschen los. Viel Spaß!‹

Bruder Martin gab Ingolstadt ein, worauf man aus Ingolstadt und Ingolstadt Goetheviertel wählen konnte. Dann wurden vier Namen mit Handynummern angezeigt. Erhard, Mike, Gabi und Sergej.

»Das gibst doch nicht«, sagte Django und schob sich einen Kautabak in die Backe. »Wahrscheinlich hat ein Pfandgeber die drei verschwinden lassen.«

»Verschwinden lassen?«

Django erzählte Bruder Martin von seiner Frankenstein-Theorie. Und davon, dass die Oma Lockvogel gespielt hatte und jetzt verschwunden war. »Allerdings hat die Oma kein Handy«, sagte Django. »Und außerdem passt nicht, dass Fritz der Letzte war, der bei Erhard auf dem Handy angerufen hat. Der wollte Erhard sicher keine Flaschen geben. Und was sollte man aus Omas alten Knochen und Organen schon Gutes bauen können?«

Bruder Martin war nicht nach Lachen zumute. Er überlegte. »Wenn wir die Handys von den anderen hätten, könnten wir überprüfen, ob Fritz sie ebenfalls kontaktiert hat.«

Plötzlich ging die Tür auf. »Wenn man vom Deifi redt«, sagte Django.

»Hallo, Fritz. Kann ich bitte mal dein Handy haben?«, sagte Bruder Martin.

»Klar, wieso?«, sagte der zu Djangos Erstaunen und reichte Bruder Martin sein Telefon.

»Hast dir nach meinem Anruf wohl noch schnell eine neue SIM-Karte gekauft«, sagte Django, worauf ihm Fritz einen wütenden Blick zuwarf.

Bruder Martin, der die Nummern von Mike und Gabi wusste, ging die letzten Kontakte auf Fritz' Handy durch. Die beiden waren nicht darunter. »Logisch«, sagte Django.

»Hast du Sergej gesehen?«, fragte Bruder Martin.

»Ja, gerade eben. Der hat einen Anruf von einem bekommen, der ganz viele Pfandflaschen hat.«

»Oh nein!«, sagte Django, »Frankenstein.«

Fritz sah ihn an, als hätte er gerade erzählt, dass er über Wasser laufen könne.

»Und weißt du auch, wo er hinwollte?«

»Nach St. Monika.«

»Wir müssen uns beeilen«, sagte Django. »Ich glaube wirklich, dass wir es mit einem Wahnsinnigen zu tun haben.«

Sie hetzten zu Bruder Martins Wagen und rasten nach St. Monika. Aber St. Monika war groß. Genauso gut hätten sie ein Gerstenkorn bei einer Weizenernte suchen können. Trotzdem mussten sie es versuchen.

Da lief eine verhärmte Gestalt über die Straße, die einen Trolley hinter sich herzog. »Erwin«, sagte Bruder Martin und steuerte den Wagen an den Straßenrand. Django blieb sitzen, er war heute schon genug gelaufen.

Bruder Martin rannte zurück zum Wagen, deutete die Straße hinunter und gab Gas. »Sergej war wirklich hier.«

Weil sie ihn übersehen konnten, wenn sie zu schnell fuhren, drosselten sie das Tempo wieder und schlichen die Reihenhäuser entlang. »Stopp!«, schrie Django. Soeben war eine schwarze Kapuze durch ein Gartentor geschlichen. Das musste Sergej sein.

Bruder Martin parkte den Wagen. Sie stiegen aus. Als sie am Eingang standen, war von Sergej nichts mehr zu sehen. Fragend sahen sie sich an. Auf dem Klingelschild stand kein Name. »Also, wenn ich richtig liege mit meiner Vermutung, dann hat der Irre vier Leute in seiner Gewalt, inklusive meiner Oma.« Django versuchte, nicht an ihr schwaches Herz zu denken. »Der würde uns killen, ohne mit der Wimper zu zucken.« Bruder Martin nickte zögerlich. Django zog seinen Deringer. »Sie läuten und ich schleiche mich von hinten über die Terrasse an.«

Von außen sah das Haus aus wie jedes andere. Wahrscheinlich war es vor Kurzem gedämmt worden, da der Boden mit weißen Tupfern gesprenkelt war. Django erreichte die Terrasse, kniete nieder und umging auf Knien die Gartenmöbel. Im Wohnzimmer brannten Kerzen. Eigentlich müsste Frankenstein Bruder Martin bereits geöffnet haben. Noch waren sie nicht zu sehen. Dafür sah er auf einem Tisch ein Brett, das dunkel verfärbt war: Blut! Dann sah er das Mordwerkzeug. Ein Messer mit riesiger Klinge, blutverschmiert. Die Tür öffnete sich, Bruder Martin kam herein. Ihm folgte ein bleicher Mann in einem weißen Kittel: Frankenstein! Als Django näher hinsah, erkannte er die Blutflecken darauf; und das Messer in seiner Hand. Frankenstein schloss die Tür hinter ihnen. Jetzt saß Bruder Martin in der Falle. Was ihm nun bewusst wurde. Erschrocken drehte er sich um, breitete die Arme zum Schlag aus und ging auf Frankenstein zu. Der holte mit dem Messer aus. Django konnte nicht weiter zusehen, er musste handeln: Also packte er einen Gartenstuhl, schleuderte ihn durch die Scheibe und sprang mit dem einen Arm vorm Gesicht durch das Loch. Mit dem anderen zielte er auf Frankenstein: »Hände hoch!« Der Schlächter hob die Arme. Da läutete Bruder Martins Handy. »A…ber«, stotterte der und wusste offenbar nicht, was er als Nächstes tun sollte. Er entschied sich, ans Handy zu gehen. »Ja, der ist da«, flüsterte er hinein und reichte Django das Handy. »Ihre Oma.«

»Die Oma?« Django spürte, wie ein Teil der Anspannung von ihm abfiel. Trotzdem musste er aufmerksam bleiben. »Werfen Sie das Messer weg!«

Frankenstein warf das Messer auf die Fliesen, wo es klirrend aufkam und davonrutschte. Erst dann hielt Django sich das Handy ans Ohr.

»Django, was ist denn bei dir los? Gibt's Probleme?«

»Probleme?«, fauchte er ins Handy, »Sag einmal, wo bist du eigentlich?«

»Das ist gar nicht so einfach.«

»Das habe ich mir fast gedacht. Ich mache mir trotzdem Sorgen.«

»Ich habe da einen netten Mann kennengelernt.«

Zum Glück keinen jungen, dachte Django und sagte: »Und?«

»Und mit dem habe ich den Abend verbracht.«

»Wohl eher die Nacht«, Django sah auf seine Uhr. Er wollte gar nicht weiter darüber nachdenken. »Ich muss aufhören. Wir treffen uns in der Straßenambulanz.«

»Bis später.«

Frankenstein und Bruder Martin sahen ihn verdutzt an. Da ging die Tür auf und die drei Vermissten kamen herein. »Vorsicht!«, brüllte Django, »ich habe alles unter Kontrolle.«

»Das glaube ich jetzt nicht so ganz, Django«, warf Bruder Martin ein. »Kannst du mir sagen, was das Theater hier soll?« er zeigte auf die zerborstene Fensterscheibe.

»Frankenstein …«, stammelte Django und deutete mit dem winzigen Lauf seiner Deringer auf den blutverschmierten Professor.

»Das ist Dr. Löhe«, sagte Bruder Martin. »Er ist vor zwei Jahren in der Notschlafstelle untergekommen, weil sich seine Frau von ihm getrennt und er …«

»… zu viel getrunken hat«, ergänzte der Doktor. »Und wenn Bruder Martin und die Notschlafstelle nicht für mich da gewesen wäre, hätte ich meinen gutbezahlten Job bei Audi verloren. Und so wollte ich heute mit Bruder Martin und den anderen«, er wies hinter sich, »mein zweites Leben feiern.« Er lachte. »Von Wiederauferstehung möchte ich ja nicht gleich sprechen.«

Bruder Martin musste grinsen. »Die Überraschung ist dir wirklich gelungen. Ich denke, für Django wäre auch noch etwas übrig, oder?«

»Natürlich«, sagte Dr. Löhe.

»Dann hole ich aber noch die Oma. Selbst wenn sie mit ihrer Liebschaft wahrscheinlich genug gespeist hat.«

23 Altes Rathaus: Kernbestand aus dem 14. Jahrhundert. 1882 Neugestaltung im Stil der Neurenaissance. Sitz der Bürgermeister sowie weitere städtische Ämter. Dem Neuen Rathaus gegenüber. Fein getäfelter, historischer Sitzungssaal im ersten Stock.

24 St. Moritzkirche: Älteste Kirche der Stadt (9. Jh.). Beachtenswerte Rokoko- und Gotikelemente, z. B. der Pfeifturm.

25 Liebfrauenmünster: Mächtige Kirche mit Grabstätten von Professoren. Gewaltiges Dachgestühl mit sieben übereinanderliegenden Dachböden. Es heißt, dass dafür 3.800 Baumstämme verarbeitet wurden. Während ausgewählter Gelegenheiten kann man den Südturm besteigen und den Ausblick genießen.

26 Asamkirche Maria de Victoria: Ohne Vorplatz und Türme und etwas versteckt in der Altstadt liegende Barockkirche (1732–1736). Mit zwei Kunstschätzen: weltweit größtes Flachdeckenfresko, vom berühmtesten bayerischen Barockkünstler, Cosmas Damian Asam; Lepanto-Monstranz in der Schatzkammer mit Schlachtendarstellung.

27 Kreuztor: Westlich der Innenstadt. Wahrzeichen der Stadt. Aus dem späten 14. Jh. Sechs Ecktürmchen und sparsam verwendete Verzierungen schmücken den ziegelroten Torturm. Manche Gestaltungselemente,

wie zum Beispiel der Halbmond auf dem Hauptturm geben Rätsel über ihre Herkunft und Bedeutung auf. Kulturveranstaltungen.

28 Alte Anatomie: Spätbarocker, im Stil einer Orangerie konzipierter Prachtbau von 1723. Beherbergte die erste medizinische Fakultät nördlich der Alpen. Mit Arznei-, Duft- und Tastgarten. Deutsches Medizinhistorisches Museum.

29 Hohe Schule: Unterhalb des Münster. Pfründnerhaus aus dem frühen 15. Jahrhundert. 1472 Gründung der ersten Bayerischen Landesuniversität. Heute immer noch zur Weiterbildung genutzt.

30 Ickstatthaus: Ehemaliges Wohnhaus von Prof. Dr. Johann Adam Freiherr von Ickstatt, der Direktor der Universität, Schriftsteller und Diplomat. Er war einer der herausragendsten Persönlichkeiten der Ingolstädter Stadt- und Universitätsgeschichte. Verfechter der Aufklärung und Reformer des Schulwesens. Höchste Barock- und Rokokofassade Süddeutschlands.

31 Neues Schloss: Im Zentrum der Neuen Veste von 1418. Überwiegend zur Verteidigung gedacht: 17 reich verzierte Kanonen im Hof noch erhalten. Heute Räumlichkeiten des Bayerischen Armeemuseums.

32 Swept away. Vegetarisch, veganes Restaurant. Donaustraße 14; Öffnungszeiten: Durchgehend ab 17:30 geöffnet.

33 Glacis, Klenzepark und Donaustrand:
Glacis: breiter Grüngürtel rund um die Altstadt. Früher Schussfelder, heute u. a. Radweg.
Klenzepark und Donaustrand: Auf der gegenüberliegenden Donauseite. Mehrfach ausgezeichnet. Festungsanlagen, farbenfrohe Wiesen, Pflanzenlabyrinth, Spieldorf, Garten der Sinne, Biergarten, Ausstellungen. Nahe der Strand. Gaststätte Donaulände mit Pension, Zeltplatz, Biergarten.

# HIMMEL UND HÖLLE

## – PFAFFENHOFEN AN DER ILM –

»Django! Schnell! Wir müssen in den Bunker [34]«, brüllte die Oma. Sie hörte überhaupt nicht mehr auf, an seinem Arm zu rütteln.

Django hatte gestern einen Whiskey zu viel gebechert, weil es draußen schon so kalt war und ihm jemand zum Anlehnen gefehlt hatte. Deswegen schwankte er ein bisschen, als er aus dem Bett hüpfte. »Die Russen?« Die Hose zog er sich linksherum an und sein Hemd knöpfte er auch falsch zu.

»Nein, die Bundeswehr.«

»Wie, das verstehe ich jetzt aber nicht ganz. Die Bundeswehr schmeißt Atombomben aufs eigene Land. Gibst sonst keinen mehr, der Waffen kauft?«

»Ach geh, red doch nicht so einen Schmarrn. Nach Pfaffenhofen müssen wir, in den ehemaligen Fernmeldebunker.«

»Pfaffenhofen?«, Django kratzte sich in seinem Bart, »ist das nicht Richtung Nürnberg?«

»Scho, in der Holledau.«

»Das heißt, da gibt' s ein gutes Bier?«

Eine trübe, feuchtkalte Oktobersuppe hing über der Stadt, als sie über die A 9 Pfaffenhofen erreichten. Am Stadtrand wollte sich ihre Kundin mit ihnen treffen, dort war der Bunker auf einer Anhöhe in die Erde gesetzt worden. Julia Grossert, ihre Auftraggeberin, wartete bereits neben der Kleingartenanlage auf sie. Django hatte sie wesentlich älter geschätzt und war mehr als positiv überrascht. Sie trug eine azurblaue Outdoorjacke und ein Stirnband schützte ihre Ohren vor der Kälte. Dazwischen schaute ihr zu einer Art Dutt zusammengebundenes dunkelblondes Haar heraus. Ihre Hände steckten in fingerlosen Handschuhen.

»Mein Himmel«, fuhr es Django durch den Kopf. Auch er hatte seine speckigen, fingerlosen Handschuhe angezogen und wünschte sich eine lange Unterhose herbei. Lächelnd kam sie ihnen entgegen. Wer nach dem gewaltsamen Tod seines Mannes noch so lächeln konnte, musste mit allen Wassern gewaschen sein. Weil er so in Gedanken versunken war, hörte er nicht, wie sie ihren Namen sagte. Allerdings ließ ihn ihr Lächeln angesichts ihrer augenblicklichen Situation vorsichtig werden. Bis er ihre warme Hand drückte und ihr in die grünbraunen Augen blickte. Weil er nicht mehr losließ, sagte die Oma irgendwann: »Django!«

»Ja«, antwortete der und räusperte sich. »Mein Beileid.« Sie sah ihn verdutzt an. »Ja, ihr Mann«, schob Django hinterher.

»Mein Mann«, sie zog die Hand zurück. »Ich bin nicht verheiratet.«

»Das ist gut«, rutschte es Django heraus, worauf sie ihn erneut mit ihrem Lächeln gefangen nahm.

Ein Benzinfresser kurvte um die Ecke und hätte sie fast überfahren. Django wollte der Fahrerin gerade den Effenberg zeigen, da parkte sie und stieg aus. Er konnte seinen Blick nicht mehr von ihr abwenden. Es war nicht so, dass sie ihn wie die junge hübsche Frau gefangen nahm, es war mehr so, dass bei ihr offensichtlich irgendetwas nicht stimmte. Schwungvoll hüpfte sie aus ihrem Panzer. Die Absätze ihrer pinken Stiefel klapperten auf den Asphalt, ihre wirren, hellrosa gefärbten Haare bewegten sich im leichten Wind. Dabei streckte sie ihre Lippen betont trotzig nach vorn. Django musste sofort an ein Schweinderl denken. Aus der rosa Jacke quoll eine kurzärmelige Pelzweste und auch die rosa Leggings schien gleich aus allen Nähten zu platzen. Kurzum, die Anziehsachen waren viel zu eng oder die Frau viel zu breit. Oder auch beides.

»Django?«, kam sie mit ausgestreckter Hand, wie mit einem gezückten Schwert auf ihn zugestürmt. Reflexartig spannte er die Bauchmuskeln an, nickte verdattert und sah hilfesuchend zu der jungen Frau. »Julia Grossert, wir haben telefoniert.«

»Und wer sind dann Sie?«, fragte Django seinen Himmel.

»Natalie Zengerle. Ich bin für den Bunker zuständig, von der Stadt Pfaffenhofen.«

Django hätte sich gewünscht, dass sie ihm noch einmal die Hand gereicht hätte, was sie aber leider nicht tat. Stattdessen zog sie einen Schlüssel aus der Tasche. »Gehen wir.«

»Hier wurde vor einer Woche mein Mann ermordet aufgefunden«, sagte die Grossert, schniefte theatralisch und tupfte sich mit einem Taschentuch, natürlich rosa, nebst der Nase herum. Darauf bedacht, die dicke Schicht Schminke nicht zu zerstören. Dann stakste sie davon. Django kam mit der Oma kaum hinterher, worauf ihm Natalie, wie Django sie mittlerweile insgeheim nannte, einen bedeutungsschwangeren Blick zuwarf. Er wusste sofort, dass sie sich verstehen würden. Der Weg führte an einem flachen, lang gezogenen, gelben Gebäude vorbei und endete an einem Tor mit Stahlspitzen, auf die Django seine Auftraggeberin gerne gesetzt hätte. Natalie schloss auf und es begrüßte sie eine auf die Wand gemalte Blume unter der ›Interkulturgarten‹ geschrieben war. Den Garten mit Skulpturen, Beeten und einem Metallkäfig ließen sie links liegen. Natalie zog einen Schlüssel heraus und steckte ihn neben einen Schalter am Hauptgebäude: ›Strom‹, und schon standen sie vor einem vermoosten, kleinen Plastikhäuschen. Die Oma sah Django gespannt an. Dann traten sie in das Gebäude, von dem selbst die Pfaffenhofener jahrzehntelang nicht wussten, was darin vor sich ging. Und das lediglich einem erlauchten Kreis von Mitarbeitern vorenthalten war: der Fernmeldebunker der Bundeswehr.

Die Grossert hüpfte übertrieben sportlich die Treppe hinunter und wedelte mit den Händen: »Ich glaube nicht, dass wir hier noch irgendetwas Besonderes finden werden. Aber vielleicht täusche ich mich ja auch. Und wenn Sie zu keinen neuen Erkenntnissen kommen, können sie zumindest den Geist dieser Örtlichkeit einatmen.«

»So, so, Geist einatmen«, murmelte Django. In wenigen Minuten würde er wissen, was sie gemeint hatte. Er half der Oma aus dem Rollstuhl, die zückte ihren Hacklstecker und los ging's.

Langsam stiegen sie die Treppe hinab, auf weiße Lackfitzel, die von der rostigen Decke abgeblättert waren. An der Wand verliefen Stromleitungen, beige Streifen wiesen den Weg und mit jedem Schritt wurde es etwas wärmer. Sie passierten eine Metallgittertür. Nach weiteren Stufen folgte eine schwere Metalltür mit unzähligen Rädern und Verschlussmechanismen. In einer Ausbuchtung lagen Kalksteine.

Natalie bemerkte Djangos fragenden Blick. »Im Falle eines atomaren Angriffs, einer Detonation, sollten die Kalksteine die Strahlung und die Druckwelle fast vollständig absorbieren. Zerfallen wären sie wahrscheinlich nicht.

Ob es funktioniert hätte, wurde ja zum Glück nie getestet.« Nachdem sie einen Raum mit Schautafeln durchquert hatten, an einer Toilette, einer Fernsprechanlage und einem Raum mit Steckrelais vorbeigegangen waren, gelangten sie in den Brunnenraum. »Der hätte im Falle eines Angriff eine unabhängige Wasserversorgung garantiert«, sagte Natalie. Django glaubte die Anspannung der Vergangenheit noch riechen zu können.

»Hier ist es geschehen.« Sie schniefte wieder, tupfte sich über die Augen. »Das Schwein …«

Django sah Natalie an und glaubte zu wissen, dass sie das Gleiche wie er dachte. Sie hielt sich die Hand vor den Mund, um nicht laut loszuprusten.

»… hat meinen Mann …«, Grossert deutete auf einen dicken Eisenhaken, der mit einem plastikummantelten Metallseil an einem Gewinde an der Decke befestigt war, »mit einem Kabel aus dem Fernsprechraum festgebunden und mit der Seilwinde nach oben gezogen.«

Klassischer Tod durch Erhängen, dachte Django. Er sah sich in dem Raum um, der von Blechrohren durchzogen war. Wasserbehälter und Druckanzeiger starrten ihn an. »Gibt's schon einen Verdächtigen?«

»Nicht nur einen Verdächtigen.« Sie atmete tief ein und schüttelte den Kopf, dass ihre rosa Haare nur so wackelten. »Einen Schuldigen. Ein Geldeintreiber namens Fritz Habel. Er wurde geschnappt, als er sich aus dem Staub machen wollte. Mein Mann war noch warm.«

Jetzt begann die Frau wirklich zu schluchzen und brach in Djangos Armen zusammen, dabei kitzelten ihre spitz abstehenden Haare in Djangos Nase. Er schob sie von sich, woraufhin auch die Oma und Natalie ihn erstaunt ansahen: »Was erlauben Sie sich!«, grunzte die Grossert.

»Hatschi!«, schoss es aus Django heraus, der sich gerade noch die Hand vor die Nase halten konnte. Die Oma reichte ihm ein Taschentuch. »Was ist dann das Problem?«, sagte er vielleicht ein bisschen zu grob.

Die Frau fuhr ihren Zeigefinger mit dem rosa Fingernagel in Überlänge aus, als wolle sie ihn erstechen, und kam auf ihn zu. »Das Problem ist, dass der Geldeintreiber nicht der Täter ist.«

»Und wer ist der Täter?«

Sie zuckte mit den Schultern. »Nicht der Geldeintreiber.«

»Ihr Mann hatte Geldsorgen?«, fragte Django.

»Das ist es ja. Davon wusste ich nichts.«

Django war unsicher, ob sich ihre Stimme bei dem Wort ›nichts‹ nicht überschlagen hatte. Er wollte später die Oma fragen, und Natalie.

»Wer ist denn nach Ihrer Meinung der Mörder?«

»Ich weiß nicht. Dafür brauche ich ja Sie.«

»Hatte Ihr Mann in der letzten Zeit Streit mit jemandem?«

Sie zog einen Kamm heraus und toupierte an ihren Haaren herum. Dann hielt sie inne. »Nicht, dass ich wüsste.«

»Ich wüsste da aber was oder besser wen«, meldete sich Natalie, »mit Pater Annuß, beim Brauereifest im Kloster Scheyern.«

»Ach, jetzt wo Sie's sagen.«

Vielleicht solltest du mal dein Gehirn toupieren, dachte Django.

»Und um was ging's bei dem Streit?«

»Ich weiß nicht«, sagte die Grossert, was Django nicht sonderlich verwunderte. Er wandte sich lieber wieder den angenehmen Seiten des Lebens zu.

»Wie viele Ausgänge gibt es hier drin denn?«, fragte er Natalie.

»Einen Notausgang, der ist allerdings dicht. Den Eingang, den wir genommen haben und dann noch einen anderen weiter hinten. Den haben Sie eventuell gesehen. Den Eisenkäfig.«

»Und wer hat einen Schlüssel zu dem Bunker?«

»Ich.«

»Sonst keiner?«

»Die Stadtführer, wenn sie eine Bunkerführung machen. Die letzte Bunkerführung war am vergangenen Wochenende. Seitdem hat keiner mehr den Bunker betreten. Aber die wurden von der Polizei schon verhört und waren zum Tatzeitpunkt nicht in Pfaffenhofen.«

Django klärte mit der Grossert noch das Honorar ab, bei dem sie sich nicht lumpen ließ. Sparschweindl, dachte er und verabschiedete sich schweren Herzens von Natalie, in dem er ihr besonders lange die Hand schüttelte.

»Wenn Sie was brauchen, melden Sie sich einfach«, sie gab ihm ihre Karte.

»Dankeschön und bis später«, sagte Django schüchterner als ihm lieb war.

Django weigerte sich wie immer, das Navi einzuschalten, und der Oma ihr grauer Star spielte ihr beim Kartenlesen einen Streich, weswegen sie sich ein bisschen verfuhren und am Stadtturm an der Oberen Stadtmauer 35 und am Heimatmuseum 36 vorbeikurvten. Nachdem sie den richtigen Weg aus Pfaffenhofen herausgefunden hatten, ebbte die beiderseitige Wut wieder ab und Django steckte sich einen Kautabak zwischen die Kiemen. Hinter Nieder- und Mittelscheyern und abgeernteten Hopfenfeldern, wo Pfosten und Drahtgestänge in den Himmel stachen, gelangten sie schließlich zum Kloster Scheyern 37, dessen Kirchturmspitze durch den Nebel ragte.

Über den Toreingang erreichten sie den großen Innenhof. Da die Pforte nicht besetzt war, wie ihnen eine grauhaarige, den Boden wischende Frau erklärte, schob Django die Oma durch den feinen Sprühregen zur Verwaltung. Dort war es zwar wärmer, aber Pater Annuß war gerade damit beschäftigt, seine Predigt zu verfassen. »Versuchen Sie's in einer halben Stunde noch mal«, sagte die freundliche Frau mit der Brille, die zusammen mit einer anderen Schreibkraft von dem riesigen Büro verschluckt wurde.

Da sie nun schon einmal da waren, nutzten die beiden die Gelegenheit, sich das Gelände näher anzusehen: den viereckigen, spartanischen Springbrunnen, die mächtige Glocke, den Friedhof und den Klosterladen, der geschlossen hatte. Der gotische Kreuzgang, zu dem eine verwinkelte Treppe im Innenhof der Kirche führte, war immerhin geöffnet. Unzählige Grabmäler säumten den Gang, der sie in die Königskapelle dirigierte. Weil die Oma sich mit den Stufen ganz schön schwertat, war die halbe Stunde bereits rum, als sie in die Verwaltung zurückkehrten. Der Pater war immer noch nicht zurück. Aber gerade als Django die Tür öffnete, um hinauszugehen, kam er zu ihnen. Kleiner als Django, mit einem verschmitzten Lächeln.

»Wie kann ich Ihnen helfen?«

»Sie hatten beim Braufest Streit mit Hermann Grossert?«

»Ja und nein«, sagte er bedächtig, dass Django die Wut hochstieg.

»Was jetzt – ja oder nein?«

»Er hatte eigentlich Streit mit mir.«

»Und warum?«, sagte die Oma mit sanfter Stimme. Für sie stellte so ein Pater immer noch eine Respektsperson dar. Bei Django, der mehr oder weniger, aber eher mehr, im Wilden Westen lebte, war das etwas anderes.

»Weil er ein Streithansl war. Auf dem Fest hat er sich auch mit Tobias Bandlow angelegt.«

»Und wer ist das schon wieder?«, fragte Django.

»Ein Wachmann, Sie finden ihn an der alten Rennbahn, auf der Hopfenmeile 38.«

»Rennbahn? So was gibt's in Scheyern?« Django schob seinen Cowboyhut nach oben.

»Nein, aber in Pfaffenhofen, im Gewerbegebiet an der Trabrennbahn.«

»Hopfenmeile hört sich ein bisschen nach Volksfest an.«

»Ja, als die Bahn noch in Betrieb war, war da eine Menge los.«

Die Oma und Django verabschiedeten sich. Im Auto stellte er der Oma die Frage, die ihn schon die ganze Zeit beschäftigte: »Sag mal. Hast du nicht auch gefunden, dass die Grossert …«

»Ausschaut wie ein Schweinderl?«, ergänzte die Oma und beide mussten lachten.

»Nein, ich meinte, dass es sich so angehört hat, als würde sie lügen, wie es um die Geldsorgen ihres verstorbenen Mannes gegangen ist.«

»Hat sie auch.«

Sie erreichten das Gewerbegebiet. Der Parkplatz lag oberhalb der Trabrennbahn, die in einer Senke schlief; der Blick darauf, teilweise verdeckt von Bäumen mit roten Blättern.

Da die Rennbahn außer Betrieb war, parkte kein einziges Auto auf dem abschüssigen Parkplatz. Äste und

Sträucher kratzten an Djangos Schrottkarre, als sie rechts davon eine schmale Straße zur Hopfenmeile hinuntersteuerten. Eine Kette mit einem ›Durchfahrt Verboten‹-Schild vor einem Tunnel, der unter einer Straße hindurchführte, stoppte den Wagen. Weil er die Oma so nicht aus dem Auto herausbekam, setzte er zurück und stellte sich nun doch auf den Parkplatz. Dann rollten sie nach unten, unter der Kette und einer Tunnelröhre hindurch, bis sie erneut gestoppt wurden: Von einem Bauzaun, mit NATO-Stacheldraht in den Zwischenräumen. Darunter lagen welke Blätter.

»So, Oma, hupf drüber!«

»Haha«, sagte die gelangweilt und erwiderte: »Ich will mal sehen, ob du mit deinem Knödelfriedhof da drüber kommst.«

»Das wäre ja gelacht«, sagte Django, zog seinen Mantel aus und gab ihn der Oma. Dann schwang er sich auf den Bauzaun, der bedrohlich zu schwanken begann. Sein Stiefel verhakte sich zwischen den Gittern, er rutschte nach rechts und etwas stach in seinen Hintern. Oh nein! Nicht schon wieder!

»Runter da!«, befahl ein dunkle Stimme.

Django bewegte sich vor und zurück.

»Das wird ein bisserl schwierig«, sagte die Oma.

Django und die Stimme wussten nicht, wen sie gemeint hatte. Natürlich würde es schwierig werden, von ihrem Rollstuhl runterzukommen. Aber auch für Django sah es augenblicklich nicht so aus, als würde er gleich herunterhüpfen können. Außer …

Django rührte sich vorsichtig, da kam ein glatzköpfiger Mann in ärmelloser Weste, die einer schusssicheren Weste zum Verwechseln ähnlich sah, an das Gitter heran. Die Hand an seiner Kampfhose. Django musste an das Zwetschgenmanderl denken, das sie im Wohnzimmer stehen hatten. Allerdings hatte das mehr Haare. Verdammt, Django hatte seinen Deringer im Mantel gelassen, auf Omas Schoß. Wenn die schießen würde, müssten auch die Eichhörnchen um ihr Leben fürchten; und Django erst.

»Runter da!«, wiederholte das Zwetschgenmanderl.

»Ich komm ja schon«, sagte Django. Zu spät. Das Zwetschgenmanderl trat mit seinen Kampfstiefeln gegen das Gitter, dass es Ratz machte und Django auf den Asphalt knallte wie so ein nacktes Küken aus dem Nest.

»Zefix!«, fluchte er, stand auf, versuchte sein Gesicht nicht zu verziehen und hielt sich wieder einmal die Hand auf den Triangel in seiner Hose.

»Was bist du denn so grantig?«, sagte die Oma zu dem militanten Zwetschgenmanderl.

»Für Sie immer noch Sie.«

»Aber ich könnte deine Oma sein!«

»Hab ich schon.«

»Dafür hast kein Humor.«

»Bei dem Job würden Sie den ebenfalls verlieren.«

»Warum denn das?«

»Weil da öfter so Hanswursten rumlaufen und Sparifankerl machen.«

»Der vielleicht?«, sagte Django und hielt ihm das Bild von Hermann Grossert unter die Nase.

Das Zwetschgenmanderl verzog sein Gesicht, von dem Django angenommen hatte, dass es versteinert sei.

»Vor allem der.«

»Dann kannst ja jetzt in Rente gehen«, sagte die Oma, der es Spaß zu machen schien, den verkrampften Büffel zu tratzen.

»Warum?«

»Weil er tot ist«, sagte Django. »Was wollte der denn eigentlich von dir?«

»Sein Geld wollte er zurückhaben.«

»Hast du ihm Geld geliehen?«

»Schau ich so aus?«

Django musterte ihn. »Nicht wirklich.«

Das Zwetschgenmanderl zückte auf der anderen Seite des Bauzauns ein Gerät, das aussah wie eine Knarre. Als Django genauer hinschaute, erkannte er, dass es sich dabei um einen Taser handelte, eine verschärfte Form des Elektroschockers.

»Verschwind's und lasst's mir meine Ruh.«

»Erst musst du uns noch eine Frage beantworten.«

»Ich muss gar nichts.«

»Sonst musst du auf die Polizeiwache, zum Verhör.«

»Weil du der Sheriff bist, oder was?«

»Nein, weil wir die Information an die Schandi weitergeben.«

Er packte seinen Taser ein und betrachtete seine Fingernägel. »Gut, der Typ wollte das Geld wiederhaben, das er auf der Hopfenmeile verpulvert hat.«

»Sag mal, warum eigentlich Hopfenmeile?«

»So heißt das hier. Die Pferde sind eine kürzere Strecke gelaufen, als auf anderen Trabrennbahnen, gute 800 Meter. Und das ist die Hopfenmeile.«

»Wo waren Sie vor einer Woche von Sonntag auf Montag zwischen Mitternacht und 9 Uhr morgens.«

»Da.«

Bevor Django ein »Aha« raushauen konnte, tönte ein »Django!« durch den Tunnel. Die Titelmusik von Ennio Morricone zum gleichnamigen Film. Jemand versuchte,

Django auf seinem Handy zu erreichen. Oma, die den Mantel auf ihrem Schoß liegen hatte, wollte rangehen, da zog der Typ seinen Taser erneut. »Nix da, sonst knallt's.«

»Dir haben s' aber auch ins Hirn geschissen. Dass einer mit einem Taser 20 Meter weit schießt, hab ich noch nie gesehen«, sagte die Oma und ging ans Handy. Django hörte nur ein »Blublblubl«, sie kam überhaupt nicht zu Wort. Als sie wieder aufgelegt hatte, sagte sie: »Es gibt Neuigkeiten.«

»Gute oder schlechte?«, fragte Django und hatschte mit der Oma zum Auto, um den Fuzzi mit seiner Anspannung allein zu lassen. Kurz bevor sie den Tunnel verlassen hatten, zog er seinen Deringer und flüsterte: »Halt dir mal die Ohren zu.«

Dann zielte er auf das plärrfotzige Zwetschgenmanderl und drückte ab. Es knallte und das Zwetschgenmanderl wetzte wie ein hakenschlagender Hase davon.

Im Auto erzählte die Oma, dass die Grossert etwas gehört hatte, was für die Ermittlungen relevant sein könnte. Am Telefon wolle sie aber nicht darüber sprechen, sie müsse es ihnen persönlich sagen.

Während der Fahrt zurück in die Stadt regte sich Django übelst auf: »Wenn ich das schon höre: Ich habe etwas gehört. Und persönlich sagen kann man auch am Telefon.« Jetzt musste die Oma ihren Enkel ein bisschen ablenken, um ihn zu beruhigen. Deswegen studierte sie die Karte von Pfaffenhofen und seine Sehenswürdigkeiten und sagte am Hungerturm [39]: »Da hätte man den Grossert früher eingesperrt.«

Die Mariensäule [40] erinnerte ihn an Natalie, mit ihrem herrlichen Lachen. Ob er sie noch einmal wiedersehen würde? Er musste sich irgendwas einfallen lassen …

»Ich brauche unbedingt was zum Beißen«, versuchte er sich abzulenken. »Wo treffen wir uns denn?«

»Im Café Hipp am Hauptplatz, gleich beim Rathaus 41.«

»Da gibt's wahrscheinlich nur Bio-Glaserl mit Gelben Rüben, oder?«

»Nein, das ist eine Konditorei. Aber das sind schon die Hipps, die auch die Glaserl machen.«

»Sind die nicht mal erpresst worden, vor ein paar Jahren?«

Die Oma wusste nichts davon.

Das Schweinderl erwartete sie bereits mit einem Teller, auf dem sich zwei Tortenstücke häuften. Mampfend berichtete sie, noch bevor sich die Oma und Django gesetzt, geschweige denn was bestellt hatten.

»Ich war beim Essen bei der Frau Barthel«, sie grinste. »Da ist zwar oft nichts los, aber dafür erzählt sie, während sie kocht.« Die Grossert verstellte ihre Stimme, dass Django nur darauf wartete, dass sie gleich zum Grunzen anfangen würde: »So, ein Eierl … Spaß beiseite«, sie schob sich einen weiteren Berg Torte in den Mund. »Die Schnitzel sind eigentlich ganz gut, die macht sie frisch.«

Als die Bedienung an den Tisch kam, schickte sie die Grossert mit einer fließenden Handbewegung wieder weg. Django bekam vor lauter Wut einen roten Kopf.

»Und, was wollen Sie uns damit sagen?«

Sie nippte an ihrem Kaffee. »Ja, der Grossert Hermann, jetzt ist er tot, hat sie vor sich hingebrabbelt.« Die Grossert verstellte die Stimmer erneut. »So wirr war er, der arme Teufel, dass er sogar den Erpresserbrief an mich und an den Pater Annuß geschickt hat. Aber ich lass mich nicht erpressen und der Pater Annuß aus Scheyern auch nicht.

Mein Herr Barthel würde sich im Grabe umdrehen, wenn er das noch mitbekommen hätte. Sagen tu ich's keinem, nicht, dass er's doch tut.«

»Ihr Mann hat die Klosterbrauerei erpresst und versucht, die Brauerei Barthel zu erpressen?«, fragte Django.

Das Schweinderl hörte auf zu kauen und versteckte einen Rülpser hinter der Serviette.

»Weil er keine Geldsorgen gehabt hat, vermutlich«, warf die Oma schnippisch ein.

»Vermutlich«, sagte Django und schnappte sich den Löffel, der neben der Kaffeetasse lag. Mit dem Löffel hob er ein Stück Torte vom Teller und schob es der Oma in den Mund; weil er ja nach wie vor seine vegane Diät durchzog. Die Oma wollte gerade lospulvern, kaute aber dann und konnte sich nicht mehr vom Tortenrest auf dem Teller losreißen. Also nahm Django auch noch den letzten Brösel und fütterte damit die Oma. Worauf der Mund des Schweinderls offen stehen blieb.

»Sie haben ja recht«, sagte sie kleinlaut, wischte sich den Mund mit der Serviette ab und legte die Hände in den Schoß. »Fast mein ganzes Vermögen hat er verprasst, fast. Keine Sorge, Ihr Honorar kann ich zahlen.«

»Jetzt wieder zahlen, weil Sie das erpresste Geld gefunden haben?«, sagte Django.

»Ich fürchte, das hat nicht ganz hingehauen.«

Django dachte nach. »Warum wollen Sie eigentlich den wahren Täter finden?«

»Wegen meines Rufes. Wenn mein Mann von einem Geldeintreiber ermordet wurde, dann wirft das ein äußerst schlechtes Bild auf mich.« Sie sagte das so seltsam teilnahmslos, dass Django davon ausgehen musste, dass es stimmte, was sie sagte.

Auf einmal hatte Django eine Idee. »Ihr Mann war doch irgend so ein Oberhauptmann im Bunker?«

»Ja.«

»Gibt's hier noch jemanden, mit dem er zusammengearbeitet hat?«

Sie schüttelte den Kopf. »Die meisten sind tot oder weggezogen. Nein, warten Sie mal. Philomena Führer, sie wohnt zwischen Rentamt [42] und Spitalkirche.«

Die Grossert schrieb die genaue Adresse auf. Aber erst einmal musste Django was essen. Also gingen Sie nur paar Haustüren weiter, unter einer Unterführung mit Holzdecke hindurch, und schon standen sie vorm Müllerbräu [43], der sogar ein veganes Gericht auf der Speisekarte hatte. In der Stub'n setzten sie sich am weiß gekachelten Kamin mit Bildern nieder und genossen schon bald ihre Nudeln mit viel Gemüse.

Vom Müllerbräu aus waren es nur wenige Minuten zu Philomena Führer. Keine Sekunde nachdem sie geläutet hatten, öffnete sich die Tür und Frau Führer stand mit Lockenwicklern vor ihnen. »Sie müssen entschuldigen, Montag ist mein Wellnesstag. Darf ich Ihnen was anbieten?«, fragte sie. »Ich hab gerade eine Nudelsuppe gemacht.«

»Das wäre was«, sagte Django höflichkeitshalber, obwohl er pappsatt war. Und schon saßen sie vor einem dampfenden Teller Buchstabensuppe. Aus Zufall oder nicht lagen auf seinem Löffel die Buchstaben: H-I-M-M-E-L. Irgendeine Frage für Natalie musste ihm einfallen. Aber jetzt musste er die Führer befragen. Ein selten blöder Name, wegen dem sie in der Schule wahrscheinlich nicht nur einmal gehänselt worden war.

»Sie haben im Bunker gearbeitet?«

Sie rührte in der Suppe. »Das war zum Schluss ziemlich nervenaufreibend, weil das Personal so reduziert wurde. Man war stundenlang allein im Bunker.«

»Dann kennen Sie auch Hermann Grossert?«

»Tragisch, wie der ums Leben gekommen ist, wo der doch ein ganz ein Netter war.«

»Ja, war er das?«, fragte die Oma.

»Ich kann nichts Schlechtes über ihn sagen.«

In der Küche hing an der Wand neben dem Jesus ein Bild von einem Mann. Django deutete darauf: »Ihr Mann?«

»Scho«, sagte sie und schob sich einen Löffel voll Buchstaben in den Mund.

»Fesch«, sagte die Oma.

»Scho.«

Django war jetzt zwar satt, aber diese Rumdruckserei nervte ihn trotzdem. »Und, was macht er so?«

»Er ist tot.« Sie räumte das Geschirr zusammen, obwohl die Oma noch am Essen und dem Django sein Teller voll war. Irgendetwas kam Django hier komisch vor. »Und an was ist er gestorben?«

»Darüber möchte ich nicht reden.«

»Das kann ich gut verstehen«, sagte Django. Die Oma sah ihn erstaunt an.

Wie sie auf die Straße gingen, holte Django sein Handy heraus und wählte Natalies Nummer. »Ah, ähh, Django am Apparat. Ich hätte da eine Frage.« Pause. »Ja, gut, in zehn Minuten.«

Die Oma sah ihn fragend an. Wir treffen uns in zehn Minuten mit dem Himmel …«

»Dem was?«

»Mit der Frau Zengerle. Am Denkmal für die Opfer des Nationalsozialismus 44.«

Die Oma stöhnte laut auf. »Wenn du dich nicht schon wieder verschaut hast.«

»Hab ich nicht«, sagte Django grantig. »Ich brauche jetzt erst einmal frische Luft. Lass uns ein bisserl spazieren gehen.«

Das Denkmal lag rückseitig der Stadtpfarrkirche St Johannes Baptist 45. Weil sie Zeit hatten, schlenderten sie zuerst noch über den Hauptplatz. Django freute sich über die Musik eines Ziehharmonikaspielers, der trotz der Kälte auf dem Boden saß und Bella ciao spielte. Aber er hatte nur zwei Euro und die Oma gar nix. Also fragte er den Ziehharmonikaspieler: »Können Sie bitte wechseln?« Der schwarzhaarige Mann sah ihn erstaunt an, schob seine Hand ihn die Tasche und holte ein paar Münzen hervor. Django steckte ihm die zwei Euro zu. Der Musiker gab ihm einen Euro und zwei 50-Cent-Stücke zurück. Django gab ihm den Euro und sagte: »Für die Musik.«

Auf einmal stand Natalie hinter ihm. »Super, gell, wenn in der Stadt Musik gespielt wird.« Sie grinste bis zum Stirnband hinauf. »Wie kann ich Ihnen weiterhelfen?«

Django hielt immer noch ihre Hand. »Was ist mit ihrem Mann passiert?«

Natalie sah ihn pikiert an. »Ich dachte, ich hätte Ihnen bereits gesagt, dass ich keinen Mann habe.«

Die Oma ergriff das Wort: »Wir waren bei Frau Führer.«

Sie löste sich aus Djangos Hand. »Ach so! Der ihr Mann hat sich umgebracht.«

Django überlegte, selbst wenn es ihm gerade schwerfiel. »Hat der auch im Bunker gearbeitet?«, fragte die Oma glücklicherweise. »Ja. Aber da gab's wohl Probleme mit dem Grossert.«

»Inwiefern?«, fragte Django. Jetzt hatte er sich wieder gefangen. »Die Frau Führer hat gesagt, dass das ein Netter gewesen sei.«

»Zu ihr vielleicht, weil er ihr schöne Augen gemacht hat.« Sie sah Django lange an, dass er weiche Knie bekam. »Ihr Mann wurde verdächtigt, ein Spion zu sein, wegen der Verwandten im Osten. Einen Bruder glaube ich, der überzeugter Kommunist war.«

»Das könnte eine Spur sein«, sagte Django und steckte sich einen Kautabak in den Mund. Die Führer hatte den Grossert vermutlich nicht umgebracht, dafür war sie zu schmächtig. Sie schien in einer anderen Welt zu leben, in welcher der Tyrann und Kommandant Grossert ein liebenswerter Mensch gewesen war.

»Hat die Führer noch irgendwelche Angehörigen?«

»Ja, einen Sohn, der sein Geld auf der Rennbahn gelassen hat.«

»Ganz Pfaffenhofen scheint voller Opfer der Hopfenmeile zu sein.«

»Das kann man laut sagen«, sagte Natalie.

Der Sohn von Frau Führer hatte nachvollziehbarerweise seinen Namen geändert beziehungsweise den seiner Frau angenommen, von der er sich schon vor Jahren getrennt hatte. Jetzt hieß er Merz, Christian Merz. Er wohnte oder besser gesagt hauste; wie es dem Django sein Himmel ausdrückte, in der Nähe des Stadtturms am Platzl 46, der von den Einheimischen nur Flaschlturm genannt wurde.

Weil es nicht weit war und sich Django von dem Gefühlsgulasch, das der Himmel in ihm ausgelöst hatte, erholen musste, begaben sie sich zu Fuß und im Rollstuhl in Richtung Flaschlturm. Denn das Gefühlsgulasch war sicher nicht vegan.

Ganz im Gegensatz zu seiner Mutter öffnete Merz überhaupt nicht. Da sogar die Oma dröhnende Musik hörte, ließen sie nicht locker und klopften, was aber auch zu keinerlei Ergebnis führte. Deswegen zückte die Oma wieder einmal ihren Satz Dietriche. Django hielt seinen Deringer bereit, die Tür sprang auf. Eine Obstfliegenluftwaffe schlug ihnen zeitgleich mit einer Ranzelkavallerie entgegen, dass Django nicht wusste, ob er sich zuerst die Nase zuhalten oder die Fliegen vertreiben sollte. Er entschied sich dafür, die Nase zuzuhalten und gab der Oma ein Zeichen, dass sie warten sollte. An einer mit schmutzigem Geschirr bedeckten Spüle vorbei, an der der Gestank immer penetranter wurde, schob er sich in die dunkle Wohnung, aus der Bässe drangen. Kurz abgelenkt, von einem Tierchen, das unter dem Geschirr hervorkrabbelte, bemerkte er die Gestalt nicht sofort. Dann war es bereits zu spät: Mit weit aufgerissenen Augen rannte ihn ein Mann um, der auf den ersten Blick aussah wie Diego Maradonna zu seinen schlimmsten Drogenzeiten. Was Django sogar in der Dunkelheit erkennen konnte. Er hetzte ihm hinterher und stürzte über den Hacklstecker der Oma, der eigentlich dem Flüchtenden gelten sollte. Django gab ihr ein Zeichen, dass sie bleiben sollte. Er nahm die Verfolgung von Merz auf.

Am Kreisverkehr vor der Brücke, die über die Ilm führte, hatte er ihn fast eingeholt. Aber ein Bulldog mit Anhänger stotterte so langsam vorbei, dass Django Merz verlor. Er sah gerade noch, wie er in den Sparkassenplatz einbog. So viel konnte der gar nicht gekokst haben, dass ich ihn nicht wieder einhole, dachte Django. Auf der Brücke, an der etliche Schlösser befestigt waren, hatte er ihn bereits eingeholt und hechtete ihm hinterher. Griff nach seinem Muskelshirt. Rutschte ab und schaffte es, ihm die

Füße wegzuziehen. Merz hielt sich am Brückengeländer fest, Django stand auf und hob ihn darüber.

»Was willst du eigentlich von mir, du irrer Cowboy?«, schrie Merz mit hochrotem Kopf. Unter ihm floss die Ilm.

»Hast du deinen Vater gerächt?«

»Was für einen Vater? Ich hatte nie einen.«

Django überlegte, ob er vielleicht den Falschen erwischt hatte. »Martin Führer ist doch dein Vater, oder?«

»Ist ein Vater ein Vater, der total durchgeknallt ist? Der glaubt, dass er für die Stasi arbeitet?«

Auf einmal tat er Django leid. Er wusste, was es bedeutete, ohne Vater aufzuwachsen.

»Was machen Sie da?«, ertönte eine bekannte Stimme aus dem Hintergrund. Django zuckte zusammen und hätte Merz, der gerade gesagt hatte: »Sie schickt der …«, fast fallen gelassen. Dadurch musste sich Django weit über das Brückengeländer lehnen.

»Sie haben da was«, sagte Natalie, »lassen Sie den Mann bitte nicht los.« Django erinnerte sich an den Triangel in seiner Hose. Oh nein. Sie konnte ihm bis auf die Unterhose schauen, hoffentlich nicht die mit den Erdbeeren drauf.

»Nicht loslassen!«, war das Letzte, was Merz noch schreien konnte.

In der Zwischenzeit hatte die Oma die Gelegenheit genutzt, um eine illegale Hausdurchsuchung in Merz' Wohnung zu starten. Was sich inmitten der Dosen, Zeitungen und des anderen Kruschs gar nicht so einfach gestaltete. Aber dann stieß sie auf eine kleine Kiste. Mit einem psychiatrischen Gutachten, das Merz' Vater als schwer depressiv und psychotisch eingestuft hatte, begünstigt durch seine ›berufliche Situation‹. Außerdem das Sterbebild des, wie die Oma fand, bildhübschen Vaters und was von allem am wichtigsten war: einen Schlüsselbund. Die Oma konnte sich denken, zu welchem Schloss der gehörte.

Als Natalie und Django Merz gemeinsam nach oben hievten, waren alle irgendwie erleichtert. Django, dass der Himmel wieder da war, und Merz, dass er nicht baden gegangen war. Er zitterte am ganzen Körper, was vermutlich nicht zuletzt an seiner dürftigen Bekleidung lag. Bei den Temperaturen war ein Muskelshirt letztlich zu wenig. Da konnte man so hart sein, wie man mochte. Was Merz eh nicht war. Als sie zurück zu seiner Wohnung gingen, Django achtete darauf, dass er ihm nicht ausbüxte, brach das ganze Elend aus ihm heraus. »Ich habe alles verloren, nur weil der Grossert meinen Vater verrückt gemacht hat, um meine Mama heiraten zu können. Und jetzt stehe ich hier, allein. Meine Kinder wollen mich nicht sehen, meine Frau schaut mich nicht einmal mehr mit dem Arsch an. Weil ich total verschuldet und beziehungsunfähig bin.« Merz wischte sich über die triefende Nase. »Dafür sollte er büßen.«

»Daher kannten Sie den Geldeintreiber?«, fragte Django.

Merz antwortete nicht. Ihm schien bewusst geworden zu sein, dass er vor Django und Natalie ein halbes Geständnis abgelegt hatte. In der Wohnung übergab die Oma Django die Kiste. Die restliche Arbeit sollte die Mordkommission erledigen. Nur bei dem Schlüssel wollte Django gemeinsam mit Natalie noch ausprobieren, ob er passte. Und das tat er wirklich! In die Eingangstür des Bunkers.

Nach der ganzen Action brauchte Django unbedingt einen Whiskey. »Ich kann auch einen Schnaps gebrauchen«, sagte Natalie und lächelte ihn an.

»Im Stegerbräu 47 soll es ganz schön sein«, sagte die Oma, was Django aber völlig egal war. Mit dem Himmel wäre er sogar in die Hölle gegangen.

34 Bunker mit Interkultur Garten.

35 Obere Stadtmauer: Verlauf der Bachsteinmauer noch gut erkennbar. Mit Stadtturm aus dem 15. Jh. mit Holzfassade.

36 Heimatmuseum: Im ehemaligen Mesnerhaus aus dem 18. Jh. Überwiegend religiöse Kunstschätze. Derzeit wegen Sanierungsbedarf geschlossen. Evtl. Umzug in Anbau der Spitalkirche.

37 Kloster Scheyern: 6 Kilometer südwestlich der Stadt. Benediktinerabtei. Wallfahrt zum Heiligen Kreuz (aus Jerusalem) lockt jährlich Tausende Pilger an. Ehemaliger Herrschersitz der Vorfahren der Wittelsbacher. Soll 508 gegründet worden sein. (Als Gründerin des Klosters gilt die Gräfin Haziga.)

38 Hopfenmeile: Von 1981 bis 2011 fanden auf dieser Trabrennbahn Pferderennen statt.

39 Pfänderturm: An der früheren nordöstlichen Stadtgrenze. Um 1400 errichtet. Hier wurden Menschen inhaftiert, die leichtere Schulden angehäuft hatten und gepfändet worden waren. Vermutlich seit dem 19. Jh. auch Hungerturm genannt.

40 Mariensäule am Hauptplatz. In der Mitte des Brunnens von 1863: Sandsteinsäule und -figur.

41 Rathaus: vom 14. Bis 19. Jh. Standort des Heiliggeistspitals samt –kirche. 1865 bis 1868 im neugotischen Stil erbaut. Begehbarer Spitzturm. (Arrestzelle im Keller. Diese wurde während des Dritten Reichs vom Pfaffenhofener Polizeimeister eingerichtet, der darin polnische Zwangsarbeiter misshandelte.)

42 Rentamt und Spitalkirche:
Das Rentamt war bis zum 14. Jh. Standort einer Burg. Nach dem großen Stadtbrand 1388 Errichtung eines Rathauses. Später als herzogliches Steueramt und durch die NSDAP genutzt.
Spitalkirche: 1716 bis 1719. Einst Kirche des früheren Franziskanerklosters. Deckengemälde von Cosmas Damian Asam. Zur Weihnachtszeit beliebte Krippe mit teils sehr alten Figuren.

43 Müllerbräu: Hotel und Brauereigasthof Müllerbräu. Gut bürgerliche Küche. Wenn gewünscht, auch vegane Kost. Falls möglich, bitte vorher anrufen: 08441/49370

44 Denkmal für die Opfer des Nationalsozialismus: Auf dem Platz neben dem Haus der Begegnung und hinter der Stadtpfarrkirche St. Johannis Baptist. Roter Stahlträger, der die die Ecke des Hauses der Begegnung durchbohrt, Tafeln mit Biografien von Opfern, Tätern und Widerstandleistenden.

45 Stadtpfarrkirche St. Johannes Baptist: Nach dem Stadtbrand im Stil der Spätgotik wieder aufgebaut.

Im 17. Jh. barocke Umgestaltung des Innenraums. Am Fuß des Kirchturms Mariengrotte.

46 Stadtturm am Platzl: An alter Stadtmauer von 1438. Auch Flaschlturm genannt. Im 17. und 18. Jh. im Besitz kurfürstlicher Beamter, die es in ein Sommerhaus umbauten. Seit Umbau 2012 Wohnung für Kunststipendiaten.

47 Stegerbräu: teils aus dem 16. Jh. stammend. Bereits vor 400 Jahren Brauereisitz. Trotz Krisen Weiterbestand bis 1936. Heute Gaststätte.

# AUF DER FLUCHT

## -EICHSTÄTT-

»Es ist kein geringes Kreuz, seinen Verstand freiwillig dem zu unterwerfen, der keinen guten hat. Ich habe das nie vermocht und es scheint mir auch nicht richtig zu sein.«

*(Teresa von Ávila, Vita 18,4–5)*

Django staunte nicht schlecht, als er mit etlichen Frauen und einem halbnackten Mann im Zimmer erwachte. Und das im Kloster St. Walburg 48 in Eichstätt. Allerdings lag die Oma nicht mehr neben ihm im Doppelbett. Er rieb sich die Augen, doch sie waren immer noch da, ganz im Gegensatz zur Oma. Die Frauen und der halbnackte Mann hingen an der Wand, vor ihm, rechts und hinter ihm. Jesus am Kreuz und natürlich die Heilige Walburga.

Vermutlich hatte der Hunger die Oma bereits aus dem Bett getrieben. Gestern konnte sie es kaum erwarten, die Heilige Walburga darum zu bitten, sie von ihrem Rheuma zu befreien. Die letzten Wochen hatte sogar das selbstangebaute Gras nicht mehr dagegen geholfen. Walburga eilten so viele Heilungsmythen voraus, sie musste ihr einfach helfen. Unterstützt vom Öl, das in der Gruftkapelle vom Sarg aus Kalkstein niederträufelte, in dem die Gebeine der heiligen Walburga lagen. Die Nonnen im Andenkenladen des Klosters verkauften es in alle Welt. Django schüttelte es bei dem Gedanken, das Öl zu trinken.

Sein Magen knurrte deswegen nicht leiser. Aber eine Dusche musste schon sein, bevor er in das gegenüberliegende Gebäude ging, in dem sich der Frühstücksraum und die Kapelle befanden. Als sie gestern angekommen waren, wollte sich die summende Tür, der Klostereingang, ums Verrecken nicht öffnen lassen, obwohl Django immer fester daran gezogen hatte. Dafür waren laut schimpfende Frauenstimmen durch die vergitterte Tür nach außen gedrungen. Typisch grantelnde Ordensschwestern hatte er gedacht und sich in seinem Vorurteil bestätigt gefühlt. Nachdem er endlich vor einer kleinen, vergrämten Nonne gestanden hatte, hatte sie erst seinen Cowboyhut, dann den speckigen Mantel gemustert und genuschelt: »An der Tür gezogen, hat noch nie einer.«

Auf das Frühstück freute sich Django riesig, genau wie auf die Oma. Aber im Frühstücksraum war kein Frühstück und keine Oma. Er schaute auf seine Uhr. Eigentlich sollte es längst angerichtet sein. Stattdessen hörte er aufgeregt schnatternde Stimmen: »Verschwunden«, »Frühstücksdienst.« Immerhin standen Müsli und Orangensaft auf dem Tisch. Da er nach wie vor seine vegane Diät durchzog, schüttete er sich Müsli in die Schale und Orangensaft darüber. Jetzt fehlte nur der Kaffee. Er war ja schließlich kein Sozialarbeiter, der zumindest dem Klischee nach nur grünen Tee trank, sondern Privatdetektiv. Und so wie es aussah, war heute statt einer gemütlichen Erkundungstour durch Eichstätt strohtrockene Arbeit angesagt.

Eine bildhübsche Nonne mit Grübchen zum Hineinlegen setzte sich an seinen Tisch, sah sich um und flüsterte. »Ich bin Oberschwester Wilhelmine. Sie sind doch Privatdetektiv, oder?« Django schaute an sich herunter und fragte sich, wie sie das erkannt hatte. Daran, dass er Müsli mit Orangensaft aß wohl nicht. »Könnten Sie mir bitte in den Klostergarten folgen?«

»Könnte ich einen Kaffee haben?«, erwiderte er und wenige Minuten später stand der Kaffee vor ihm. Django nahm den Kaffee in die Hand und folgte der Nonne dorthin, woher er gekommen war. Um zum Klostergarten zu gelangen, musste er zurück ins Gästehaus, an seinem Zimmer vorbei und die Treppen hinunter.

Das Barockgärtchen mit seinen Bäumen, Rosen und Kieswegen, hatte die Sonne noch nicht erreicht, ein riesiger Schatten lag über ihm. Der Kaffee dampfte und Django zog den Mantel enger. Sie setzten sich in einer zugewucherten Laube auf eine Bank.

»Ich muss mich auf ihre absolute Verschwiegenheit verlassen können.«

Django nippte am Kaffee und nickte. Er wusste, wenn ein Auftrag so begann, war Diskretion angesagt und die konnte er ohne Oma einfach besser gewährleisten. Allerdings machte er sich mittlerweile wirklich Sorgen, wo sie sich wohl befand.

»Geld spielt keine Rolle.«

Das hörte der Privatdetektiv ganz besonders gern und sein ausgeblutetes Konto erst recht. »Um was geht's?«

»Sabine Brachat ist verschwunden, eine Schwester.«

»Vielleicht ist sie mit der Oma abgehauen?«, rutschte es Django heraus.

»Wie bitte?« Die Schwester schnappte nach frischer Luft.

»Meine Oma ist seit heute Morgen weg«, sagte Django. »Aber das muss ja nicht zwingend zusammenhängen. Wahrscheinlich betet sie in der Kapelle schon zu ihrer Heiligen, damit ihre Gicht weggeht.«

»Walburga, wenn ich bitten darf.« Die Nonne rückte ihren Schleier zurecht. Django hoffte, er würde noch mehr verrutschen. »Sabine ist ebenfalls seit heute Morgen verschwunden. Deswegen war Ihr Frühstück auch noch nicht zubereitet.«

»Irgendeine Ahnung, wo sie sein könnte?«

»Vage«, druckste die Schwester herum. Django sah, wie ihr das schlechte Gewissen auf dem Gesicht saß.

»Hat sie etwas verbrochen?«, bohrte er nach. »Ist sie fremdgegang…«, er biss sich auf die Lippen. Mit wem sollte eine katholische Ordensschwester denn fremdgehen? Mit Mohammed? Django sah, wie Blut in das Schwesterngesicht schoss.

»Ein Brief wurde gefunden.« Die Schwester zog raschelnd ein Stück Papier unter ihrem Umhang hervor. Er hatte sich schon oft gefragt, wo sich die Taschen der Ordensschwestern unter ihrem Habit befanden. Vielleicht würde er sie fragen, wenn der Fall aufgeklärt war. Dann nahm er den Zettel und las. Der Brief war seltsam vergilbt, braune Schlieren durchzogen ihn. Für Django war es unmöglich, die verschnörkelte Schrift zu lesen, er gab den Brief der Schwester zurück: »So schreibt heute keiner mehr. Und für mich sieht das aus wie eine Frauenschrift.« Die Oberschwester räusperte sich und Django dachte: Die Oma hat in der Schule noch so schreiben gelernt. Er verwarf den Gedanken aber gleich wieder. Die Oma verfasst doch keinen Liebesbrief an irgendeine Nonne.

Die Schwester las leise vor:

»Die Liebe hat in meinem Wesen
dich abgebildet treu und klar.
Kein Maler lässt so wunderbar
O Seele deine Züge lesen.

Unterschrieben hat auch noch jemand. Aber das kann ich nicht entziffern.«

»Geben Sie mal her«, sagte Django und riss ihr den Brief aus der Hand.

Er konnte das Gekrakel ebenfalls nicht entziffern. Für ihn hörte sich das Ganze ziemlich geschwollen und eingebildet an. »Und, haben Sie eine Ahnung, wer ihn geschrieben haben könnte?«

»Der Brief klingt nach Teresa von Ávila, eine Heilige, eine Mystikerin. 2014 ist es 500 Jahre her, dass sie geboren wurde«

»Und warum sollte irgendeiner in ihrem Namen Schwester Sabine einen Brief schreiben?« Django sah sich das Blatt genauer an. Es handelte sich lediglich um eine Kopie, das Original musste woanders sein.

Sie zuckte mit den Schultern. »Vielleicht um die Liebschaft zu verschleiern?«

»Ganz schön romantisch«, sagte Django und die Schwester sah ihn verwundert an. So eine Aussage hatte sie von einem Cowboy wohl nicht erwartet, der sich jetzt Kautabak in den Mund schob.

»Wenn Sie ein Foto von ihr haben, kann ich mich auf die Suche machen.«

Aus den Untiefen ihres Habits kramte sie ein laminiertes Foto hervor. »Hübsch«, entfuhr es Django, worauf er sich den nächsten schiefen Blick einhandelte. »Ihr Zimmer würde ich mir gerne ansehen.«

Auf dem Weg dorthin zog er sein Handy heraus. Keine Mitteilung von der Oma.

Wie Django vermutet hatte, sah die Zelle von Schwester Sabine wesentlich unspektakulärer aus, als ihr Porträtfoto. Aber was war das, auf dem Boden, unter dem Bett?

Weißes Pulver: Kokain? Drogen? Rauschgift? Um ihren Liebhaber auf Trab zu bringen? Er schob das Pulver mit einem Papier auf ein anderes Stück Papier und sah es sich genauer an. Dann befeuchtete er den Finger, tippte in das Pulver und rieb es sich unter die Oberlippe. Oberschwester Wilhelmines Grübchen sahen ihn entsetzt an, was Django nicht mitbekam, da er sich darauf konzentrierte, was jetzt passieren würde. Und es geschah: nichts. Also handelte es sich nicht um Kokain, sondern um zermahlenen Stein. Er verpackte den Staub ihn eine seiner Tüten, die er immer bei sich trug, verließ das Klostergebäude und ging an der Pfarrkirche St. Walburg vorüber. Sein Blick fiel auf die am gegenüberliegenden Hügel thronende, von der Sonne angestrahlte Willibaldsburg 49, in der sich das Juramuseum befand. »Warum bin ich da nicht früher drauf gekommen?« Er schlug sich mit der Hand auf die Stirn, dass sein Cowboyhut herunterflog. »Der Sand stammt von einem Fossil.« Eichstätt war bekannt für seine Ausgrabungen, auch der Urzeitvogel Archaeopteryx war hier gefunden worden. Jetzt brauchte er nur einen Fachmann, der sich damit auskannte. Aber erst musste er die Oma finden. Zwei Vermisste waren einfach zu viel. Weil er die Oma in der Innenstadt vermutete, wieselte er Richtung Marktplatz 50. Durch eine schattige Gasse schaute ihn der Willibaldsbrunnen an. Er überlegte, ob er etwas vergessen hatte, zog das Tütchen mit dem weißen Pulver hervor und hob es gegen das Licht. Genau in diesem Moment blitzte Blaulicht neben ihm auf. Ruckartig blieb der Wagen entgegen der Fahrtrichtung stehen, noch bevor Django das Tütchen wieder in seiner Manteltasche verschwinden lassen konnte. Eine Frau und ein gwamberter Uhu stiegen aus. Fast wäre der mit seinem dicken Bauch an der Tür angestoßen.

»Was haben wir denn da?«, dröhnte der Uhu. »Ausweis!«

»Morgn«, sagte Django lässig und dachte: Dich Schnittlauch ess ich heute zur Brotzeit, während er seinen Geldbeutel herauszog. Er überlegte, mit welchem Ausweis der Schandi wohl zufrieden wäre. Und entschied sich für den Personalausweis, man musste es ja nicht übertreiben. Als Wasserzeichen war ein Geier darauf gedruckt, das Foto natürlich von Franco Nero aus dem Italo-Western Django. Den Perso gab er dem Uhu, der ihn mit den Worten »da schau her« musterte. Mittlerweile hatte sich eine Autoschlange vor dem Kotflügel des Streifenwagens gebildet, der auf der Gegenfahrbahn stand. Immer mehr Schaulustige versammelten sich um den Cowboy und die Sherriffs. Dann reichte der Beamte den Ausweis kopfschüttelnd an sein Lehrmädchen weiter. Genau auf diesen Moment hatte Django gewartet. Er konnte es einfach nicht riskieren, dass ihm die bewaffneten Schülerlotsen das Beweismittel abnahmen, um sich damit ihre Nasen zu pudern. Also sprintete er los, dass die Absätze seiner Cowboystiefel nur so auf dem Kopfsteinpflaster klackerten, drückte sich durch die Menschen, wetzte auf den Marktplatz mit dem Rathaus zu. Nachvollziehbarerweise stieg der dicke Beamte in den Wagen und preschte Django im Gegensatz zu seiner jungen Kollegin nicht hinterher. Stattdessen gab er Gas und versuchte den vor ihm parkenden Autos auszuweichen, was ihm auch gelang. Aber dann schoss ein weiterer Wagen aus der Einbahnstraße und donnerte in den Streifenwagen. Es krachte, die Polizistin blieb ruckartig stehen und sah sich nach ihrem Kollegen um, der gerade im Airbag ertrank. Django war währenddessen im Kreis gelaufen. Bis zum Platz der Opfer des Katholizismus, der kein Platz, sondern ein skurriler Laden war, in dessen Schaufenster kirchenkritische Schilder hingen. Er rüttelte an der Tür und las die Schilder: »Wer nichts weiß, muss alles glauben«, oder »Religiosität ist eine Durchblutungsstörung des Gehirns.« Django musste an die Oma und ihren Schlaganfall denken. Wo steckte sie bloß? Sein Blick fiel auf ein anderes Schild: ›Fossilienladen‹. Wenn er jetzt bös wär, müsste er sagen, dass die Oma hier drin zu finden war. Er nahm seinen Hut ab, um nicht gleich erkannt zu werden, da er genau auf der anderen Seite der Straße der Streife entwischt war. Die war immer noch da, hatte im Moment aber andere Sorgen. Der Dicke kämpfte sich mithilfe seiner Kollegin gerade aus dem Airbag. Django trat in den Laden. Auf dem Regal wurden eigenartige Abdrücke auf Steinplatten feilgeboten: Fische, Quallen, Krebse, Pflanzen und Tintenfische, die mehr wie Schnecken aussahen und Ammoniten hießen, wie ihm der freundliche Verkäufer erklärte, obwohl es Django gar nicht hören wollte. Django schob das Tütchen mit dem weißen Pulver über die Verkaufstheke. Der Besitzer stutzte zuerst, öffnete es und zerrieb den Staub zwischen den Fingern. Damit er sich nicht wie Django etwas davon unter die Lippen schmieren würde, sagte der: »Kalkstein. Aus der Gegend?«

»Schwer zu sagen. Ein Forensiker könnte das vermutlich bestimmen, ich leider nicht. Oder die Mitarbeiter des Juramuseums auf der Willibaldsburg. Aber ich denke mal die eher auch nicht.«

Selbst wenn es Django schwerfiel, ließ er Ledermantel und Cowboyhut im Laden und lieh sich vom Sohn des Besitzers eine Schirmmütze aus, die der im Laden vergessen hatte. Darauf stand: ›Ich kann nichts dafür, ich bin so.‹ Am Nachmittag würde er seinen geliebten Hut und den Mantel wieder abholen und die Mütze zurückgeben. In der Zwischenzeit konnte er das Pulver checken, nach der Oma suchen und den Brief begutachten lassen. Vielleicht fand er die Oma ja auf der Burg. Nur der Schandi sollte er aus dem Weg gehen. Aber die hatte im Moment andere Sorgen, als den vermeintlich koksenden Cowboy. Die mussten das hupende Verkehrschaos um die Einbahnstraßen lösen, bis Verstärkung eingetroffen war.

Durch die Herzoggasse hastete er auf den Herzogsteg, unter dem die Altmühl gemächlich dahinfloss. Wäre er nicht so in Eile gewesen, hätte er sich noch ein bisschen auf den danebenliegenden Anlegesteg gesetzt, an dem Holzboote ankerten und Enten faulenzten. Bevor er den Bahnhof großflächig umging, zog er sich die Mütze tief ins Gesicht. Über die Bundesstraße hatschte er zum Knast, dessen hohe Mauern mit dem gewundenen Stacheldraht nicht gerade einladend wirkten. Weswegen er einer Schulklasse erleichtert zum Wahrzeichen Eichstätts folgte; der Willibaldsburg. Selbst wenn ihm die Experten dort nicht weiterhelfen konnten, würde er dort vielleicht die Oma wiederfinden. Auf dem lang gezogenen Berg kam er ganz schön ins Schnaufen. Zumindest die Bäume und Sträucher kühlten ihn ein wenig. Jetzt war er froh, seinen Mantel im Laden zurückgelassen zu haben. Als er über den langen Tunnel in die Burg eintrat, fröstelte ihn sogar kurzzeitig.

An der Kasse bezahlte er und hetzte wie ein getriebener Tourist durch den Burghof. Raste in das Ur- und Frühgeschichtliche Museum und am tiefen Brunnen vorbei. Erklomm Stufe für Stufe den Turm, unter dem sich die Altmühl um die Burg schlängelte. Wie zu vermuten war, konnten ihm die Mitarbeiter des Juramuseums ebenso wenig weiterhelfen. Sie gaben ihm die gleiche Antwort wie der Besitzer des Fossilienladens. Jetzt hoffte Django noch auf den Bastionsgarten. Aber auch dort fand er von der Oma keine Spur.

Django überlegte, wo sich eine Touristin in Eichstätt wohl als Erstes begeben würde. Wie lange war die Oma schon unterwegs? Freiwillig? Eigentlich war es ihr allein im Rollstuhl zu anstrengend und vor allem viel zu langweilig. Wen konnte sie besser ärgern, als ihren Django? Django studierte den Eichstätter Stadtplan. Natürlich, der Dom 51! Er ignorierte den Biergarten und raste zurück in die Stadt.

Weil er nicht wusste, ob ihn jemand verpfiffen hatte und die Polizisten nun auf ihn warteten, wählte er den Weg über die Spitalbrücke 52, an der Heilig-Geist-Spitalkirche vorbei.

Durch das Eingangsportal, wo die Könige Maria und das Jesuskind anbeteten, trat er in den imposanten Dom. Eine Gruppe Senioren lauschte unter der goldverzierten Kanzel einer Fremdenführerin. Die Oma war nirgends zu sehen, auch nicht vor dem Altar. Stattdessen stand dort ein silberner Kerzenleuchter, der sich merklich von der gotischen und barocken Einrichtung des Gotteshauses abhob.

Als Django wieder ins Freie ging, kämpften Wolken mit den Sonnenstrahlen, ihre Schatten jagten über den ausgestorbenen Residenzplatz 53. Auf dem Marienbrunnen thronte die goldene Mariensäule, aber von der Oma weiter kein Lebenszeichen. Weder auf den Bänken um den Brunnen noch in den Wachhäuschen vor der ehemaligen fürstbischöflichen Residenz. Am Alten Stadttheater 54 und der roten Erlöserkirche vorbei, von dessen Eingang aus ihn Jesus beobachtete, bog Django in die Ostenstraße. Bevor er in die Schutzengelkirche am Leonrodplatz trat, schaute er sich erneut um. Von den Schandi keine Spur. Genauso wenig wie von der Oma in der Kirche. »Soll sie doch zum Teufel gehen!«, fluchte er. Ein älteres Ehepaar musterte ihn, las, was auf seiner Mütze stand, die er nicht abgenommen hatte, und schüttelte den Kopf. Er riss sie sich herunter und suchte in seinem Smartphone nach der Bibliothek, die den Brief untersuchen könnte. Glücklicherweise befand sie sich ganz in der Nähe.

Der Bibliothekar sah aus wie James Dean. Er sprang sofort darauf an, als ihm Django den Brief unterbreitete. Nur konnte der Bibliothekar Django leider auch nicht mehr sagen als die Oberschwester, da es sich bei dem Brief lediglich um eine Kopie handelte. Um die Herkunft bestimmen zu können, hätte er einen Papiervergleich anstellen müssen, flüsterte James Dean mit piepsiger Stimme. Der Schrift nach zu urteilen könne es sich sehr wohl um einen Brief von Teresa von Ávila handeln. Das stellte er anhand eines Faksimile fest, einer originalgetreuen Kopie eines anderen Briefes von Teresa von Ávila, das er in seinem schlauen Computer fand. »Würde es sich wirklich um einen bisher unentdeckten Brief der Mystikerin handeln, wäre es eine Sensation«, schwärmte er mit blitzenden Augen. Django nutzte die Begeisterung und fragte ihn nach dem Weg zum Fossiliensteinbruch Blumenberg 55. Dafür müsse er einfach nur eine Station mit dem Zug Richtung Eichstätt Bahnhof fahren und dann laufen. Einfach! Als Ermittler wusste Django, dass die Polizei Bahnhöfe grundsätzlich überwachte. Gut, vielleicht nicht in einer katholischen Enklave wie Eichstätt. Aber heute war alles anders, weil sie jemanden suchten. Und nicht nur jemanden, sondern ihn! Also lieh er sich ein Fahrrad aus und düste an der Altmühl entlang in Richtung Marienstein. Nachdem er den Ortsteil mit dem gleichnamigen Kloster passiert hatte, keuchte er die gewundene Straße hinauf wie ein asthmatischer Archaeopteryx. Die kühlen Regentropfen, die auf ihn herniederhagelten, kamen ihm da gerade recht. Am Eingang empfing ihn trotz des Schauers ein riesiger Dinosaurier namens Allosaurus mit ausgestreckten Krallen und weit geöffnetem Maul. Auf den ersten Blick hätte man meinen können, die Schulklasse hatte sich aus Furcht vor ihm in einem Häuschen neben dem Eingang untergestellt. Die schlanke Frau an der Kasse mit den Lachfalten deutete auf den Steinbruch: »Sie wollen da wirklich runter; jetzt? Trinken Sie doch erst einmal einen Kaffee.« Django nahm das Angebot dankend an und lehnte auch den Erdnussriegel nicht ab.

»Auf Urlaub?«, fragte sie.

Weil Django gerade nicht antworten konnte, zog er das Foto heraus.

»Schwester Sabine«, entfuhr es der Frau. »Die sucht regelmäßig Fossilen.«

»Allein?«

»Im Steinbruch ist man so gut wie nie allein.« Sie zeigte nach draußen. »Außer in der Nacht. Und selbst dann würde ich es nicht bezeugen, da der Steinbruch Tag und Nacht offen steht und ich in der Nacht noch nicht hier war.«

»War sie mit jemandem hier?«

Die Frau musterte ihn belustigt. »Mit einem Mann?«

»Nein, mit einem Dinosaurier.«

Sie schmunzelte. »Jetzt wo Sie's sagen. Ich hatte die gleiche Vermutung. Er sah gut aus. Ein dunkler Typ. Sie haben getuschelt und gelacht, wie zwei Verliebte, schienen richtig glücklich zu sein.«

»Können Sie ihn beschreiben?«

»Sein Deutsch war schlecht. Aber Schwester Sabine unterhielt sich die ganze Zeit angeregt mit ihm.«

Django sah nach draußen. Der Regen fiel immer noch vom Himmel.

»Wissen Sie vielleicht, welche Sprachen Schwester Sabine spricht.«

»Vermutlich Latein.«

»Und sonst keine?«

»Jetzt warten Sie mal. Russisch. Wir hatten mal russische Touristen, da hat sie mir beim Übersetzen geholfen.«

»Ist Ihnen in letzter Zeit irgendwas Besonderes an ihr aufgefallen?«

»Nein, nur diese glückliche Aufgeregtheit eben. Die rosa Brille.« Sie musterte Django interessiert.

»Vielen Dank für die Informationen.« Django trank seine Tasse aus. »Sie haben mir sehr weitergeholfen. Ich muss dann wieder.«

»Doch nicht bei dem Sauwetter!«

»Hilft nix.« Django wünschte sich seinen Mantel herbei.

»Sie haben ja nicht einmal eine Jacke. Ich fahre Sie.«

Die Frau wies ihren Kollegen an, die Kasse zu übernehmen und schon rannten sie zum Auto, packten das Fahrrad in den Kofferraum und brausten zurück in die Stadt. Django war ratlos, als sie ihn fragte, wo sie ihn absetzen solle. Die Oma weg und von Schwester Sabine keine Spur. Also abwarten oder Eichstätt genießen und darauf hoffen, dass ihm ein Einfall kam und ihn die Schandi nicht erwischten. Aber bei dem Regen … Da öffnete sich der Himmel und ein Sonnenstrahl schob sich hindurch. Um nicht mit der sympathischen Frau sprechen zu müssen, nahm er die Kirchenzeitung, die vor ihm auf dem Boden lag, und blätterte darin herum. Er musste nachdenken. Bis zum Parkplatz und nicht weiter. ›Familie aus Tschetschenien findet Kirchenasyl‹, war ein Artikel überschrieben.

Er legte die Zeitung zurück.

»Sie müssen nachdenken?«, sagte sie, ohne ihn dabei anzusehen. Wenn Django ein bisschen älter gewesen wäre, dann wäre sie die ideale Frau für ihn gewesen. Er nickte. »Ich weiß einen guten Platz.« Sie umrundeten Eichstätt, was Django ganz recht war, da weiter nach ihm gefahndet wurde, und landeten nach einer Viertelstunde auf einer Wiese am Waldrand. »Ich komme auch immer hierher, wenn ich nachdenken muss.« Es roch nach Schafen und Ziegen. Wortlos stapfte sie durch das hohe Gras, das sich wie ihre blonden, schulterlangen Haare im Wind bewegte. Er folgte ihr, bis sie am Rande eines Tales standen. In einer Senke ruhte ein Heer überlebensgroßer Plastiken; das Figurenfeld 56. Django bekam eine Gänsehaut; ein Schlachtfeld lag vor ihm. Das Rauschen der Autos verstummte wie die zirpenden Grillen und die zwitschernden Vögel. Django wusste nicht, wie lange er so dastand. Irgendwann gingen sie zurück, ohne dass sie gesprochen hatten. Im Auto nahm er die Zeitung wieder in die Hand, las und sagte: »Bitte fahren Sie mich an die Uni.« Als das Auto stoppte, legte er der Frau, von der er immer noch nicht wusste, wie sie hieß, seine Hand auf ihre, überlegte kurz, sagte »Danke« und gab ihr einen Kuss auf die Wange.

Dann schlurfte er in das Gebäude. An einer Tür klebte ein Zettel: tun. Er klopfte und trat ein. Erstaunte Gesichter unterschiedlichen Alters sahen ihn an. Die Menschen saßen um einen Tisch, auf einer Tafel am Ende des Raumes war geschrieben: ›Hallo!‹, ›Wie geht's?‹ Davor stand ein junger Mann mit wenig, aber mehr Haaren als Django auf dem Kopf. Er sah Django fragend an. »Wie kann ich Ihnen weiterhelfen?« Django schloss die Tür und setzte sich auf einen Stuhl, was mit einem Raunen kommentiert wurde. »Bin ich hier richtig bei tun-Starthilfe für Flüchtlinge?«

»Wie kann ich Ihnen weiterhelfen?«, wiederholte der junge Mann.

Django zog das Bild von Schwester Sabine aus der Tasche. »Ich suche diese Frau.« Ein erneutes Raunen ging durch den Raum. Ein Junge und ein Mädchen, die gleich links von Django saßen, zuckten zusammen und sahen sich an. Wie ihre Pickel befanden sie sich in der Blüte der Pubertät.

»Und was wollen Sie von ihr?«

»Sie ist verschwunden.«

»Und wer sind Sie?«

»Alois Kugler, alias Django, Privatdetektiv.«

»Auch wenn Sie Privatdetektiv sind, würde ich sie jetzt bitten, unseren Sprachkurs zu verlassen. Und vor allem … », er sah in die Runde. »Unseren Ehrenplatz am Tischende.«

Django knirschte mit den Zähnen und drehte sich zur Tür.

»Auf Wiedersehen!«, tönte es im Chor, worauf er sich noch einmal umdrehte, die Hand hob und »Servus« sagte.

Weil er vermutete, dass die da drin mehr wussten, wartete er vor der Uni, bis der Kurs zu Ende war. Dann folgte er den beiden Pickeln und dem kurzhaarigen Leiter des Sprachkurses über die Straße. Django war sich nicht sicher, ob sie sich an der Fürstbischöflichen Sommerresidenz 57 nach ihm umsahen, wie sie in den Hofgarten spazierten. Weswegen er sich im Schatten eines kegelförmigen Strauches verbarg. Um sie nicht zu verlieren, huschte er am Brunnen vorbei, in dem ein nackter Jüngling auf einem Fisch saß, aus dessen weit geöffnetem Maul meterhoch Wasser in die Luft spritzte. Der Oma würde es hier gefallen, dachte Django. Am Rande der Allee schlich er sich unter dem Blätterdach von Baum zu Baum. Bereits nach kurzer Zeit verließen die drei den Hofgarten und gingen auf den Radwanderweg, von dem einen Steinwurf entfernt die Altmühl floss. Auf der anderen Seite versteckte sich Django hinter einer Steinskulptur und fragte sich, was die drei wohl im Schilde führten. Nach einem Spaziergang sah das Ganze nicht aus, dafür waren sie zu zügig unterwegs. Sie bogen in einen asphaltierten Weg ein, der von bemalten Mauern begrenzt war. Jetzt wurde es für Django unmöglich, sich zu verstecken. Weshalb er sie erst einmal ziehen lassen musste, auch wenn er sie dadurch verlieren würde. Als er sie nicht mehr sah, rannte er los, vorbei an einem Bild des Begründers der Pfadfinderbewegung, Baden Powell, einem geschichtlichen Abriss der Stadt Eichstätt und an einem bunten Fisch. Wie er befürchtet hatte, waren sie verschwunden. Hungrig und durstig machte er sich auf den Weg in den Fossilienladen um seinen heißgeliebten Hut und Mantel zu holen. Danach entschied er, sich ein oder zwei süße Stückchen zu erlauben, um Energie zu tanken. Kurz vor dem Fossilienladen hatte er etwas von Kaffee und Kuchen gelesen, weswegen er die paar Meter zurückging. Chocolatique 58 – vegane Kuchen, stand auf dem Schild. Also ging er hinein und bestellte zwei Stück und einen großen Kaffee, auch wenn das vermutlich nicht so ganz seiner Diät entsprach.

Frisch gestärkt, aber nicht weniger müde, verließ er das Café und beschloss, sich in seinem Zimmer einen kurzen Nachmittagsschlaf zu gönnen, für den er ja sogar bezahlt wurde. Die Oma würde schon wieder auftauchen.

Um nicht von den Schandi um seinen Schlaf gebracht zu werden, schlich er durch die Gassen zurück zum Kloster. Dort traute er seinen Augen kaum: Die zwei Pickelgeplagten und der Kurzhaarige zischten ins Gästehaus. Django startete hinterher. Er hörte, wie sie flüsternd die geschwungene Treppe hinuntergingen, die Treppe, auf die er heute Morgen noch Schwester Wilhelmine und ihrer Warze in den Klostergarten gefolgt war. Zwei Stockwerke tiefer verschwanden sie in einem Zimmer. Er überlegte, was er tun sollte. Dann griff er nach seiner Waffe, seinem Deringer und drückte die Klinke langsam herunter. Was er sah, ließ ihm die Kinnlade herunterfallen: Nicht nur die drei saßen in dem Zimmer, sondern auch die Oma UND Schwester Wilhelmine. Diese Matz! Oder müsste es korrekterweise Matzen heißen, wie das ungesäuerte jüdische Brot? Django stoppte sich in seinen Gedankenspielen, dafür hatte er jetzt keine Zeit. Er trat in das Zimmer. Das Mädchen zuckte zusammen, klammerte sich an den Jungen, der nach der Hand der Frau fasste, die in einem Bett lag und ihn aus maladen Augen anschaute. Die Oma fand als Erste ihre Sprache wieder. »Django, es ist nicht so, wie du denkst.«

»Oma«, entgegnete er unwirsch. »Auch wenn wir manchmal im gleichen Bett schlafen, sind wir glücklicherweise nicht verheiratet. Also spar dir deine dummen Sprüche.« Oberschwester Wilhelmines Gesicht verfärbte sich knallrot. »Am liebsten würde ich dir deinen Hintern mit deinem Hacklstecker versohlen! Was meinst, was ich mir für Sorgen um dich gemacht hab!«

Plötzlich sprang hinter ihm die Tür auf. Eine keuchende Schwester Sabine gefolgt von ihrem Liebhaber stürzte herein. Zu Djangos Erstaunen gab der der Frau im Bett einen Kuss auf die Stirn und sagte etwas in einer fremden Sprache.

»Freie Liebe in Eichstätt, ich fass es nicht«, murmelte Django. »Das ist ja wie bei den Hippies hier.«

Die Oberschwester sah Schwester Sabine ernst an. Django freute sich insgeheim auf das Donnerwetter.

»Warum haben Sie sich nicht gemeldet, Schwester Sabine? Ich dachte schon, Sie wären mit Herrn Balaeva und dem Geld durchgebrannt.« Der Angesprochene und Schwester Sabine schnappten immer noch nach Luft. Dann sahen sich an und prusteten lauthals los. »Ich habe wegen Ihnen sogar einen Privatdetektiv engagiert.«

»Wir haben das Geld, aber die Polizei ist hinter uns her.«

»Gib's her«, raunte die Oma zu Djangos Erstaunen, griff nach dem dicken Geldbündel und schob es sich in ihren Büstenhalter. Django verkniff sich einen dummen Kommentar. Die Tür sprang erneut auf und der gwamperte Uhu stolperte herein, sein Lehrmädchen im Schlepptau. Dem Dicken flossen die Schweißtropfen nur so übers Gesicht, die Pistole in seiner Hand zitterte. »Hände hoch!«, schrie er und 16 Hände gingen gleichzeitig nach oben. Da entdeckte er Django. Genugtuung legte sich auf sein Gesicht. »Ja, wen haben wir denn da. Da ist uns heute ja ein dicker Fisch ins Netz gegangen.«

»Dick schon, aber Fisch?«, sagte Django und sah auf seinen Bauch.

»Mund halten!«, fuhr ihn der Polizeibeamte an

Da hatte Oberschwester Wilhelmine ihre Fassung wieder zurückerlangt. »Sie wissen, dass Sie sich hier auf Kirchengelände aufhalten. Familie Balaeva genießt Kirchenasyl.«

Jetzt wurde Django einiges klar.

»Mir geht's gar nicht um euer Kirchenasyl. Auch wenn ich das wie unser Chef nicht ganz nachvollziehen kann.«

Es heißt, Sie hätten«, er zeigte auf Schwester Sabine und den schwarzhaarigen Mann, »ein Fossil, das über 5.000 Euro wert ist, aus dem Steinbruch am Blumenberg entwendet.«

»Wer sagt denn so was?«

»Ein Unbekannter, der Sie beide beobachtet hat.«

Oberschwester Wilhelmine stand auf. »Und was wollen Sie von uns?«

Der Uhu sah sein Lehrmädchen an. »Durchsuchen. Wir suchen eine Steinplatte. Du übernimmst die Frauen und ich die Männer.«

Sie zögerte

»Keine Widerrede. Los geht's.«

Weil die Oma so kitzelig war, bog sie sich vor Lachen, als sie das Lehrmädchen durchsuchte. Bei den Schwestern sah ihre Durchsuchung dagegen mehr nach Streicheleinheiten aus. Das Geld fand sie nicht. Und eine Steinplatte wurde ebenso wenig gefunden. Weswegen die Polizeibeamten ganz vergasen, was ihnen Django heute angetan hatte.

Als sie das Zimmer verließen, sagte Oberschwester Wilhelmine erleichtert. »Ich brauche jetzt erst einmal einen Schnaps. Wer will noch einen?«

Omas und Schwester Sabines Hand gingen sofort in die Höhe. Django und der schwarzhaarige Mann zögerten. »Ich bin ja eigentlich auf Diät«, knurrte Django. Der Mann schüttelte den Kopf: »Ich Moslem.«

»Dann gibt's für die Jugendlichen, die Diät und die

Moslems halt einen Apfelsaft, der ist auch nicht schlecht.« Während die Oberschwester Schnaps und Apfelsaft holte, wollte Django aber schon wissen, was die Oma den ganzen Tag getrieben hatte.

»G'schmugelt haben wir. Einen Fischsaurier.«

»Einen Fischsaurier?«

»Besser gesagt den Abdruck.«

»Und warum?«

»Zu einem Präparator, der den Abdruck dann gleich verkaufen wird.«

»So pleite sind wir auch wieder nicht, Oma, dass du kriminell werden musst.«

»Aber Frau Balaeva ist krank und wir brauchen das Geld für ihre Operation.«

»Mama gesund?«, fragte das Mädchen und sah ihren Sprachlehrer an. Der bejahte. Ihr Papa, der vermeintliche Liebhaber der Ordensschwester, nahm sie in den Arm.

Django verkniff sich zu fragen, ob eine Bitte an die Heilige Walburga nicht ebenso gereicht hätte.

»Und Sie meinten, dass Schwester Sabine mit Herrn Balaeva durchgebrannt ist?«, fragte Django. »Wegen des Briefs?«

Die Oberschwester nickte. Klarer Fall von Projektion, dachte Django.

»Den wollte ich mit Herrn Balaeva übersetzen, weil er sich ebenfalls für Mystik interessiert.«

»Als Moslem?«, fragte Django.

»Gerade als tschetschenischer Moslem. Die meisten Moslems dort sind Sufis, und die zählen zu den Mystikern, wie Teresa von Ávila auch.«

Django hatte wieder etwas dazugelernt. Allerdings war er unsicher, ob er sein Honorar überhaupt berechnen konnte, wenn das Geld dann nicht für die Operation reichte. Da würde er lieber seine Diät ausweiten.

»Eine Frage hätte ich aber noch: Ich wollte schon immer mal wissen, wo Sie unter Ihrem Umhang Taschen haben …«

»Was du nicht immer wissen willst«, sagte die Oma und gab dem Django eine auf den Hinterkopf. »Wir gehen jetzt erst einmal was Gescheites essen.«

Damit hatte der Hunger über Djangos Neugierde gesiegt. Bis zum nächsten Mal.

48 Kloster, Gästehaus mit Garten und Pfarrkirche St. Walburg:
Die Kirche birgt das Grab der heiligen Walburga. Wallfahrtsstätte. Barocke Pfarr- und Klosterkirche zwischen 1629 und 1631 auf mittelalterlicher Grundlage entstanden. Barockturm von 1746. Im Marienhaus der Benediktinerinnenabtei ein Hotel Garni. Neu angelegter Kapuzinergarten bzw. Barockgärtchen

49 Willibaldsburg / Juramuseum / Bastionsgarten: 1355 vom Bischof Berthold Burggraf von Zollern errichtete Burganlage, bis 1725 Bischofssitz. Mauern und Bastionen, das Zeughaus, die Torhalle und der ›Gemmingenbau‹ mit den beiden Türmen sind erhalten. Im Nordflügel des Gemmingenbaus Jura-Museum mit den bekannten Fossilien der Solnhofener Plattenkalke, im Südflügel Ur- u. Frühgeschichtliches Museum. 1998 Einrichtung des Bastionsgartens mit Pflanzen aus dem Hortus Eystettensis. Montags geschlossen.

50 Marktplatz / Rathaus: Giebelbau (1444) mit seitlichem Turm. Dessen Krönung und die Fassade von 1823. Marktplatz früher mit Stadtpfarrkirche, davon ist nur die Nordmauer erhalten. Brunnen mit Bronzestatue des heiligen Willibald (erster Bischof von Eichstätt und Stadtpatron). Links neben der Stadtprobstei das Geburtshaus des bekannten Humanisten Willibald Pirckheimer.

51 Dom: Bereits im 8. Jh. soll hier eine erste Kirche errichtet worden sein. Verschiedene Baustile, zahlreiche Kunstwerke (z. B. 11 Meter hohe, figurenreicher ›Pappenheimer Altar‹), Gebeine des heiligen Willibald in großer Sitzfigur.

52 Spitalbrücke / Heilig-Geist-Spitalkirche: Kirche direkt an der Altmühl, aus dem 13. Jh. Neubau 1699-1703. Im Chor Umgänge mit Oratorien, damit auch Kranke an der Messe teilnehmen konnten. Brücke aus dem 11. Jh. An die damalige Justiz erinnert die Prelle kurz vor der Kirche. Früher Ort für Bestrafung mit der Prelle und einem Käfig, der noch zu sehen ist.

53 Residenzplatz / Marienbrunnen / Mariensäule / ehemalige fürstbischöfliche Residenz: Um 1730 angelegter Schmuckplatz mit acht eisernen Vasen auf Steinpostamenten. Kupfergetriebene und feuervergoldete Mariensäule von Maurizio Pedetti, Figuren von Johann Jakob Berg. Ehem. Fürstbischöfliche Residenz (1702) südlich des Doms, heute Kreisratsamt. Prunktreppenhaus und Spiegelsaal u. a.

54 Altes Stadttheater / Erlöserkirche: Veranstaltungs- und Tagungsort in ehem. fürstbischöflichen Getreidekasten aus dem 16. Jh. Ev.-luth. Pfarrkirche vom Ende des 19. Jh. Neuromanischer basilikaler Backsteinbau mit hohem, pyramidenbekröntem Turm.

55 Fossiliensteinbruch Blumenberg mit Lehrpfad: Vor 150 Millionen Jahren war der Berg Teil einer Meereslandschaft bei tropischem Klima. 800 verschiedene

Fossilienarten wurden gefunden (u. a. Original des seltenen Urvogels Archaeopteryx). Kiosk mit Werkzeugverleih, Spielplatz. Themenweg ›Fossilienpfad‹ zur Geschichte des Steinabbaus.

56 Figurenfeld: Im Hessenfeld zwischen Eichstätt und Landershofen. Von Eichstätter Bildhauer geschaffenes Mahnmal gegen Krieg und Gewalt. 78 Figuren aus Portlandzement, Granit- und Basaltkörnern.

57 Fürstbischöfliche Sommerresidenz: Symmetrisch angelegter barocker Hof-Garten-Palast von 1735. Festsaal mit Deckenbild von Johann Evangelist Holzer. Später Jägerkaserne, Bibliothek, heute Verwaltungsgebäude der Katholischen Universität. Garten mit Pavillons von Gabriel de Gabrieli.

58 Café Chocolatique: Zwischen Abtei und Dom. Bio-Zutaten und fair gehandelter Kaffee. Handgemachtes auch veganes Gebäck.

# BRAUTENTFÜHRUNG

## - FREISING UND WEIHENSTEPHAN -

Django steckte in der Krypta des Freisinger Mariendoms 59 fest. Genauer gesagt unter dem Steinsarg des Heiligen Nonnosus. Da begann sein Handy zu trällern: »Django!« Die Titelmelodie des gleichnamigen Western. Eigentlich hatte er gemeint, es auf lautlos gestellt zu haben, anscheinend hatte er sich getäuscht. Django hatte sich vom Hindurchschlüpfen unter dem Steinsarg eine Verbesserung seines Knieleidens erhofft, auf die heilende Wirkung des Heiligen Nonnosus vertraut. Anstelle einer Schmerzlinderung, biss sich jetzt ein Mob russischer Touristenaugenpaare in der nur spärlich von Kerzen beleuchteten Krypta an ihm fest. Und als wäre das nicht genug gewesen, leuchtete nun ein Blitzlicht nach dem anderen auf, wo doch der Blitz im Mariendom verboten war. Django sah sich bereits abgelichtet auf Urlaubsbildern unter russischen Tischen neben kaputten Wodkaflaschen und Borschtresten liegen. Zur allgemeinen Erheiterung der Familie, wenn draußen der sibirische Schnee tobte.

Ihn fröstelte. Sein Knie pochte immer stärker und der Schmerz breitete sich in dem Oberschenkel aus. Warum half ihm denn niemand? Sein Handy begann wieder zu musizieren. Vielleicht die Oma, die die Krypta längst kannte? Und die gerade ein Stockwerk höher, von ihrem Rollstuhl aus, die Kuppel mit der Muttergottes begutachte. Die von Engeln und Tugenden umgeben war. Bei den gaffenden Touristen konnte Django keine Tugenden feststellen und Engel waren sie auch keine. Da hörte er deutsche Wortfetzen, dachte, die Oma wäre darunter. Dann sang sein Handy erneut: »Django!« Vermutlich konnte er sich morgen auf Facebook und YouTube betrachten. Jetzt reichte es ihm endgültig, und er gab sich einen Ruck. Ein lautstarkes Ratschen ließ die letzten Stimmen verstummen. Seine Hose war wieder einmal gerissen, doch er war frei. Er richtete sich auf. Ein Rapper, bei dem man die Short sehen konnte, weil seine Jeans so weit herunterhing, kam auf ihn zu und fragte mit russischem Akzent: »Alles okay?«

Django wollte ihm schon ein »Schleich di, du Hosenscheißer!« entgegenschleudern. Aber da stützte ihn der junge Mann bereits, was seinem Knie im Moment richtig guttat und er trippelte mit ihm die Steintreppen nach oben. Wo bereits die Oma auf ihn wartete. Django flüchtete, so schnell es ging, mit ihr aus dem Dom. Das hämische Gelächter hinter sich lassend. Gerne hätte er sich auf ihren Schoß gesetzt und von ihr fahren lassen. Stattdessen schob er sie auf die Aussichtsterrasse, das Belvedere am Domberg. Vielleicht hatten sie dort ein wenig Ruhe. Von wegen! Der Touristenmob näherte sich erneut. Am liebsten hätte sich Django auf den Weihenstephaner Berg 60 ein paar Kilometer Luftlinie von hier in den Biergarten gegenüber gebeamt. Bei dem Wort Bier lief ihm sofort das Wasser im Mund zusammen.

Die Oma und er beschlossen, auf den Schock erst einmal was zu essen und ein kaltes Weißbier zu trinken. Nur konnte sich das mit dem Essen aufgrund von Djangos veganer Diät in Freising etwas schwierig gestalten.

»Nix mehr Diät, ha?«, frotzelte die Oma.

Django ließ sie frotzeln und humpelte übers Kopfsteinpflaster den Domberg hinunter, bog links ab Richtung

Dommuseum und stoppte vor dem Wirtshaus am Dom. Von der Speisekarte grüßte ihn eine lachende Blume mit den Worten: ›Servus … i bin vegan.‹ Django grüßte zurück mit den Worten: »Da schau her!«

Noch bevor die gelbe Tomatenschaumsuppe serviert wurde, hatte er ein Weißbier vernichtet. Nach der Suppe war der gröbste Hunger gestillt und Django genoss von der Terrasse die Aussicht auf die Pfarrkirche St. Georg **61** mit ihrem mattblauem Turm und der schmutzig grünschwarzen Zwiebelmütze. Zur Hauptspeise, Räuchertofu mit Perlgraupenrisotto, gegrillten Spargel und Pesto, gab's eine weitere Halbe. Dann erst schaute er auf sein Handy. Eine resolute Frau hatte ihm auf die Mailbox gesprochen. »Sacklzement, wenn S' jetzt nicht gleich hingehen, suche ich mir einen anderen Privatdetektiv.« Sie hatte dreimal angerufen. Also war es der Oma scheißegal gewesen, dass er die ganze Zeit nicht gekommen war. Er sagte nichts, rief die wütende Liselotte Weiher zurück. Wie so viele andere Kunden vor ihr wollte sie nicht am Telefon über den Auftrag sprechen. Seitdem die NSA jedes Telefonat mithörte und das, was sie nicht mithörten, vom BKA geliefert bekamen, trauten sich Seniorinnen am Telefon nicht mal mehr von ihren Hämorrhoiden zu erzählen.

Auf der Roseninsel **62** am Fürstendamm wollte sich Liselotte Weiher mit ihm treffen. Da weder er noch die Oma wussten, wie sie dort hinkommen sollten, orderten sie zur Freude von Djangos vollem Bauch ein Taxi.

Die Taxifahrerin ließ sie am Fürstendamm raus, über die Moosach gelangten sie auf die Roseninsel.

Das alte Weiberl hockte mit einem Kopftuch auf der Bank zwischen den Rosen. Als Django näher trat, sah er, dass sich unter dem Kopftuch keine alte Frau, sondern eine attraktive Frau in seinem Alter verbarg. Als die Oma das realisierte, gab sie ihm eine mit und sagte: »Mach ja kein Blödsinn.«

Dank des guten Essens und der zwei Bier war Django ziemlich entspannt. Ganz im Gegensatz zu der hübschen Brünetten. Die Stimme blieb trotzdem alt, als sie zu reden begann: »Sie müssen uns helfen.« Sie packte Djangos Hand, der es geschehen ließ. »Wir können in Freising keinen mehr beerdigen. Und heiraten auch nicht.«

»Schade eigentlich«, entfuhr es Django, der die Wärme der weichen Hand genoss.

»Ja, wollen S' denn gar nicht wissen warum?

»Doch, unbedingt.«

»Wenn bei uns zurzeit einer eingegraben oder geheiratet wird, dann kann man davon ausgehen, dass bei ihm das Haus oder die Wohnung ausgeräumt wird.«

»Und wie lange geht das schon so?«

»Zu lang«, antwortete die bezaubernde Frau, die sich Django nach wie vor nicht vorgestellt hatte.

»Darf ich fragen, wie Sie heißen?«, fragte die Oma.

»Na freilich. Liselotte Weiher heiß ich. Sie können Liesl sagen.«

»Super«, sagte Django und drückte ihr die Hand.

Die Oma sah ihren Enkel streng an. Ihr Gesicht verrunzelte noch mehr. »Wir brauchen eine Auflistung der letzten Einbrüche und Diebstähle.«

»Die krieg'n S'.«

»Warum sind Sie eigentlich nicht zur Polizei gegangen?«, fragte die Oma.

»Die damische Schandi erwischt ja nicht einmal eine einbeinige Kuh.«

Django musste schmunzeln: »Kommissar Rutzmoser, von der Erdinger Kripo, oder?«

»Scho«, sagte die junge Frau und eine Prise Pfirsich wehte zu Django herüber.

»Was ich aber nicht versteh«, sagte die Oma, weil sie merkte, dass der Django die Liesl ganz verliebt anschaute, »warum Ihnen so wichtig ist, dass wir die Täter finden?«

»Der Pfarrer hat mich beauftragt …«

»Der Pfarrer also.«

Die Oma glaubte nicht, dass das der einzige Grund war. »Und einen anderen Grund gibt's nicht?«

»Doch«, druckste die Liesl herum. »Ich möcht heiraten.«

Ruckartig ließ der Django die Hand los, die er wieder umklammert hatte, als die Oma gerade nicht aufgepasst hatte.

»Vom Pfarrer soll ich Ihnen auch die Liste geben.«

»Liste?«, fragte Django immer noch etwas verwirrt.

»Da hat er die Beerdigungen und Hochzeiten der nächsten Wochen notiert. Damit Sie sich auf die Lauer legen können.«

»Ufff!« Die ganze Seite war voll mit Terminen. »Da brauche ich ja gar nicht mehr aufstehen«, sagte Django.

»Wie?«, die Liesl schaute ihn an, dass seine Knie wieder weich wurden.

»Weil ich mich so oft auf die Lauer legen muss.« Die Oma kommentierte dem Django seinen schlechten Witz nicht, sie war dergleichen ja gewöhnt. Stattdessen fragte sie: »Gibt's schon irgendwelche Verdächtigen?«

Die Liesl knetete ihre Hände. »Aber nicht weitersagen.«

Der Django legte seinen Zeigefinger auf den Mund und flüsterte: »Versprochen.«

»Einen Ministranten«, sagte die Liesl ebenso leise. »den Torben Wieloch. Ein Zuagroaster.« Sie schob dem Django ein Bild rüber.

»Ja dann«, sagte Django und dachte sich seinen Teil. »Und wo findet man den Zuagroasten?«

»In der Fischergasse wohnt er, beim Alten Gefängnis 63.« Sie sah auf die Uhr. »Eigentlich müsste er jetzt bei einer Beerdigung ministrieren. Der Pfarrer hat mir schon Bescheid gegeben, dass er wieder nicht da ist.«

»Und wer wird beerdigt?«, fragte die Oma.

»Ich weiß nicht«, sagte die Liesl.

»Auf geht's zum Zuagroasten«, sagte Django und stand auf.

Im Taxi sahen sich Django und die Oma das Foto des Ministranten an. »Schaut eigentlich ganz nett aus«, sagte die Oma. Mit seinen blonden, ein bisserl ungekämmten Haaren hätte er der perfekte Schwiegersohn sein können. »Aber zum Friseur müsste er mal wieder«, nörgelte sie. »Was dir ja zum Glück erspart bleibt.« Django schob seinen Cowboyhut über die spärlichen roten Haare und ließ die Oma, Oma sein.

Der Taxifahrer fuhr sie direkt vor das alte Gefängnis. Ein buddhistischer Mönch in brauner Kutte ging in Klapperln vorbei. Er begutachtete die Gitter vor den Fenstern, das riesige Eisentor und den goldenen Kelch interessiert, der ebenfalls von einem Gitter eingerahmt darüber hing.

»Ja«, sagte der glatzköpfige Taxifahrer und deutete auf den Turm dahinter, »früher sind im Hexenturm Kinder eingesperrt worden, weil man gemeint hat, dass sie Hexen sind, und heute laufen hier buddhistische Mönche rum.«

»Kinderhexen«, Django schüttelte den Kopf. Da bog ein Blondschopf um die Ecke. Django holte das Foto heraus: Torben Wieloch, kein Zweifel. Er hatte einen Rucksack auf dem Rücken, der sich verdächtig ausbeulte.

Kommst wohl von deinem Raubzug, dachte Django und rief dem jungen Mann hinterher: »Herr Wieloch, warten S' doch mal bitte!«

Weil die Oma in ihrem Rollstuhl die ganze Sache bloß unnötig aufhalten würde, sprintete der Django allein los. Aber da war der Zuagroaste schon verschwunden. Django drehte sich um zur Oma. Und da blitzte der Blondschopf wieder auf. Irgendwie hatte er es geschafft, zurückzurennen, ohne dass Django es gemerkt hatte. Er wetzte wieder zur Oma, der der Taxifahrer gerade in ihr Gefährt half. Die kam aus dem Schauen überhaupt nicht heraus. Übrigens ging es dem Django nicht recht viel besser. Denn jetzt sprang der Wieloch von der Halbbrücke, die mit dem Gefängnis verbunden war, in die gemächlich dahinfließende Stadtmoosach.

»Von wegen krank«, schoss es Django durch den Kopf. Die Liesl hatte ihm nämlich noch erzählt, dass der Wieloch sich jedes Mal krankgemeldet hatte, wenn ein Einbruch passiert war.

Als Django das Geländer erreicht hatte, verschwand der Blondschopf schon im Dunkeln in einem Tunnel, der unter das Alte Gefängnis hineinführte. Django überlegte, ob er hinterher oder versuchen sollte, ihn auf der anderen Seite des Gefängnisses abzufangen. Aber was, wenn der Bach weiter untertags floss? Der Hallodri einen Geheimausgang wusste? Oder einfach umdrehte? Django blieb nichts anderes übrig, als ebenfalls auf das Brückengeländer und in den Bach zu klettern. Denn hüpfen wäre aufgrund seines Knödelfriedhofs gar nicht möglich gewesen. Obwohl die Sonne schien, war das Wasser saukalt. Djangos Schuhe liefen langsam voll und die Oma schrie: »Was machst denn?« Ohne zu antworten, stapfte er durch den Bach, der glücklicherweise nicht sonderlich tief war. Er bückte sich und drang in den dämmrigen Tunnel ein, darauf gefasst, gleich etwas über den Schädel gezogen zu bekommen. Einem Einbrecher war alles zuzutrauen. Er überlegte, ob er seinen Deringer herausholen oder sich die Hände schützend vor den Kopf halten sollte. Er entschied sich für die Hände und den Deringer und hielt eine Hand hoch. Plötzlich schwamm ein Schatten auf ihn zu. Kurz bevor er Django erreicht hatte, drückte der ab. Der Schuss dröhnte in den Ohren, es pfiff in seinem Gehörgang. Es wurde heller und er sah eine Bisamratte mit dem Bauch nach oben auf dem Wasser treiben. Als er aus dem Dämmerlicht unter dem Gefängnis trat, sah er erst einmal gar nichts, weil ihn die Sonne blendete. Dann musste er sich noch einmal die Augen reiben, weil er nicht glaubte, was er sah. Die Oma hatte inmitten der russischen Touristen ihren Hacklstecker gezückt, darunter der Zuagroaste, der mittlerweile saukäsig war und die Hände abwehrend hob. Als sie Django bemerkten, setzte das Blitzlichtgewitter erneut ein. Gerne wäre er aus dem Wasser gestiegen, doch der Riss in seiner Hose war ihm durch die Anwesenheit der Russen wieder ins Gedächtnis gerufen worden. Da ihn falsche Eitelkeit im Moment nicht weiterbrachte, bugsierte er sich aus dem Bach ins Trockene, darauf bedacht, seinen Hintern von den Schaulustigen wegzudrehen. »Man muss sein Innerstes ja nicht nach außen kehren«, hatte sein Vater immer gesagt. Womit er diesmal wohl recht hatte.

Die Oma hielt den Wieloch nach wie vor in Schach. Wie ein Käfer lag er mit dem Rücken auf der Straße, auf seinem vollen Rucksack. Django wünschte sich seinen Ledermantel herbei, der aufgrund der Hitze zu Hause an seiner Garderobe hing. Er bückte sich zu Wieloch hinunter. Die schnatternden Touristen verstummten. Was würde der Cowboy, der vor gar nicht allzu langer Zeit noch unter einem Steinsarg im Mariendom verharrt hatte, jetzt tun?

Django packte Wieloch am Krawattl, worauf der aufstand. »Da geh her, Bürscherl!« Dann riss er ihm den Rucksack vom Rücken. »Was haben wir denn da?« Django öffnete den Reißverschluss und zog aus dem Rucksack, was er als Erstes in die Finger bekam. Ein Raunen ging durch die Touristengruppe. Mit einer Angel hatte Django nicht gerechnet.

Plötzlich stand der Gschwoischädel, Kommissar Rutzmoser, hinter der Russenfront.

»Ach, der Django, Servus. Du bist überall, wo's stinkt, oder?«

»Das Gleiche könnte ich auch behaupten.«

»Also, was ist los? Das Ganze schaut mir ja nicht so friedlich aus.«

»Ich habe einen Verdächtigen gefasst«, sagte Django.

»Einen Verdächtigen, so, so. Glaubst du nicht, dass das eher eine Sache für uns ist?«

»Wenn's Ihr es nicht schafft's die Einbrecher zu fangen, dann muss ich es eben tun.«

»Einbrecher, so, so. Und was sagt der Beschuldigte dazu?«

Da erst bemerkte Django, dass er den Wieloch immer noch am Krawattl gepackt hatte. Er ließ ihn los. Verstört wich der zurück.

»Der, der Cowboyverschnitt da«, stotterte Wieloch.

»Jetzt aber ein bisserl vorsichtig, du Hallodri!«, warnte ihn Django.

»Den habe ich beim Angeln erwischt.«

»Was?«, entfuhr es Django. »Du hast mich beim Angeln erwischt!«

»Mir fällt auch schwer, das zu glauben«, sagte Rutzmoser. Er deutete auf Djangos zerrissene Hose, die dieser verschämt bedeckte. »Mit so einem windigen Wurm fangt man keinen Fisch.«

Einige der Umherstehenden kicherten.

»Stimmt«, sagte die Oma, »Er hat mit der Angel gefischt.« Sie deutete auf Wieloch und erzählte, wie er versucht hatte zu fliehen. Samt Rucksack.

»Oma, ich weiß nicht, ob du nicht befangen bist, wenn's um deinen Enkel geht. Außerdem geht's gerade eh nicht um die Angel.«

»Um was denn dann?«, fragte Django.

»Der hat mit Dynamit gefischt«, sagte Wieloch. »Mir tun meine Ohren immer noch weh von der Explosion. Da schauen S'. Der Gloiffe …«

»Gloiffe, da schau her«, sagte Django, »für einen Zuagroasten gar nicht schlecht.«

»Jetzt lenk nicht ab, Django«, unterbrach ihn Rutzmoser.

»Ich lass mich doch nicht beleidigen von so einem Dahergelaufenen …!«

Rutzmoser ging nicht weiter darauf ein, weil er es gar nicht als Beleidigung empfunden hatte. Django kochte vor Wut, suchte nach einem Kautabak in seiner Hosentasche und steckte ihn sich in den Mund.

»Was ich sagen wollte«, stotterte Wieloch wieder, »die

Bisamratte da«, ein Blitzlichtgewitter ergoss sich über die Moosach, »die hat er mit Dynamit gefangen.«

»Bisamratten fangen. Wer macht denn so was?«, murmelte Django.

»So«, sagte Kommissar Rutzmoser zu Wieloch, »Sie können gehen. Und der Cowboy da, den Sie bitte nicht mehr Gloiffe nennen, auch, wenn … »

»Was, ha!«, brüllte Django, dass seine vom Kautabak verfärbte Spucke spritzte.

»Der ungehobelte Kerl bekommt eine Anzeige wegen Schwarzfischens *und* Betretens der Moosach. Ob er wegen Dynamitfischens eine Extraanzeige bekommt, werde ich eruieren.«

»Eruieren, so, so«, sagte Django.

»Und deinem Hintern-Fanclub zuliebe«, Kommissar Rutzmoser deutete auf die Russenfront, »werde ich dir jetzt keine Handschellen anlegen.«

»Trotzdem würde mich interessieren«, sagte Django und wandte sich an Wieloch, »warum du immer genau dann krank warst und nicht ministrieren hast können, wenn eingebrochen worden ist?«

»Weil ich an einer Immunschwächekrankheit leide. Sie können ja mal im Lexikon nachschlagen, was das bedeutet.«

»Brauchen wir nicht«, sagte die Oma, »haben wir selber.«

»Und noch, was«, flüsterte Rutzmoser Django ins Ohr, »wer sagt denn, dass wir nicht ganz nah an der Lösung des Falles dran sind?«

Mumpfelnd schnappte sich Django den Rollstuhl von der Oma und zog von dannen, um sich in der Nähe des Marienplatzes 64 eine Hose ohne Lüftung zu besorgen.

Gerade als Django in das Bekleidungsgeschäft schräg gegenüber vom Marienbrunnen gehen wollte, um Hose und Hemd von der Stange zu nehmen, sagte die Oma: »Vergiss es! Wir müssen zu einem Einbruch.«

»Bist jetzt unter die Hellseherinnen gegangen?«, fragte Django skeptisch, der es langsam satthatte, mit zerrissener Hose durch die Gegend zu laufen. »Oder willst du mich einfach nur tratzen?« Er drehte sich zu ihr um. Sie hielt das Blatt in der Hand, das ihr die Liesl gegeben hatte. »Um halbe drei ist Hochzeit von den Gerdes. Vielleicht haben wir Glück und die Täter nutzen die Gelegenheit und brechen bei ihnen ein.«

»Stimmt«, sagte Django, »der Wieloch-Grippe ist ja auch nicht beim Ministrieren, vielleicht treffen wir ihn da sogar.

»Glaub ich nicht«, sagte die Oma, »der ist wirklich krank.«

»Und an was siehst du das?«

»Weiß nicht.«

»An seine roten Augen? Weil er auch Gras raucht gegen die Schmerzen, so wie du?«

»Bahh. Seit vorgestern hab ich nix mehr geraucht.« Ächzend stützte sie sich am Rollstuhl ab, um sich anders hinzusetzen. »Was ist jetzt, gehen wir?«

Wenn die Namen und Zeitangaben auf der Liste stimmten, die ihnen die Liesl gegeben hatte, dann sollten die Gerdes gerade aus dem Standesamt, dem ehemaligen Ziererhaus 65, raus sein. Einer zweisamen Zukunft entgegen. Der Django kam schon ins Schwärmen, wenn er nur daran dachte, der Liesl in so einem romantischen Gebäude das Jawort zu geben.

Glücklicherweise war das zukünftige, traute Heim der Gerdes nicht weit entfernt. In ein paar Minuten dürften sie es sogar rollenderweise erreicht haben. Als sie vor dem Haus standen, deutete nichts auf einen Einbruch hin. Es waren keine Fenster eingeworfen, das Schloss nicht aufgebrochen und keine Türen aufgehebelt. Django wollte gerade umkehren, da bemerkte er einen Schatten im Inneren. »Oma, hast du den Schatten gesehen?«

»Ich hab nix gesehen, was aber nix heißt. Weil doch mein grüner Star schlimmer wird, wenn ich länger kein Graserl rauch. Genau wie mein Rheuma.«

Django beschloss, so zu tun, als würde er gehen. Vielleicht konnte er den Täter damit aus der Reserve locken. Dich krieg ich, Zuagroaster, dachte er stinkig. Die Blamage vor den Touristen fuchste ihn immer noch.

Die Oma und er versteckten sich hinter einem Busch. Im zweiten Stock des Hauses bewegte sich immer noch ein Schatten. Aber was tun? Wenn er läutete, wurde der Zuagroaste gewarnt, und wenn Django das Schloss knackte, konnte es passieren, dass er des Einbruchs verdächtigt wurde, wenn es blöd lief. Und es wäre heute ja nicht zum ersten Mal blöd gelaufen.

Die Oma und Django vereinbarten, dass sie Wache schob. Er würde mit seinem Dietrich durch die Kellertür einsteigen. »Spiel nicht wieder Tetris mit deinem Smartphone«, ermahnte er die Oma noch. Er hatte keine Lust, eine Nacht in der Zelle zu verbringen.

Im Garten starrte ihn die blanke Erde an, Büsche standen herum und warteten darauf, eingepflanzt zu werden, die Lichtschächte staken aus dem Boden hervor. Django durchforstete die Umgebung. Hoffentlich hatte ihn niemand beobachtet. Dann wetzte er die Treppe hinunter. Nach wenigen Sekunden fand er den passenden Dietrich und klack, öffnete sich die Tür. Weil die Absätze der Cowboystiefel auf der Marmortreppe zu viel Lärm machen würden, zog er sie aus und nahm sie in die Hand. Nach seinem Ausflug in die Moosach hätte er sie erst einmal an der Sonne trocknen sollen. Er hoffte, dass ihn der Täter nicht roch, bevor er ihn sah. Django zog seinen Deringer aus der Hose, durchkämmte das Erdgeschoss: Die Zimmer waren im wahrsten Sinne des Wortes sauber. Da rumpelte es im ersten Stock. Er schlich sich noch vorsichtiger nach oben. Bad leer, Arbeitszimmer leer, im Wohnzimmer lagen Rosen auf dem Bett, auf riesigen Lüstern warteten Kerzen darauf, in der Hochzeitsnacht entzündet zu werden, um dem Liebesspiel des Brautpaares beizuwohnen. Django sah, wie Liesl auf dem Bett zwischen den Kissen verschwand und sich langsam das Hochzeitskleid von ihren starken Schultern zog. Der Gedanke haute ihn um. Und dann machte es wirklich einen Dumpfen.

Als er erwachte, schaute er nicht in Liesls Gesicht, sondern in den Gschwoischädel von Kommissar Rutzmoser. »Kann es sein, dass du heute mit dem Verbrechen liiert bist, Django?«

»Spar dir deine Sprüch«, sagte Django und fuhr sich über seinen wummernden Belli. Hatte ihm der Einbrecher doch glatt eine drübergezogen. »Der Einbrecher hat mich niedergeschlagen.«

»Das kann schon sein. Ein Einbruch ist trotzdem eine Straftat.«

»Schreib S' auf«, sagte Django, wie im Wirtshaus und stand auf. »Ich hab zu tun und keine Zeit für solche Sparifankerl.«

»Weil ich weiß, wo ich dich finde, kannst dir den Weg nach Erding ins Präsidium sparen. Aber wenn heute noch mal was ist, dann nehme ich dich mit.«

»Sei du mal lieber froh, dass ich dir bei den Ermittlungen helfe. Ich habe das Gefühl, dass die Freisinger eine Bürgerwehr gründen, wenn ihr nicht bald Ergebnisse vorzuweisen habt.«

»Schleich dich, ich will dich heute nicht mehr sehen«, verabschiedete sich Kommissar Rutzmoser.

Django nahm seine Schuhe in die Hand und ging so schnell es sein dröhnender Kopf zuließ die Treppe hinunter. Er sah auf die Uhr. Halb fünf. Eine halbe Stunde war er außer Gefecht gewesen. »Ach, noch was«, sagte Django, als ihn Kommissar Rutzmoser auf der Treppe eingeholt hatte. »Wer hat denn gemeldet, dass jemand eingebrochen hat?«

»Die Liselotte Weiher, eine Freundin von der Braut.«

Die Oma hatte gar keine Zeit für Mitleid, weil der nächste Termin auf sie wartete: eine Beerdigung, vom Rosenbaum Franz. Sie hatte bereits herausgefunden, dass der Leichenschmaus in einem Wirtshaus stattfand, genau dort, wo der Walderlebnispfad 66 durch den Freisinger Forst begann. Damit wussten sie, wo sie die Betroffenen später fanden.

Das ungewöhnliche Ermittlerduo schwang sich in ein Taxi. Und auf ging's in Richtung Schafhof, dem Europäischen Künstlerhaus 67, das am Rande von Freising lag. Sie stiegen noch vor der Reihenhaussiedlung aus, da man in solchen Siedlungen erfahrungsgemäß ganz besonders schnell auffiel. Vor allem, wenn man wie ein Cowboy aussah. Auch wenn er sich mit der Oma als fürsorglicher Pfleger tarnen konnte.

Wieder stellte Django die Oma auf der Straße ab, als er keine Einbruchspuren feststellen konnte. Und wieder huschte er durch den Garten, mit Omas Salbe gegen

Gelenkschmerzen in der Hand, die er den Rosenbergs überbringen wollte. Dieses Mal würde er vorsichtiger sein und sich nicht wie ein Anfänger hinterrücks über den Haufen schlagen lassen.

Im Gegensatz zum Haus des Brautpaares musste hier die Fassade gestrichen und die Bäume gestutzt werden. Dafür wurden Djangos Schuhe weniger schmutzig als beim letzten Mal. Der Dietrich öffnete die Tür und Django schlich auf Socken nach oben. Dieses Mal hörte er bereits auf der Kellertreppe, dass im Haus etwas im Gange war. Es quietschte unüberhörbar. Was war das denn bitte?

Er ließ die Küche, aus der es nach Kaffee roch, und das Wohnzimmer nach einem kurzen Blick hinter sich. Das Quietschen wurde immer lauter. Und langsam war er sich sicher, woher es kam. Warum sollte er heute nicht auch einmal seinen Spaß haben. Dann hatte Django den ersten Stock erreicht, spitzte von der Wendeltreppe um die Ecke. Die Cowboystiefel in der einen Hand seinen Deringer in der anderen. Die Schlafzimmertür stand offen. Und was er sah, musste seine Fantasie nicht mehr beflügeln. Eine dralle Frau ritt auf einem Mann. Sie hatte die Augen geschlossen und den Kopf zurückgeworfen. Irgendwann schaffte es Django, sich von dem Anblick loszureißen. Waren es Einbrecher, die es liebten, Sex an außergewöhnlichen Orten in aufregenden Situationen zu haben? Oder war die Information mit der Beerdigung oder die Adresse vielleicht falsch und die Rosenbergs hatten einfach Sex am Donnerstagnachmittag? Für ihr Alter nicht unbedingt gewöhnlich. Er hatte drei Möglichkeiten. Entweder konnte er das Liebespaar stören und sie nach ihrem Namen fragen. Oder er wartete, bis sie fertig waren. Die dritte Möglichkeit war, sich klammheimlich wieder aus dem Staub zu machen. Für die letzte Option sprach vor allem die Tatsache, dass ihn Kommissar Rutzmoser sicher kein drittes Mal würde laufen lassen, wenn er ihn in die Finger bekam. Und die Wahrscheinlichkeit, dass er sich in der Adresse getäuscht oder sonst irgendetwas falsch übermittelt worden war, schätzte er als gar nicht so gering ein. Also warf er noch einen kurzen Blick auf die hübschen Brüste der Frau, die plötzlich die Augen einen Spalt weit öffnete. Sie fixierte Django, dem ganz heiß wurde, bog ihren Oberkörper nach hinten und stieß einen ohrenbetäubenden Schrei aus. Django flüchtete aus dem Haus. Er rannte einfach durch die Eingangstür, in Socken. Schweißüberströmt schmiss er der Oma die Stiefel in den Schoß und raste mit ihr und ihrem Rollstuhl davon.

»Was ist denn in dich gefahren?«

Nachdem sie die Siedlung hinter sich gelassen hatten, stoppte Django und zog sich die Schuhe an. »Ich will nicht darüber reden.«

»So schlimm.«

Er konnte jetzt schlecht sagen: »Nein, so schön«, das würde sie noch weniger verstehen.

Obwohl gerade die Dämmerung über Freising hereinbrach, ging Django im Taxi auf einmal ein Licht auf. Plötzlich wusste er, wer der Einbrecher war. Oder vielleicht sollte er besser sagen, wer die Einbrecherin war.

Weil er dem Taxifahrer mit einem Zwani vor der Nase herumwedelte, damit der schneller fuhr, erreichten sie den Unteren Graben in wenigen Minuten und brausten am Bürgerturm **68** vorbei. Ein paar Häuser weiter sprang Django aus dem Taxi, hetzte zur Eingangstür der Nummer 786, drückte die Klingel und ließ sie nicht mehr los.

Eine Frau, die mit Lockenwicklern auf ein Kissen gestützt heruntерstierte, krächzte: »Zu wem wollen S' denn?«

Als Django ihr den Namen genannt hatte, sagte die Dauerwelle in Arbeit verwundert: »Dass zu der mal jemand kommt, außer ihrem bösen Freund, ist schon ein Wunder. Obwohl sie den ganzen Tag nix arbeitet. Seit Jahren. Und genau jetzt ist s' grad weg. Samt Koffer, mit der Gerdes. Wahrscheinlich zum Bahnhof.«

Da das Taxi immer noch dastand und der Fahrer gerade mal den Kofferraum geöffnet hatte, um Omas Rollstuhl herauszuholen, konnte Django gleich wieder einsteigen.

Und siehe da. Da ging sie, zog zwei prall gefüllte Trolleys hinter sich her. Und auch die Frau neben ihr, von der Django annahm, dass es sich um die frisch gebackene Braut, um Frau Gerdes, handelte. Djangos Herz krampfte sich zusammen.

Django sprang aus dem Taxi und rief: »Stehen bleiben!« Liesl glotzte ihn verblüfft an. Da hatte er sie schon erreicht. Der wohlbekannte Pfirsichduft betörte ihn, dass er für einen Augenblick nicht mehr klar denken konnte.

»Sie sind die Einbrecherin!«

»Wie kommen S' denn da drauf?«, fragte sie erstaunt. Und Frau Gerdes polterte: »Was bilden Sie sich eigentlich ein, Sie dahergelaufener Cowboy.«

Die Beleidigung ließ Django wieder zu sich kommen. »Machen S' doch mal bitte den Koffer auf. Oder soll ich gleich die Polizei rufen?«

Die ersten Schaulustigen hatten sich bereits um sie versammelt. Dieses Mal keine Russen. Die Liesl schaute Frau Gerdes an. Die überlegte, schnaufte lautstark aus und zuckte mit den Schultern. Dann öffnete Liesl ihren Trolley. Django durchsuchte ihn und zog einen Kulturbeutel heraus; prall gefüllt mit wertvollen Ohrringen, Diamanten und Ringen. Er wies die Oma an, die beiden in Schach zu halten und wählte Kommissar Rutzmosers Nummer.

»Mit ihrer Freundin.«

»Mit ihrer Freundin?«, hakte Rutzmoser nach.

»Mit der Gerdes, die gerade geheiratet hat. Mal eine andere Art der Brautentführung.«

»Mit dem Geld von der Hochzeit und von den Einbrüchen wollten sie ein neues Leben anfangen.« Da sah Django ein Kuvert aus Liesls Hosentasche herausspitzen. »Darf ich mal?«

»Du fragst doch sonst auch nicht, ob du darfst«, gab Rutzmoser zerknirscht zurück.

Django klemmte das Handy zwischen Schulter und Ohr und zog das Kuvert heraus. Darin befanden sich zwei Flugtickets. Zu dem kriminellen Pärchen gewandt sagte er: »Auf den Kanaren wollten Sie sich beide eine neue Existenz aufbauen. Den Gerdes hat sie nur wegen des Geldes geheiratet. Ich hab Diebesgut gefunden und die Flugtickets. Das gestohlene Hochzeitsgeld finde ich sicher auch noch. Hast gehört, Rutzmoser?«

»Ich schick einen Streifenwagen vorbei«, knurrte Rutzmoser aus dem Handy.

Django legte auf und sagte kopfschüttelnd zur Liesl. »Und Sie haben wirklich gedacht, dass ich den Zuagroasten als Einbrecher überführe und Sie so aus der Schusslinie ziehe. Für so deppert habe ich Sie nicht gehalten.«

Wie die Oma und Django dem Streifenwagen mit den beiden Frauen nachschauten, war ihm schon ein bisschen wehmütig zumute. Die Liesl hätte so gut zu ihm gepasst. War es so schwierig, sich aus den Alltagszwängen und dem herrischen Freund zu befreien? Musste man deswegen vor der ganzen Welt auf eine Insel flüchten?

Langsam schob er die Oma zurück in die Innenstadt. Am Brunnen 69, von dem der Roider Jackl mit seiner Gitarre runterschaute, blieben sie stehen.

»Ob der wohl die Geschichte in ein Gstanzl hätte packen können?«, fragte er die Oma und musste an die Szene im Haus der Rosenbergs denken, die er wohl nie aufklären würde. Was aber auch nicht weiter tragisch war. Es schien allen Beteiligten gefallen zu haben.

»Du erzählst mir jetzt, was eigentlich passiert ist«, sagte die Oma.

Dann hatschte Django mit der Oma im Rollstuhl in die laue Sommernacht. Wieder einmal mit einem Riss in der Hose und um ein paar Erfahrungen reicher.

59 Domberg, Dom (Dombibliothek, Krypta (Bestiensäule), Mariendom, Fürstbischöfliche Residenz), Belvedere, Diözesanmuseum, Wirtshaus am Dom.

Domberg und Dom: nördlich der Isar gelegene, knapp 30 Meter hohe Erhebung, die ein weithin sichtbares Wahrzeichen der Stadt bildet. Mittig der Dom St. Maria und St. Korbinian, umgangssprachlich auch ›Mariendom‹. Konkathedrale des Erzbistums München und Freising. 855 bis 875 Bau eines Doms im Stil einer altchristlichen Basilika. Nach einem verheerenden Brand, Neubau in der zweiten Hälfte des 12. Jahrhunderts. Es folgten Umbauten im Stil der Gotik und der Renaissance. Beachtenswert ist u. a. die gemalte Scheinkuppel. J. Ratzinger war von 1977-1982 Erzbischof von München und Freising. Vierschiffige Krypta aus dem 12. Jh. mit 24 Säulen und 16 Halbsäulen, alle individuell gestaltet. In der Mitte die Bestiensäule, einzige ihrer Art in Deutschland. Aufbewahrungsort des goldene Korbinianschreins sowie der ›Reste‹ des heiligen Lantpert. Seit der Bistumsgründung 739 mit Bibliothek. Neubau des Saales im 18. Jh., heute werden hier Ausstellungen veranstaltet. 1994 Übergabe des sanierten ehemaligen Domgymnasiums an die Bibliothek. Am Südhang zwei Aussichtsterrassen. Bei Föhn Sicht auf die nördliche Alpenkette.

Diözesanmuseum:
1974 in den Räumen des 1870 errichteten ehemali-

gen Knabenseminars des Erzbistums eröffnet. Mit einem Bestand von rund 16.000 Werken eines der größten kirchlichen Museen der Welt. Ausstellungen und Dombergwerkstatt. Seit Juli 2013 wegen Modernisierung des Brandschutzes und architektonischer Neugestaltung geschlossen!
Wirtshaus am Dom:
In der westlichen Halle des Schlosses großer Saal mit weit gespanntem Gratgewölbe, der früher als Brauerei und Kelterei genutzt wurde. Neuer Name ab 2015: Stephl's. Vegane Gerichte.

60 Weihenstephan
Weihenstephaner Berg, Biergarten, älteste Brauerei der Welt:
Zweiter Berg des Hügellands bei Freising, westlich der Altstadt. Bräustüberl Weihenstephan mit großem Biergarten, der einen schönen Ausblick bietet.
Universität Weihenstephan Gärten (Oberdieckgarten, Im Sichtungsgarten):
Campus Freising-Weihenstephan. Rund 65 Hektar Fläche seit 1945. Oberdieckgarten: nach einem Obstkundler benannt. Seine Grundidee eines architektonischen, in Terrassen und rechtwinkligen Gevierten gegliederten Gartens wurde bei der Neugestaltung 2008 fortgeführt. Im Sichtungsgarten: Lehr- und Versuchsgarten mit großem Stauden- und Gehölzsortiment sowie Rosenneuheiten.

61 Pfarrkirche St. Georg (Turmbesteigung):
Weithin sichtbar überragt mit seinen 84 Meter der barocke Turm der Stadtpfarrkirche die Häuser der

Altstadt. Neben dem Dom das Wahrzeichen der Stadt. Beginn des Baus in der zweiten Hälfte des 15. Jhs. Turm von 1689, der samstags 15-17 Uhr, von Mai bis Oktober (nur bei schönem Wetter) bestiegen werden kann.

62 Roseninsel (Rosengarten am Fürstendamm):
Gepflegte Gartenanlage direkt am Fürstendamm und dem Ufer der Moosach. Rosenfreunde, Familien und Passanten freuen sich seit 2007 über die naturnah gestaltete Grünanlage.

63 Altes Gefängnis:
1663 Umbau einer ehemaligen Metzgerei zum Gefängnis. 1923 Einsturzgefahr, 65 Schließung. Auf Antrag des Fördervereins seit 2005 ein Weinlokal im EG, Ausstellungsräume im OG, Museum mit Führungen samstags.

64 Marienplatz mit Mariensäule, Rathaus, Asamgebäude (Stadtmuseum, Asamtheater):
Das Stadtmuseum befindet sich im Gebäude der Alten Hochschule am Marienplatz. Direkt darüber der Asamsaal, die ehemalige Hochschulaula mit Fresken des Asamvaters Georg Asam (wichtiger barocker Kirchenmaler). Am Marienplatz auch die Touristeninformation. In der Mitte des Platzes eine von einer Marienfigur gekrönte Säule aus rotem Marmor von 1674. Rathaus von 1904/05, südlich von St. Georg.

65 Ziererhaus (Standesamt Freising):
Dreigeschossiger Bau von ca. 1730, gilt als eine der

bedeutendsten Bauten des Rokoko in Altbayern. Reich verzierte Fassade.

66 Wirtshaus An der Plantage mit Walderlebnispfad: Großer Biergarten, 30 Sitzplätze im Forsthaus (mit Holzofenbeheizung), an Sonn- und Feiertagen traditionell Musikfrühschoppen. Ca. 2 km langer Rundweg mit abwechslungsreichen Stationen.

67 Am Schafhof Europäisches Künstlerhaus: Ausstellungen, Lesungen, Kinovorführungen, Kinderatelier. Café mit schöner Aussicht. Montags geschlossen.

68 Bürgerturm mit Grabenmuseum: Wachturm in Nordosten der Altstadt, neben dem stark veränderten Karlsturm der letzte sichtbare Rest der Stadtmauer. Um 1350 erbaut. Später Nutzung als Schießpulverlager, städtisches Gefängnis, Armenhaus, durch die Hitlerjugend, den Bund Naturschutz und die Feuerwehr. Seit 1996 Museum mit Ausstellungen.

69 Roider Jackl Brunnen: benannt nach dem Forstmann und Volkssänger (1906–75). Bekanntheit erlangte er in der Nachkriegszeit durch das Vortragen von Gstanzln (kurze bayrische Spottlieder). Am Fuß der Oberen Domberggasse.

# BLUTIGER FUSS

## -DACHAU-

Nebel lag auf dem Waldfriedhof 70, die Dämmerung kämpfte sich durch die Nacht. Django knöpfte seinen abgetragenen blauen Mantel zu. Ein welkes Blatt jagte über den Asphalt, ein Rabe krächzte. Die Oma sah sich die anderen Gräber an, um das Gespräch nicht zu stören. Hinter einem Grab wartete bereits Djangos alter Freund Heinrich auf ihn. Jahre waren vergangen, seitdem sie zuletzt versucht hatten, Sinn und Unsinn des Lebens zu ergründen. Was wollte Heinrich nur um diese Uhrzeit von ihm? Bereits von Weitem erkannte Django, dass Heinrichs Augenringe noch größer geworden waren. Ein Kämpfer, Künstler und Kritiker war er schon immer. Das setzte sich nicht nur unter den Augen fest. Aber so fertig wie heute hatte er noch nie ausgesehen. Es musste etwas Schlimmes geschehen sein.

»Schön, dass du da bist«, flüsterte Heinrich, als sie sich herzlich umarmten. »Lass uns ein paar Schritte gehen.« Django wusste, dass es Heinrich dann leichter fiel, darüber zu sprechen. Worüber auch immer. Die tiefgründigsten Gespräche hatten sie ausschließlich im Gehen geführt. Sie schritten an den flachen, gleichförmigen Grabplatten vorbei. Verschwommen erhob sich auf dem aufsteigenden Hügel gegenüber das Kirchlein St. Stefan.

Weil sein Freund nach fünf Minuten aber immer noch nicht mit seinem Anliegen herausrückte, fragte Django: »Was gibt's, Heinrich?«

»Wie lange kennen wir uns jetzt, Django?«

»Über zwei Jahrzehnte, die Jahre mitgezählt, die wir uns nicht gesehen haben.«

Django und Heinrich hatten sich in Dachau kennengelernt. Weil Django die Ferien regelmäßig bei seiner Uroma verbracht hatte. Den mittlerweile 60-jährigen Heinrich hatte es nach Dachau verschlagen, nachdem er durch die halbe Welt getrampt war und in Indien gelebt hatte. Seitdem zeigte er seine Kunst weltweit; und provozierte.

»Der Fall ist sehr heikel.« Er sah Django aus seinen ernsten braunen Augen an, die von Strähnen verdeckt wurden. »Ich muss mich auf deine Verschwiegenheit verlassen können.« Auch wenn Django in der Regel keine Versprechungen machte, bevor er nicht wusste, um was es ging, nickte er.

»Mir wurde mein Fuß geklaut.«

Django stutzte und sah nach unten. An Heinrich war noch alles dran.

»Ein teurer Ausstellungsgegenstand«, ergänzte er. »Ich habe die Plastik eines Fußes gestaltet. Wie vom restlichen Körper abgerissen, abgetrennt, blutig.« Django hatte den Erfolg seines Freundes aus der Ferne mitbekommen. Überall war von seinen Ausstellungen zu hören, liefen Berichte im Fernsehen über ihn. Darum fand er es sehr passend, dass er sich in Dachau niedergelassen hatte, das in der zweiten Hälfte des 19. Jahrhunderts eine der bedeutendsten Künstlerkolonien gewesen war. Carl Spitzweg war immer wieder hierher zurückgekehrt und hatte sein berühmtes Bild ›Der Bücherwurm‹ im Dachauer Schloss **71** gemalt. Ausgewählte Gemälde aus dieser Epoche hingen mittlerweile in einer Dauerausstellung in der Gemäldegalerie. Sie gingen an einem Grab vorbei, auf dem sich frische Kränze und Blumen häuften wie Erinnerungen.

»Versichert?«, hakte Django nach.

Heinrich nickte. »Die Versicherung unterstellt mir Versicherungsbetrug.« Er wischte sich die Haare aus dem Gesicht. Vor ein paar Tagen machten Menschen hier Halt. Auf dem Rastplatz.«

»Roma?«

»Keine Ahnung. Die Polizei geht davon aus. Die denken, ich hätte einen Deal mit ihnen laufen. Hätte sie beauftragt, den Fuß zu stehlen, damit ich die Versicherungssumme einheimsen kann.«

»Und wie kommen die darauf?«

Er zuckte mit den Schultern. »Was weiß ich.«

»Wie hoch ist die Versicherungssumme?«

»Eigentlich hätte ich so was nie versichern lassen. Aber es gab Hinweise.«

»Welcher Art?«

»Anrufe, Briefe, aus der rechten Ecke.«

»Hast du die noch?«

Heinrich verneinte. »Verbrannt.«

Typisch Künstler, dachte Django. »Gibt's sonst irgendwelche Anhaltspunkte?«

Heinrich schüttelte wieder den Kopf. »Gestern Morgen war der Fuß aus der Ausstellung im Wasserturm 72 verschwunden. Ich habe den Diebstahl umgehend gemeldet, und schon stand ein von der Versicherung beauftragter Detektiv vor meiner Tür.«

»Immer diese Schnüffler«, versuchte sich Django an einem Scherz. Mehr als ein Grunzen brachte Heinrich nicht hervor. Ihm war gerade nicht nach Lachen zumute. »Ist dem Detektiv oder der Polizei irgendetwas Besonderes aufgefallen?«

»Das ist ja mit ein Grund, warum sie mich verdächtigen. Es gibt keinerlei Einbruchspuren an der Tür oder an den Fenstern des Wasserturms.«

»Hatte sonst noch jemand einen Schlüssel?«

Weil Heinrich beide Schlüssel hatte, verneinte er erneut.

»Dann werde ich mir wohl mal den Schnüffler vorknöpfen«, brummte Django und fühlte nach, ob sein Revolver noch im Halfter steckte.

Django schob die Oma am Klinikum vorbei, den Berg hinunter. »Da schau, das Schloss und die Pfarrkirche St. Jakob 73. Deswegen mag ich Dachau so.« Müde zwängte sich die Sonne durch die grauen Wolken. An der Mittermayerstraße hatte ein Gitarrenhändler bunte Gitarren vor seinem Schaufenster angeordnet. »Magst nicht ein Lied für mich spielen? Eins von deinen Cowboyliedern.«

Django schnappte sich eine blaue Gitarre, griff in die Saiten und begann zu singen: »On the Road again.« Da blies eine Windböe seinen Hut vom Kopf, dass dieser rückseitig auf dem Boden landete. Eine Frau blieb stehen, warf ihm einen Euro hinein, worauf die Oma so blöd schaute, dass beide laut loslachen mussten. Der Inhaber winkte ihnen zum Abschied hinterher.

Der Detektivkollege Carl Prehn hatte sein Büro hinter dem Deffner Baumhaus 74, auf das grünes, dicht verwuchertes Geäst gemalt war. Unterstichen wurde der Eindruck von der großen alten Linde, die direkt davor ihre kahlen Äste in den Himmel reckte. Django läutete. Der Kollege Prehn war momentan wohl eher ein Kontrahent. Trotzdem oder genau deswegen musste Django mit Fingerspitzengefühl an die Sache herangehen. Ein Eierkopf mit einem mageren Osternest öffnete ihm und der Oma die Tür. Wie unter Kollegen üblich, bat Prehn sie herein und servierte ihnen Kaffee. Aber dann war's auch schon vorbei mit der Kollegialität.

»Über einen laufenden Fall gebe ich keine Auskunft«, sagte der Eierkopf und rückte seine notdürftig mit Klebeband reparierte Brille zurecht. Django erhob sich und musterte die Einrichtung; karg und billig. Prehn schien nicht gerade viele Aufträge zu haben. Eine Schranktür stand offen. Durch den Spalt erkannte Django eine Flasche Wodka und dachte: Daher weht der Wind.

Er stupste die Oma wie zufällig an und setzte sich wieder. Dann trank er seinen Kaffee leer, legte einen Fünfzigeuroschein auf die Untertasse und schob sie seinem Kollegen rüber. Der nahm sie entgegen, füllte Kaffee hinein, zitterte, verschüttete einen Teil. Da stach ihm das Geld ins Auge.

»Ja, die Zeiten werden härter für Privatdetektive«, kommentierte Django, beugte sich nach vorn und krempelte seine Hose rauf und runter. »Wie für meine Hühneraugen auch«, sagte die Oma und beugte sich ebenfalls nach vorn. Prehn sah sich um und schob den kaffeegetränkten Schein in die Hosentasche.

Eine Viertelstunde später verließen Django und die Oma die Detektivkanzlei. Um einige Informationen reicher aber auch um ein ganzes Pfund Urvertrauen ärmer. Was Prehn ihm erzählt hatte, ließ ihren Freund und Auftraggeber Heinrich in einem anderen Licht erscheinen. Django schob die Oma am Ludwig-Thoma-Haus vorbei und stapfte nachdenklich auf dem Kopfsteinpflaster den Berg hinauf. Früher hätte er an der blau-weißen Schranke des Zollhäuschens 75 seinen Kautabak verzollen müssen. Gern hätte er sich einen Whiskey gegönnt, doch dafür war jetzt keine Zeit. An der Stadtlinde am Widerstandsplatz 76 sagte er zur Oma: »Irgendwie kann ich nur schwer glauben, was der Eierkopf über den Heinrich erzählt hat.«

»Ein bisschen was Wahres muss schon dran sein«, antwortete die Oma.

»Wie schaut's aus«, versuchte Django das Gespräch auf ein anderes Thema zu lenken. »Fit für Downhill?«

»Downhill?«

Django deutete auf die steile Treppe, die rechts hinunterging.

»Freilich, warum nicht.«

Die Oma holperte in ihrem Rollstuhl die Stufen hinunter, dass es eine wahre Freude war. Sie gackerte wie eine junge Frau, der Django dagegen hatte weniger Spaß als vermutet. Er musste immer wieder aufpassen, dass ihn die Oma nicht ausriss. Seine Arme zogen, und er hatte sich sein Genick verrissen. Als sie den gemütlich dahinfließenden Mühlbach überquert hatten, legten sie eine kleine Pause ein. Danach machten sie sich wieder auf den Weg und erreichten in fünf Minuten den Wohnmobilstellplatz in der Ostenstraße. Ein Zug nach dem anderen rauschte vorbei. »Ob man da wirklich gut schlafen kann?«, sagte der Django.

Laut Prehns Aussage hatte hier eine Romasippe übernachtet. Nun parkte dort ein Schiff von einem Wohnmobil, in dem vermutlich ein ganzes rumänisches Dorf hätte übernachten können. Django schlappte über den Platz. Eine Kippe lag auf dem Boden, an sich nichts Außergewöhnliches. Er hob sie auf.

»Willst jetzt wieder mit dem Rauchen anfangen?«, fragte die Oma. »Und Stumpen aufsammeln.«

Django machte eine wegwerfende Handbewegung. Der Filter war aus zusammengerolltem Papier.

»So bau ich ja auch meine Graszigaretterl gegen mein Rheuma«, sagte die Oma.

»Der Heinrich baut so sogar seine Zigarettenfilter. Weil er sein Geld lieber in Farbe steckt als in Filter.«

Django zerfetzte das Zigarettenpapier und rollte den Karton auf. »Das ist ein Teil von einer Einladung zu Heinrichs Ausstellung im Wasserturm.«

Hatte ihm der langjährige Freund wirklich etwas verschwiegen, wie es der Eierkopf prophezeit hatte? Hatte er Kontakt mit den Roma gehabt? Django spuckte einen braunen Schwall in die Ecke des Platzes, wo sich Äste und Blätter türmten. Fast hätte er eine rosa Haarklammer getroffen. Er hob sie hoch. Wischte sie an seinem Mantel ab. Ein Zug donnerte über ihnen vorbei. Als er sich umdrehte, hatte sich ein Langhaariger mit einer gefütterten, schwarzen Jacke vor ihm aufgestellt. Auf der Brust prangte in weißer Schrift: DAGIDA. »Jetzt ist das G'sindl endlich wieder verschwunden«, sagte er und sah Django erwartungsvoll an.

»G'sindl?«

»Zigeuner.«

»Haben s' dir was getan?«, fragte Deichsler.

»Es wär nicht das erste Mal, dass sie Kinder stehlen.«

Django atmete tief durch und spuckte dem verdutzten Hilfssheriff vor die Füße.

Der Schrank kam einen Schritt zu nahe. »Pass bloß auf. Ich weiß ganz genau, wer du bist. Ein Freunderl von dem verdrehten Künstlerheini.«

»Servus«, sagte Django, drehte sich um und ruckelte die Oma davon, damit dem Hilfssheriff nicht auffiel, wie überrascht er war.

»Der Heinrich hat zu mir schon gesagt, dass er Drohbriefe von denen bekommen hat«, sagte Django, als er mit der Oma am Fuße der Burg in Richtung Amper lief, wo Heinrich wohnte.

»Die sterben leider nie aus«, sagte die Oma.

Django war so in Gedanken versunken, dass er nur murmelte. »Ja, ja.«

Warum hatte ihm Heinrich nicht erzählt, dass er am Stellplatz gewesen war und sich mit den Roma getroffen hatte? Und dann auch noch die Haarklammer. Oder war er hier gewesen und hatte sich nicht mit ihnen getroffen? Was eher unwahrscheinlich war. Er musste mit Heinrich sprechen. Die Brunngartenstraße, die eigentlich ein Weg war, wurde von der großen Amper und ihrem kleinen Bruder, dem Mühlbach umarmt. Die Sonnenstrahlen glitzerten auf dem Wasser. Django hatte für einen Moment das Gefühl, sie würden ihn aufmunternd anlächeln.

»Weißt was, Oma, warte du am besten da. Ich glaube, so kann ich besser mit dem Heinrich reden.« Er parkte sie neben einer Bank und machte sich auf den Weg.

Heinrich hatte nicht bemerkt, dass Django auf den Hof gekommen war. Mit leerem Blick saß er an dem abgeschlagenen, hölzernen Küchentisch in seiner Stube, seine Hände um eine Tasse Kaffee geschlossen. Erst als Django gegen das Fenster klopfte, reagierte er und stand auf.

Django hätte nicht gedacht, dass Heinrichs Augenringe noch größer werden konnten, aber sie waren über Nacht gewachsen wie Pilze im Dachauer Stadtwald nach einem herbstlichen Regenguss.

»Und?«, fragte Heinrich und ließ sich auf die Bank fallen, als hätte er keine Kraft zu stehen.

Weil Heinrich ihm weder Kaffee noch Sitzplatz anbot, schenkte er sich selbst ein und setzte sich auf die knarzende Holzbank. Hoffentlich bricht die nicht zusammen, dachte Django. »Heinrich«, er sah ihm tief in die Augen, »wenn wir zusammenarbeiten sollen, dann musst du mir alles erzählen. Alles!«

Heinrich schien nicht sonderlich überrascht zu sein. Er wandte seinen Blick wieder ab und stierte in die Kaffeetasse.

»Willst du, dass ich herausfinde, was wirklich hinter dem Diebstahl steckt, oder sollen wir weiterhin dieses Versteckspiel spielen?«

Keine Reaktion.

»Warst du am Stellplatz? Und hast die Roma getroffen?«

Heinrich entfuhr ein zynisches Lachen.

»Zynismus bringt uns nicht weiter.« Heinrich reagierte nicht. »Du musst die Karten offen auf den Tisch legen, wenn ich für dich ermitteln soll.«

Wütend schlug Django auf den Tisch, dass der Kaffee auf die helle Platte spritzte, und legte die Haarklammer vor Heinrichs Nase, die er auf dem Wohnmobilstellplatz gefunden hatte. »Dann kann ich auch nicht weiter für dich ermitteln.«

Endlich sah Heinrich von seiner Tasse auf. »Versteh doch …«

»Nein, ich verstehe nicht!« Django musste aufstehen. »Bin ich vielleicht ein Sozialarbeiter, trinken wir hier grünen Tee oder was?« Und schob frotzelnd hinterher: »Wir können über alles reden, natürlich.« Er atmete tief durch. »Wenn du nur reden würdest.« Als Heinrich immer noch nicht redete, sah er keine andere Chance. »Entweder du erzählst mir jetzt alles, und damit meine ich wirklich alles, oder du kannst dir einen anderen Volldeppen suchen, den du verarschen kannst.«

Heinrich sah aus dem Fenster. Schwarze Wolken wälzten sich über den Himmel. »Ich will dich doch gar nicht verarschen. Nur … ist das alles gar nicht so einfach.«

»Ist mir auch schon aufgefallen.«

»Es stimmt, ich habe dir nicht alles erzählt.«

Django ersparte sich einen Kommentar, es reichte, wenn einer zynisch war.

»Meine Tochter Susanne ist verschwunden.«

»Ich glaub es nicht.« Django schnalzte mit dem Zeigefinger seinen Hut nach oben. »Und warum erzählst du mir das erst jetzt?«

»Weil es das Vorurteil immer noch gibt, dass Roma Kinder klauen. Mit meinem Fuß möchte ich aus der Gesellschaft gerissene Menschen zeigen; mit all seinen schmerzhaften und blutigen Begleiterscheinungen. Die uns gerade serviert werden.«

»Und deine Frau?«

»Exfrau.«

»Klugscheißer«

»Die weiß nichts davon.«

Django schlug sich mit der Hand gegen die Stirn. »Oh je, wie blöd muss man sein!«

»Du kannst das nicht verstehen.«

»Stimmt, kann ich nicht.«

»Weil ich überhaupt keine Ahnung habe, wo Susanne sein könnte, war ich bei den Roma.« Er rieb sich die Augen. »Ich wollte keine Möglichkeit außer Acht lassen. Das Jugendamt sitzt mir eh schon im Nacken, weil ich den Unterhalt nicht regelmäßig zahlen kann. Und meine Exfrau behauptet, ich würde mich nicht um sie kümmern, wenn sie bei mir ist. Ich würde es nicht ertragen, Susanne nicht mehr sehen zu dürfen …«

»Dann würde ich vorschlagen, dass du deine Ex schleunigst anrufst.«

»Vielleicht hast du recht.« Heinrich zückte sein Handy. Und hielt inne. »Aber zuvor möchte ich dir noch etwas sagen.« Da vibrierte Djangos Handy. Eine MMS war eingegangen. Auf dem Bild waren Heinrich, ein Mädchen und eine Gruppe von schwarzhaarigen Männern zu sehen. Dahinter ein verrosteter Kastenwagen. Das Mädchen hatte blonde Haare zu Zöpfen geflochten und schmutzige Hände. Auf dem Stellplatz in der Ostendstraße. Django spürte, wie sich jeder Muskel seines Körpers anspannte. Da klirrte die Fensterscheibe. Eine Flasche flog an ihm vorbei auf das grüne Sofa hinter Heinrich. Der Molotowcocktail zerbarst, eine Feuerwalze schob sich auf Heinrich zu. Wütende Feuerschlieren wanden sich auf dem Boden. Django riss sich seinen Mantel vom Leib. Aber da hatte das Feuer seinen Freund schon erreicht, stürzte sich gierig auf dessen Kleidung und Haare. Er warf den Mantel schützend über ihn, alles um sie herum stand in Flammen. Beißender Rauch raubte Django die Sicht, die Luft, die Sinne. Er schwankte, während er seinen Freund durch die Feuerwand zog. Als er die Tür öffnen wollte, bewegte sie sich keinen Millimeter. Irgendjemand hatte die Tür von außen verriegelt. Django blieb nichts anderes übrig, als seinen verletzten Freund auf den Boden zu legen. Er trat zwei Schritte zurück, nahm Anlauf und krachte mit der Tür nach außen an die frische Luft. Der eindringende Sauerstoff gab den Flammen neues Futter. Sie loderten auf, machten sich über den Küchentisch her. In letzter Sekunde konnte Django seinen Freund aus dem Haus ziehen. Kurz darauf hatte das Feuer auch auf den Eingang, den Türstock übergegriffen.

Da hörte Django die Sirene des Krankenwagens. Keine fünf Minuten später wurde Heinrich schwerverletzt und bewusstlos ins Klinikum Dachau gefahren. Noch während die hübsche Sanitäterin Djangos verkohltes, blaues Hemd vom Leib schnitt, begannen zwei Kommissare mit dem Verhör. Weil Django nicht vorhatte, irgendetwas von seinem Wissen preiszugeben, und von einer leichten Rauchvergiftung benebelt war, beschloss er, sich wortlos auf seinen Schock zu berufen. Als die Kommissare aber nicht locker ließen, kam ihm die Sanitäterin zu Hilfe: »Ja sehen S' denn nicht, dass der Mann einen Schock hat?« Sie schloss die Tür und schon ging's quer durch die Stadt ebenfalls ins Klinikum. Als der schwarze Audi der Kommissare dem Krankenwagen nicht mehr folgte, sagte er zur Sanitäterin. »'tschuldigung, ich müsste dringend aufs Klo.«

Worauf sie antwortete: »Können S' nicht warten, bis wir im Klinikum sind?«

Django schüttelte den Kopf und deutete auf seine Blase: »Prostata.« Die Sanitäterin sah ihn mitleidig an und klopfte gegen die Scheibe. Kurz darauf standen sie. Die Türen öffneten sich und Django humpelte davon. Versteckte sich in einer Hauseinfahrt hinter den Überresten des Freisinger Tors und dachte: Das Vorurteil von den kinderraubenden Roma ist mindestens genauso alt wie das nicht mehr vorhandene Stadttor.

Als die Sanitäterin aufgegeben hatte, ihn zu suchen, trat er wieder auf die Straße. Das Schmerzmittel, das sie ihm gespritzt hatte, entfaltete jetzt seine volle Wirkung. Eine unglaubliche Leichtigkeit schob sich durch seinen Körper, ein ›Leck mich am Arsch‹-Gefühl vom feinsten. So entspannt hatte er sich nur in Gesellschaft seiner verstorbenen Maria gefühlt oder nach einer Flasche Whiskey.

Da sah er den DAGIDA-Schrank mit seiner Security-Weste den Berg hinaufstapfen. Abgekämpft sah er aus. Django ging auf ihn zu.

»Was willst?«, fragte der Rambo, ohne zu grüßen.

»Ich habe wichtige Infos für euch. Komm, lass uns was trinken gehen, ich lade dich ein.«

Der Typ ließ sich nicht zweimal bitten. Sie gingen auf die Rathausterrasse 77 . Sie setzten sich, Django bestellte ein Bier für den Rambo und einen Kaffee für seinen Plan. Um die Spannung zu erhöhen, blickte Django kurz ins Dachauer Land, über Häuser und Bäume in Richtung Alpen.

»Du siehst ja so richtige Scheiße aus«, freute sich der Rambo und spielte mit seinem Handy. »Und riechst, wie ein geräuchertes Wammerl.«

Selber, dachte Django und sagte: »Die Haderlumpen, die meinen Klienten räuchern wollten, haben es nicht geschafft, uns auszumerzen. Ich kann mir schon denken, wer das war.«

Erstaunt glotzte der Rambo Django an. Und schluckte. Der Kellner stellte den Kaffee auf den Tisch. Django sog den köstlichen Geruch tief ein. Leider würde er wieder nicht dazukommen, davon zu trinken. Er rührte in der Tasse und stieß sie um, worauf das braune Gebräu einen See auf dem Metalltisch bildete und auf Rambos Jeans schwappte.

»Ja so was aber auch!«

»Kruzifix«, fluchte der Rambo und wischte sich mit der Serviette über den Stoff. Django schnappte sich unauffällig sein Handy, »ich geh schnell ein Handtuch holen«, verschwand in der Toilette und suchte die Nummer des Handys heraus. Dort ging er mit seinem Smartphone ins

Internet, gab die Handynummer des Typen bei einem Internet-Ordnungsdienst ein. Schon piepste es. Dann beantwortete er die SMS, in welcher der Besitzer um Erlaubnis gefragt wurde, ob man ihn orten dürfte. Sehr gerne, schrieb Django und konnte sich eines Grinsens nicht erwehren. Um sie gleich darauf zu löschen.

»Wirklich saublöd«, schauspielerte er weiter, als er auf die Terrasse trat. Der Rambo kroch unter dem Tisch herum. »So ein Scheißdreck, mein Handy is weg!«

Django tat so, als würde er ebenfalls suchen. Allerdings ohne sich zu bücken oder herumzukriechen, das stand dem Rambo besser. »Ich hab's!«, rief Django verzückt aus. Der Security-Mann richtete sich stöhnend auf und riss es ihm aus der Hand. »Und, was für Infos hast du für mich?«

»Komm mal her«, flüsterte Django und bedeutete ihm mit der Hand, näherzukommen. Als ihm der Rambo ganz nah war, griff er ihm zwischen die Beine und drehte langsam und genüsslich, bis dessen Kopf nicht noch roter werden konnte. »Ahhh«, stöhnte er.

Da kam der Kellner auf die Terrasse und empörte sich: »Meine Herren, doch nicht in aller Öffentlichkeit.«

»Aber der kleine Süße steht auf so was, oder?«, sagte Django und drückte fester zu. Rambo nickte gequält. Django ließ los, der Hilfssheriff drehte sich um und humpelte breitbeinig davon. »Dich krieg ich, du Sau«, murmelnd.

Django orderte ein Stück Kuchen und einen Kaffee, genoss die Aussicht und das süße Stückchen, das im Gegensatz zu Rambo wirklich süß war. Dann rief er im Krankenhaus an. Leider gab es von seinem Freund Heinrich keine guten Neuigkeiten, er lag nach wie vor auf Intensiv und war nicht ansprechbar.

»Eigentlich hätte ich aus dem Rambo Spiegelei machen sollen«, schoss es Django durch den Kopf. »Allerdings hätte ich ihn dann nicht mehr gebrauchen können.«

Weil sich der Hilfssheriff nun vermutlich dort befand, wo er Django weiterhelfen konnte, ließ der dessen Handy orten. Und bestellte sich ein Taxi.

An der KZ-Gedenkstätte 78 stieg die Oma aus ihrem Taxi aus und in seines ein.

»Wie schaust du denn aus? Du riechst ja wie ein g'räuchertes Wammerl.«

Django dachte sich seinen Teil und erzählte, was passiert war. In der Straße, die ihm der Ortungsdienst genannt hatte, wurde er von den quietschenden Reifen des Kastenwagens der Roma unterbrochen.

»Verdammt, hoffentlich ist die Kleine noch da. Oma, bezahl du!«

Django stürzte aus dem Taxi. Zog seinen Colt, öffnete die Gartentür schwungvoll, die auf einen verwucherten Weg führte. Dann stand er vor der Bruchbude, die eine gewisse Ähnlichkeit mit dem Haus hatte, in dem er mit der Oma wohnte. In der verfallenen Scheune nebenan hörte er Stimmen. Er drückte sich an die windschiefen Bretter und legte seine Hände um den Griff des Deringers. Als er die Tür öffnen wollte, knarzte sie. Django presste sich an die Wand. Nichts geschah. Also stieß er den Eingang zur Scheune weit auf und visierte die Personen im Inneren mit dem Lauf seiner Pistole an. »Hände hoch!«

Reflexartig rissen die drei Männer die Hände nach oben. Rambo stöhnte: »Nicht der schon wieder.« In der Ecke lagen auf dem schmutzigen Boden drei gefütterte Jacken mit DAGIDA-Aufdruck. Daneben saß das entführte Kind auf einem Stuhl; Susanne! Die Augen verbunden, die Hände gefesselt. »Na, ihr Kindesentführer.« Da erst fiel Django auf, dass die Gesichter der Gringos blutverschmiert, ihre Kleidung zerrissen und verdreckt war. »Auf den Boden, und zwar sofort!«, befahl Django und sah ihnen genüsslich dabei zu, wie sie sich auf den verlausten Boden legten.

»Dir wird nichts mehr passieren, meine Kleine«, sagte er und ging auf das gefesselte Mädchen zu.

»Du solltest uns mal lieber dankbar sein, dass wir die Zigeuner vertrieben haben«, grummelte der Schrank auf dem Boden.

»Schnauze!«, fuhr ihm Django über den Mund, um an das Mädchen gewandt auch gleich wieder sanft zu werden. »Ich nehme dir jetzt deine Augenbinde ab.«

Kaum hatte Django dem Mädchen die Augenbinde abgenommen, stürzten sich die Tränen aus ihren Augen. »Ich bringe dich nach Hause.« Dann rief er die Polizei und ein Taxi.

Es dauerte keine zehn Minuten, bis die Polizei vor Ort war.

»Sind das die Leute, die dich entführt haben?«, fragte der Kommissar mit dem Schnauzer und deutete auf die drei Männer von DAGIDA.

»Hören Sie mal, das Mädel …«, sagte die Oma und legte den Arm um sie.

»Darauf kann ich augenblicklich keinerlei Rücksicht nehmen«, unterbrach sie der Kommissar. »Die Täter müssen gefunden werden.«

»Babababababa«, maulte die Oma ihn nach.

»Also, sind das die Leute, die dich entführt haben?«

»Kann ich nicht genau sagen«, sagte Susanne mit schwacher Stimme. »Meine Augen und Ohren waren die ganze Zeit verbunden.«

»Sehen Sie, Herr Kommissar«, riss der Schrank wieder sein Maul auf. »Wir haben es doch gleich gesagt, dass wir unschuldig sind. Wir haben die Kleine unter Einsatz unseres Lebens aus den Fängen der Zigeuner befreit. Jetzt werden wir verdächtigt und die kommen wie immer ungeschoren davon.«

Der Kommissar fuhr sich über den Schnauzer und ging nach draußen, wo er einen uniformierten Kollegen bat, eine Fahndung nach dem Transporter der Roma herauszugeben.

Django schob sich Kautabak in den Mund und machte sich mit der Oma auf dem Weg zum Klinikum. Er musste nachdenken und dafür musste er laufen. Warum hätten die Roma das Mädchen entführen sollen? Um es weiterzuverkaufen? Der Gedanke schien ihm sehr unwahrscheinlich. Es hieß immer wieder, dass Roma Kinder raubten. Vermutlich ein Vorurteil. Genauso unausrottbar wie das Vorurteil vom stinkenden Cowboy. Er zog seinen Mantel aus, da ihm vom Schieben der Oma und der Sonne warm geworden war. Ein Duft stieg ihm in die Nase, der eines der Vorurteile untermauerte. Er war froh, dass die Oma ihren Mund hielt oder neben den schlechten Augen auch noch eine schlechte Nase hatte.

Im Hofgarten klebten Efeu und Kinder an den Bäumen. Der Rest der Kindergartenkinder sahen mit ihren bunten Mützen aus wie eine Horde Zwerge. Welchen Grund hätten die Jungs von DAGIDA für die Entführung gehabt? Lösegeld? Der Kommissar hatte die Frage nach einem Lösegeld verneint. Den Ruf von Heinrich zerstören und das Vorurteil der kinderraubenden Roma pflegen?

Als Django am Klinikum angekommen war, hatte er Durst wie ein Kamel, dessen ganzer Vorrat aufgebraucht war. Der ganz in grün gekleidete Pfleger, der ihn an der Pforte zur Intensivstation aufhielt, ließ sie nur widerwillig zu Heinrich. »15 Minuten.« Django nickte, das dürfte reichen. Der Polizist, der vor Heinrichs Zimmer saß und im Playboy las, kannte ihn von der Befreiungsaktion und hatte gerade eben seinen Kollegen abgelöst. Er musterte Django nur kurz und wandte sich dann wieder den schönen, gewaschenen Seiten des Lebens zu.

Django hielt erst einmal seinen Mund unter den laufenden Hahn und ging zu Heinrich ans Bett. Unzählige Kabel und Schläuche führten zu den Geräten hinter ihm. Es roch nach Krankheit und piepste ununterbrochen.

»Halt mal kurz Wache«, sagte Django zur Oma, die vor die Tür rollte und die Klinke mit ihrem Hacklstecker fixierte. Django schlurfte zur Toilette, in der sich auch eine Dusche befand. Er riss sich die miefenden Anziehsachen vom Leib. Und schon prasselte das heiße Wasser auf ihn nieder. Zwar musste er, nachdem er sich abgetrocknet hatte, wieder in das müffelnde Hemd und die angekokelte Lederhose schlüpfen, aber nun fühlte er sich immerhin ein wenig sauberer. Die letzten verbleibenden Minuten setzte er sich auf den Stuhl ans Bett und betrachtete Heinrich. »Was wolltest du mir noch sagen?«

Er griff nach seiner Schulter und rüttelte daran. »Django!«, ermahnte ihn die Oma.

»Was wolltest du mir sagen!« Daraufhin raste der Strich auf dem Monitor in den Keller und das Gerät fing hysterisch zu piepsen an. Und schon stand der Schandi, der bis dato vor der Tür gewacht hatte samt einer Traube von Fröschen mit Mundschutz um das Bett herum. Für Django und die Oma wurde es jetzt Zeit, das Krankenhaus zu verlassen.

Auf dem Gang kam ihm der Kommissar mit geschwellter Brust und fettem Ranzen entgegen. »Wir haben die Roma geschnappt«, sagte er stolz. »Sie werden dem Untersuchungsrichter vorgeführt.«

Ob du da mal nicht auf der falschen Fährte bist, dachte Django und wollte weitergehen. Da packte ihn der Kommissar am Arm. »Woher wussten eigentlich *Sie*, wo sich das Mädchen aufhielt?« Misstrauisch musterte er Django.

»Ich habe das Handy des Security-Fritzen orten lassen.«

Der Kommissar fuhr sich durch den Oberlippenbart, wie ein Schwein durch seine Borsten, und hob den Zeigefinger. »Ich werde Sie ganz genau im Auge behalten.«

»Sie sollten lieber mal die DAGIDA-Fuzzis im Auge behalten. Wie sind die denn überhaupt auf den Aufenthaltsort gekommen?«

»Eine Spur Dankbarkeit würde Ihnen auch nicht schlecht stehen, Schnüffler!«, erwiderte der Kommissar. »Die DAGIDA-Fuzzis, wie Sie sie nennen, haben die Zigeuner verfolgt und dadurch das Versteck entdeckt. Ihnen gebührt großes Lob. Ich werde sie für das Bundesverdienstkreuz vorschlagen.«

»Bundesverdienstkeks …«, murmelte Django und ging. Seine Schritte hallten in dem dunklen Gang wider.

»Ach, noch was«, rief ihm der Kommissar hinterher. »Gegen Ihren Auftraggeber wird Anzeige erlassen, wegen Verschleierung und Beihilfe zur Entführung.«

Als er aus dem Klinikum trat, zückte Django das Handy und wählte die Nummer des Schranks, dessen Namen er immer noch nicht wusste.

»Was willst du denn, du heruntergekommener Schnüffler?«

»Ich wollte mich bei dir entschuldigen. Ihr habt wirklich gute Arbeit geleistet. Solche Männer wie euch braucht unser Land. Nimmst du die Entschuldigung an?«

Ein Schnauben schob sich durch die Leitung.

»Außerdem wollt ich fragen, ob ich in eurem Verein Mitglied werden kann. So wie's aussieht, kann ich von euch eine ganze Menge lernen.«

»Kannst vergessen.«

Es wäre auch zu schön gewesen, um wahr zu sein, dachte Django. Er hätte es trotzdem versuchen müssen.

Um acht Uhr trudelte Django in einem Haus in der Nähe der Ruckteschell-Villa ein. In der Stadt hatte er sich ein frisches Hemd und eine neue Hose von Heinrichs Vorschuss gekauft. Da er ja nach wie vor das Handy des Rambos orten konnte, war es ihm ein Leichtes gewesen, seinen Standort herauszufinden. Die Oma hatte er wie seinen Cowboyhut lieber im Alten Schulhaus 79 gelassen, wo er sich zuvor noch einen veganen Burger gegönnt hatte.

Aus der Villa drangen laute Stimmen und Schlagermusik. Aufgrund des lauen Sommerabends standen etliche Gäste unterschiedlichen Alters im Garten. Django mischte sich darunter, holte sich ein Bier. Eine ältere, völlig überschminkte Frau kam auf Django zu und nippte an ihrem Glas, in dem sich Eiswürfel mit Whiskey paarten. »Einen Whiskey?« Und schon hatte Django einen Whiskey in der Hand. Die Lady roch gut, allerdings nicht aus dem Mund, weswegen er sich immer ein wenig wegdrehte, wenn sie ihm zu nahe kam. Was ständig der Fall war. »Was treibt dich, reifen Mann, zu DAGIDA?«, fragte sie interessiert.

»Weil ich endlich etwas bewegen möchte.«

Sie streichelte seinen Oberarm und blinzelte ihn an. »Auch ich möchte gerne mal wieder etwas bewegen.«

Django wäre am liebsten gegangen, aber er hatte einen Fall zu lösen. »Michael, mein Name.« Er streckte ihr die Hand entgegen. Diesen guten deutschen Namen hatte er sich auf die Schnelle einfallen lassen.

»Angenehm, Fanny Müller.« Müller, Müller, den Namen hatte er schon einmal gelesen. Genau, auf der Ausstellungsübersicht des Wasserturms. Sie hatte dort ebenfalls ihre Bilder ausgestellt.

»Sie sind doch Malerin, oder?« Sie kam ihm so nahe, dass er befürchtete, sie würde gleich auf seinem Schoß sitzen. Ihre Lippen entblößten ein Pferdegebiss, bevor sie ihr Whiskeyglas in einem Zug leerte.

»Richtig, Cowboy«, lallte sie. »Wenn mir dieser vermaledeite Gutmensch nicht den Kron-Maus-Kulturpreis weggeschnappt hätte, könntest du meine Landschaften, Stillleben und mythologische Szenen jetzt im Wasserturm betrachten.«

Django unterdrückte ein Gähnen. »Dieser Heini. Mit den Zigeunern sympathisieren und sich dann sein Kind von denen rauben lassen«, versuchte Django sie auf die richtige Fährte zu locken.

Sie näherte sich seinem Ohr und Django hielt sich unauffällig die Nase zu. »Soll ich dir was verraten?«, hauchte sie und er antwortete: »Ich glaube, ich weiß es schon.«

»Das glaube ich nicht. Die Entführung war nur gemimt. Es sollte so aussehen, als ob es die Zigeuner waren, damit mein Mann bei der nächsten Wahl mehr Stimmen bekommt. Ich doch den Kulturpreis zugesprochen bekomme und der Künstlerheini aus dem Weg geräumt wird.«

Jetzt hatte Django zwar ein Geständnis, aber vor Gericht war das nicht verwertbar. »Das habt's aber ausgefuchst angestellt. Und wo ist der Fuß geblieben, Lady?«

Sie fühlte sich geschmeichelt und drückte ihren kleinen Busen an seinen Oberarm. »Den hatte die Kleine glücklicherweise in ihrem Rucksack.«

Aha, dachte Django.

»Somit konnten wir zwei Fliegen mit einer Klappe schlagen. Unsere Leute werden sie auf dem Schwarzmarkt verhökern und in den Wahlkampf stecken.«

Django wusste, was er wissen musste. Er ging mit seinem Mund ganz nah an das Ohr der Frau: »Weißt du was?«, worauf sich ein Lächeln über ihr Gesicht zog. »Nein, mein Cowboy.«

»Kauf dir mal ein Mundwasser, du stinkst aus dem Maul, wie ein alter Gaul.«

Die Lady fing hysterisch zu brüllen an, worauf Django die Feier der DAGIDAS schleunigst verließ.

Stattdessen traf kurz darauf der Kommissar mit dem Oberlippenbart ein und nahm einen Teil der Sippe fest. In deren Wohnungen wurden Spraydosen gefunden. Damit hatten sie das Jugendzentrum Freiraum 80 mit rechten Parolen vollgesprüht. Im Computer des Rambos entdeckten die Ermittler das Bild von Heinrich, den Roma und dem Mädchen. Sie hatten aus diversen Bildern eine Fotomontage erstellt. In Rambos Schrank lag außerdem die abhandengekommene Figur, der abgetrennte Fuß, den Heinrichs Tochter in ihrem Rucksack verschwinden hatte lassen.

Eine Woche später trafen sich Django, die Oma, der immer noch angeschlagene Heinrich in Begleitung seiner Tochter Susanne zum Picknick im Schlossgarten. Susanne bekam ein Eis und die beiden Freunde gönnten sich eine Flasche Wein in der Sonne. Die Linden des Laubenganges sahen ohne Blätter aus wie Keulen. Django musste seinen Mantel ausziehen, weil es für Anfang März ungewöhnlich warm war. Dank des Föhns konnten sie bis auf den Alpenkamm sehen.

Eines wollte Django unbedingt von Heinrichs Tochter wissen: »Sag mal, Susanne, warum hast du eigentlich den Fuß gestohlen?«

Das Mädchen griff in den Korb nach den Weintrauben und stopfte sich eine nach der anderen in den Mund. »Weil ich ihn schrecklich finde und ihn nicht mehr sehen wollte.«

Wir wollen vieles nicht sehen, dachte Django und blickte auf die Zugspitze, die dank des heutigen Föhns so nah und doch so fern schien.

70 Waldfriedhof, Steinkirchener Kirchlein
Auf dem Waldfriedhof findet sich eine Terrassengrabanlage in welcher der 1.268 Toten des Konzentrationslagers Dachau gedacht wird. Sie starben nach der Befreiung und wurden hier begraben.
Steinkirchener Kirchlein St. Stefan: Auf einer Anhöhe über dem Webelsbach. Beliebtes Motiv in der Dachauer Künstlerkolonie. Ursprünglich im frühromanischen Stil erbaut, wohl auch Wehrkirche. Um 1500 Umbau. Bemerkenswert der alte Dachstuhl mit gebeilten Holzbalken ohne Nägeln.

71 Schloss, Hofgarten:
Um 1100 Bau einer herzoglichen Burg, die 300 Jahre später zerstört wurde. Ersetzung durch ein vierflügeliges Renaissance-Schloss mit Hofgarten (1546–1573). Max Joseph, Bayerns erster König, entschied sich, Anfang des 19. Jh. für den Abbruch dreier stark beschädigter Flügel. Im verbliebenen Südwestflügel u. a. eine berühmte Renaissance-Holz-Kassettendecke. Dachauer Schlosskonzerte. Vom Schlossberg aus einzigartiger Blick. Im Hofgarten barocker Laubengang aus Linden, alte Gartenmauern, Obstbäume und Blumenrabatte sowie ein angeschlossenes Wäldchen.

72 Wasserturm: Wasserversorger der Stadt von 1910 bis 1969. Leerstand bis er 1998 aufwendig restauriert wurde. Durch einen Förderverein Umwandlung in ein Kulturzentrum.

73 Pfarrkirche St. Jakob: 1624/25 entstanden. Zuvor kleine spätgotische Kirche, aus der die Sakristei und das quadratische Untergeschoss noch erhalten sind. Der achteckige Turmaufbau (1676–1678) überragt die Altstadt. An der Südseite des Langhauses schöne Sonnenuhr, an der nicht nur die Zeit, sondern auch Monat und Sternzeichen abzulesen sind.

74 Deffner Baum-Haus, Ludwig-Thoma-Haus: An der Westseite des Dorfplatzes mitten in der Altstadt liegt das Deffner Baum-Haus. Von Architektenpaar entwickelt. Auf der Fassade Darstellung von Ästen und Zweigen der großen Linde, die den Platz dominiert.
Ludwig-Thoma-Haus:
Ludwig Thoma führte Ende des 19. Jhs. seine Anwaltskanzlei im sog. Raufferhaus. Nicht nur Dachaus erster Rechtsanwalt, sondern auch einer der bedeutendsten bayerischen Dichter.

75 Zollhäuschen:
Am Karlsberg. Früher Regelung der Zufahrt in den Markt (und Eintreiben des Wegzolles bis 1926).

76 100-jährige Stadtlinde, Widerstandsplatz:
Am 28. April 1945 besetzten Dachauer KZ-Häftlinge und Bürger das Rathaus. Der Aufstand wurde durch SS-Einheiten niedergeschlagen. In Erinnerung an den Aufstand und die Beteiligten Umbenennung des ehemaligen ›Platz an der Stadtlinde‹ 1946. Gedenktafel an die Opfer beim Sparkassengebäude. Der 12 Meter hohe Baum mit einem Stammumfang von dreiein-

halb Metern war bereits 170 Jahre alt, als er im Mai 2013 einstürzte.

77 Rathausterrasse: Rathaus erstmals 1486 erwähnt. Neubau nach Abriss 1934. Moderner Zwischenbau 1976. Im Durchgang zu den Aussichtsterrassen erinnern zwei Gedenktafeln an die Vertreibung und Ermordung der jüdischen Bürger der Stadt.

77 Weg des Erinnerns, Todesmarsch Mahnmal, KZ-Gedenkstätte: Auf dem Fußweg zwischen Bahnhof und KZ-Gedenkstätte erinnern zwölf Wegmarken mit Fotos und Texten an den Weg der Häftlinge. Am 26. April 1945 trieb die SS fast 7.000 Häftlinge aus dem KZ zu Fuß in Richtung Süden. Bronzeplastik zum Gedenken an die Opfer.
Das ehemalige Konzentrationslager ist heute Lernort und Gedenkstätte mit Museum, Archiv und Bibliothek. Täglich geöffnet, freier Eintritt.

79 Altes Schulhaus: Restaurant. In der Dachauer Kulturschranne, Kleinkunst. Pfarrstr. 13, 08131/2797360, Montag Ruhetag, einen veganen Burger und vegane Nudelgerichte.

80 Freiraum: Selbstverwaltetes Jugendzentrum. Konzerte, Kulturveranstaltungen, Ausstellungen, Café. Für Jugendliche und Junggebliebene.

# DAS SCHWARZE KALB ODER DIE UNGLÜCKLICHEN OPFER DER CHEMIE

## - ERDING -

*»Vor langer Zeit ließ sich in einem Haus in München täglich ein Geist in Gestalt eines schwarzen Kalbes sehen. Es rumorte darin umher, sodass niemand mehr im Haus verbleiben zu können vermeinte. Dabei handelte es sich um die verstorbene Hausfrau, welche zeitlebens ein böses Weib gewesen und zur Strafe als schwarzes Kalb umgehen musste. Ein Priester bannte den Geist in eine zinnerne Flasche und vergrub sie im Erdinger Moos. Am 11.11. wurde sie wie die anderen Geister wiedererweckt und zog nach Erding ein. Über die Rauhnächte hinweg herrschten die Geister in den unterirdischen Gewölben der Stadt bis zum Faschingsdienstag. An diesem Tag wird das Böse in Form des schwarzen Kalbes aus der Stadt in das Moos getrieben, damit die fruchtbare Jahreszeit wieder einziehen kann.«*

*Frei nach Walter Schweinberger,*
*›Ardinger Moosgeistersage – das schwarze Kalb‹*

Sie zielte mit der Pistole genau auf die Polizistin und lachte hämisch. Langsam kam die Polizeibeamtin auf sie zu, ohne die Pistole aus den Augen zu lassen, die Hand am Pistolenrevers. Django war da schon einen Schritt weiter. Er hielt den Griff seines Deringer fest umschlossen, den Finger am Abzug. Ein eisiger Wind pfiff ihm um die Ohren.

Da riss die Mutter dem Mädchen im rosa Prinzessinnenkostüm ihre Wasserpistole aus der Hand. Die Prinzessin brüllte los, und es drückte ihr die Tränen nur so aus den Augen. Um im nächsten Moment zu erstarren. Aus der geballten Faust schob sich ihr Zeigefinger. Sie stand inmitten der bunt bekleideten Menschenmenge, die ein Spalier in der Langen Zeile [81] in Erding gebildet hatte. Im Spalier stand Obelix neben einem Schwein und einem Jungen, der sich als Hexe verkleidet hatte und ängstlich auf den Armen seiner Oma saß. Von den Ständen wehten Fischgeruch und der Duft gebrannter Mandeln herüber. Ein uriger Wagen gondelte durch die Lange Zeile und alle Blicke wandten sich ihm zu. An seiner Spitze prangten die riesigen Hörner eines Steinbocks, flankiert von einem grünen Drachen mit roten Augen und einem riesigen Eidechsenkopf. Darüber zwei Besen, hinter denen eine ergraute Frauenpuppe etwas erhöht, in grau geblümtem Kleid und regenbogenfarbenen Strumpfhosen lag. Neben dem Menschenkopf streckte auch noch ein Kalb seinen Kopf den Wartenden entgegen: das schwarze Kalb. Aus dem Rücken des Wesens schossen Böller und Raketen, dampfte Rauch. Dahinter folgten Trommler in Fellen, mit grauen Filzhüten, moosgrün im Gesicht. Die Moosgeister schwirrten um sie herum, mit wilden Masken, langen Hörnern, Schweinsnasen, überlangen Zähnen und fellbekleideten Leibern. Sie drehten knatternd ihre Ratschen, hüpften, dass die an den Gürteln befestigten Glocken nur so tönten. Und immer wieder knallten Böller, hüllte Rauch die Zuschauer ein, stiegen Raketen zum Himmel. Die Zuschauer grölten, tanzten und sangen ausgelassen. Auch dem Django seine Oma hatte gerade noch gesungen: »Jetzt fliegen gleich die Löcher aus dem Käse«, obwohl es im Rollstuhl ein bisschen schwierig werden würde mit der Polonäse. Sie war berauscht vom gestreckten Glühwein, da Schnaps seit ein paar Jahren am Faschingsdienstag verboten war. Weil sich die Oma darüber aber so hatte aufregen müssen, hatte ihr Django einen Schuss aus seinem Flachmann in den Glühwein reingehauen. Was der Oma erwartungsgemäß nicht gereicht hatte: »Hau ma no an Sprutz nei!«, hatte sie gebelfert. Und jetzt war der Flachmann leer, aber dafür die Oma ruhiggestellt.

Bei ›Und fasst der Erna von hinten an …‹ stoppte sie und zeigte mit dem Hacklstecker in die gleiche Richtung wie die Prinzessin. Das Singen, Brüllen und Grölen verstarb zu einem Gemurmel, das der eisige Wind über die Lange Zeile trug. Nur die Musik dröhnte noch aus den Boxen. Immer mehr Finger deuteten in die gleiche Richtung. Auf einen nackten Mann, der auf den Wagen mit dem schwarzen Kalb zuirrte: pechschwarz angemalt.

»Der Kreisrat«, flüsterte die Oma hinter vorgehaltener Hand, als würde sie sich mitschämen.

»Der Amigo wird nicht mehr gewählt«, fügte Django spontan hinzu. Er lupfte mit dem Zeigefinger seinen vergilbten, blauen Cowboyhut nach oben, mit dem er heute noch nicht einmal sonderlich auffiel.

»Mama, ist das jetzt das schwarze Kalb?«, piepste die Prinzessin.

Die Einzigen, die taten, was sie immer taten, waren die Schneeflocken, die zwischen den Leuten auf den kalten Asphalt schwebten. Und wie sie da alle so standen und auf den nackerten Kreisrat stierten, brach der zusammen und fiel um. Nur Django stiefelte auf ihn zu, breitbeinig, die Hände und Arme genau so weit vom Oberkörper weg, dass er jederzeit seine Pistole hätte ziehen können.

»Django«, zischte die Oma, weil sie wieder Angst hatte, dass er einen Blödsinn anstellen würde. Aber er wollte gar keinen Blödsinn anstellen, sondern dem armen Amigo seinen Gnadenschuss geben. Ein bisschen ein Herz hatte er ja auch. Amigo hin, Amigo her. Weil ein Django nur ganz selten hetzt, kamen ihm die zwei Sanis zuvor. Einer fühlte den Puls, schüttelte den Kopf und startete sofort mit der Mund zu Mund Beatmung. Der andere pumpte, dass die Rippen nur so krachten. Nach einer gefühlten Stunde hörte man den Sanker kommen, doch da hatten die Sanis den Kreisrat schon zugedeckt. Zum Feiern hatte an diesem Faschingsdienstag keiner mehr Lust.

»Was war jetzt das?«, wiederholte die Oma, wie er sie am Stadtturm 82 vorbei zum Auto schob. Am Schrannenplatz war die Musik mittlerweile abgeschaltet worden. Der mit einem Harlekin verhüllte Turm des Frauenkircherls wirkte jetzt weniger heiter. Der Harlekin, der sich auf dem Transparent in den Himmel reckte, hatte die Sache wohl zu denken gegeben.

»Was weiß ich? Besoffen wird er halt gewesen sein.«

»Ich zieh mich doch auch nicht nackert aus, wenn ich besoffen bin«, ätzte die Oma.

»Zum Glück«, entfuhr es Django, doch die Oma reagierte überhaupt nicht darauf und fuhr fort, »und mal mich schwarz an.«

Django ging die Sache nicht mehr aus dem Kopf. Deswegen schob er die Oma nicht zum Auto, sondern in Richtung Stadtpark. Über den grünen Markt mit dem Denkmal, die kleine Brücke, unter der die Sempt gemütlich floss, als wäre nichts geschehen. Die Oma schien die Sache auch beschäftigt zu haben, weil sie erst rummoserte, wie sie vor dem Keltenspielplatz mitten im Park standen. »Ich hab mir gedacht, mir waren schon so lange nicht mehr im Stadtpark 83«, entschuldigte sich Django.

»Da hast auch wieder recht.«

Und wie sie so auf den reißenden Rio Bravo blickten, der eigentlich die geruhsam dahinfließende Sempt war, dachte sich der Django mit den Worten des echten Django aus dem Western: »Es ist nur eins wichtig, dass man sterben muss«, und schluckte. »Aber die Frage ist immer noch wie«, fügte er mit seinen Worten hinzu. »Und eine Sauerei ist das schon, wie der Amigo sterben hat müssen. Nackert, vor alle Leut.«

In diesen Augenblick spazierte eine Frau mit ihrem Hund vorbei, der die Größe von einem Meerschweinchen hatte, und lachte Django an. Der wurde rot wie ein Steak, schaute weg und sie schlenderte weiter. Auf einmal ertönte ein Pfiff, als würde Django ihr hinterherpfeifen. Daraufhin drehte sie sich noch einmal kopfschüttelnd um und zeigte Django einen Vogel. Weil schon wieder der nächste Pfiff erklang, ging Django lieber gleich an sein Handy und nahm sich vor, morgen nach einem anderen Klingelton Ausschau zu halten. Verfluchte Technik, Teufelszeug. Mögen hat er das nie, aber anders geht es halt nicht.

»Privatdetektiv Alois Kugler, hello!« Ein Schnaufen schob sich durch die Leitung. »Hallo! Halloo!«

»Wenn Sie den Mörder vom Kreisrat suchen, dem alten Radl, müssen S' zu seiner Frau«, flüsterte eine verzerrte Stimme, »aber lassen Sie sich bloß nicht von ihr einwickeln.« Dann noch ein Schnauferer. Aufgelegt.

»Einwickeln, paah«, schnaubte Django verächtlich.

»Und, wer war's?«

»Einer, der gesagt hat, dass ich den Mörder vom Kreisrat bei seiner Frau find.« Django klickte auf seinem Telefon nach der Nummer. Unbekannt. Logisch. Und wahrscheinlich auch noch von einem Prepaid-Handy. Jetzt hätte er einen Grund zu ermitteln. Nur dass keiner dafür löhnte. Und das konnte er sich im Moment überhaupt nicht erlauben. Zwar wohnten er und die Oma umsonst in der Bruchbude, die dem Vati gehört hatte, aber Strom und Wasser mussten bezahlt werden.

»Dann gehen wir halt da hin.«

»Ich weiß nicht, Oma.«

»Kannst mich ja im Café abstellen, wie du's sonst auch immer machst.«

Jetzt schämte sich Django erst recht. Aber wenn die Oma das sagte, dann konnte er's ja machen. Wo er's sonst auch machte, ganz ohne schlechtes Gewissen. »Dienst ist Dienst und Schnaps ist Schnaps.« Obwohl, wenn sein Flachmann wegen der Oma leer war.

»Das kommt deiner Diät sicher entgegen«, legte die Oma nach, weswegen der Django überlegte, ob er nicht doch mitgehen sollte; aus Protest. Aber vom Protest wurde sein Bauch nicht kleiner, da hatte die Oma schon recht. Und sein Geldbeutel nicht voller.

»Wenns d' meinst.«

»Das Café vom Seniorenzentrum ist gleich ums Eck. Da fall ich nicht auf.«

Vom Café aus war es nicht weit bis zur Villa des Kreisrats oder besser gesagt zu der von seiner Frau.

Am Tiergehege vorbei ging's zur Villa. Und schon stand Django am Rand des Stadtparks vor einem eisernen Eingangstor, das links und rechts an eine Mauer grenzte. Er läutete, die Kamera summte und bewegte sich in seine Richtung. Weil nichts passierte, nahm er seinen Cowboyhut ab und sagte: »Alois Kugler, Privatdetektiv.« Noch bevor er hinzufügen konnte: »Ich komme wegen ihrem Mann«, öffnete sich das Tor sperrangelweit.

Dahinter, ein riesiger Garten mit Bäumen, Sträuchern und Blumenbeeten, die gerade Winterschlaf hielten. Django fühlte sich, als hätte er den Stadtpark gar nicht verlassen.

»Wer braucht denn so was, wenn man am Stadtpark wohnt?«

Vor der Haustür mit dem goldenen Klopfer stoppte er. »Soll ich jetzt läuten oder klopfen?« Aber schon wurde die Tür geöffnet. Von einer rassigen Frau, die genauso groß war wie er. Im schwarzen Morgenmantel aus Seide, viel zu kurz. Mit einem Ausschnitt, in den Django fast reingefallen wäre, weil er über die Schwelle stolperte. Seiner Maria wie aus dem Gesicht geschnitten.

»Immer langsam mit den jungen Pferden«, sagte Frau Hamberger und fing den Django auf.

Die Frau vom Kreisrat roch nach Kaffee und Bett. Ihre Haut so glatt wie ein Eiswürfel. Wenn jetzt noch irgendeine Ähnlichkeit mit seiner Maria hinzukommen würde, dann musste er gehen.

»Entschuldigen Sie bitte. Alois Kugler.« Ungestüm riss er sich von ihr los. Ihre feinen, schwarzen Haare fielen über den Morgenmantel, sie hoben sich farblich kaum davon ab. Frau Hamberger musterte ihn neugierig aus ihren braunen Augen, in denen es geheimnisvoll funkelte.

»Privatdetektiv Alois Kugler«, wiederholte er. »Ich komm wegen ihrem Mann.«

Jetzt schaute Frau Hamberger schon nicht mehr so erfreut. Trotzdem bat sie ihn herein. In dem riesigen Wohnzimmer kam sich Django noch verlorener vor. Der Schmerz, die Sehnsucht nach Maria traf ihn wie ein Sandsturm. Da half es auch nichts, dass es nach Kaffee roch und Frau Hamberger ihm eine weitere Tasse hinstellte. Ein Whiskey wäre ihm lieber gewesen, aber die Oma hatte ihm ja seinen Flachmann ausgelitert.

»Frau Hamberger, ich muss was Ernstes mit Ihnen besprechen. Könnten Sie sich bitte was anziehen.«

In ihren schmollenden Lippen spiegelte sich wider, wie sehr er sie damit gekränkt hatte. Sie wackelte davon. Django kam sich vor wie in einem schlechten Film. Wie in Bonanza, weil da die Gattinnen auch immer so wenig an- und zu tun hatten.

Er sah sich um: die Antiquitäten aus massivem, dunklem Holz. Die Gemälde, Aquarelle und Skulpturen, die wahrscheinlich sogar echt waren, raubten ihm auch noch die letzte Luft. Mit zittrigen Händen lockerte er sein Halstuch. Nippte am Kaffee. Der furchtbar schmeckte; brutal bitter und fremd. Und doch so vertraut, seitdem Maria bei dem Autounfall gestorben war. Vielleicht der Nobelkaffee, von Katzen gefressen und anschließend ausgeschissen. Angeekelt spuckte er ihn zurück in die Tasse. Genau in dem Moment stand Frau Hamberger wieder vor ihm, leicht verwundert.

Sie setzte sich neben ihn auf die Ledercouch. In ihrem Minirock, der noch kürzer war als der Morgenmantel. Ihr Parfüm roch nach Prärie im Frühling.

»Wann haben Sie Ihren Mann denn das letzte Mal gesehen?«, fragte Django barsch und spürte ihren Kaffeeatem im Gesicht. Übelkeit stieg in ihm hoch.

»Gestern, bevor er zum Wirt ist, zum Toller.«

Fast hätte er noch einmal an seinem Kaffee genippt. »Würden Sie sagen, Ihre Ehe verlief harmonisch?«

Sie linste Django interessiert an, legte ihm die Hand auf den Oberschenkel: »Bin ich seit Neuestem geschieden?«

Django suchte nach den richtigen Worten, schob erst einmal die Hand von seinem Oberschenkel. Auch weil das nicht ganz reaktionslos geblieben war. Wortlos stand Frau Hamberger auf und ging zur Minibar. Djangos Blick klebte an ihr wie die Zunge an seinem Gaumen.

»Whiskey?«

»Einen Doppelten!«, stieß er hervor.

Wie ein Tiger schlich sie zur Couch zurück, zwei Gläser und die Flasche in der Hand, setzte sich und schenkte ein. Django leerte den Doppelten auf ex ohne das Glas zu beachten, das sie ihm zum Anstoßen entgegenhalten hatte.

»Hat Ihr Mann irgendwelche Feinde?«

»Mich«, antwortete Frau Hamberger und lachte, dass es durch das Wohnzimmer hallte.

»Wo waren Sie letzte Nacht?«

»Warum wollen Sie das alles eigentlich wissen?« Sie zündete sich ein Zigarillo an und goss Schnaps in ihren Espresso; Caffè corretto. So einen hätte Django jetzt auch gern gehabt. Allerdings einen stinknormalen Filterkaffee mit Schuss.

»Frau Hamberger. Ihr Mann ist vor nicht einmal einer Stunde tot umgefallen, in der Langen Zeile. Nackt und schwarz angemalt.«

»Was?« Sie kippte den restlichen Espresso runter.

»Ich muss Sie das leider fragen: Wo waren Sie letzte Nacht und heute Morgen?«

»Sie glauben doch nicht im Ernst, dass ich …«

»Also: Wo waren Sie letzte Nacht?«

»Ich war hier und habe geschlafen.«

»Gibt es dafür Zeugen?«

»Mein Kopfkissen«, sagte sie und brach in Tränen aus. »Ich möchte, dass Sie den Mörder meines Mannes finden.«

Lassen Sie sich von ihr nicht einwickeln …, schoss es ihm durch den Kopf. Er stieß sie von sich weg. »Warum sollte ich?«

»Weil Sie der Mann sind, der es kann.« Ihre Hand fuhr über seinen Rücken. Django wusste schon gar nicht mehr, wie schön sich das anfühlte. Und griff fest danach. Sie aber ließ sich nicht davon beirren. »Ich zahle gut«, sagte sie lächelnd und spielte mit dem Miniatursarg, der um seinen Hals hing. »Cowboy«, säuselte sie. Damit hatte sie ihn. Er erwachte erst wieder, als die Polizei läutete, und schlich sich hinten raus.

Die Oma war nicht mehr im Café, als Django entspannt und zufrieden wie seit Langem nicht mehr dort ankam. Sie wartete in der Wallfahrtskirche Heilig Blut 84 auf ihn, was ihm die Bedienung ausrichten hatte lassen. So musste er zwar noch einmal durch den Stadtpark und wieder zurück. Aber so hatte er auch ein wenig Zeit, um sich zu sammeln.

Widerwillig, weil Kirchen kein Ort für Cowboys waren, öffnete er die Holztür, der lang gezogenen, gelb getünchten Kirche. Oma saß auf einer Bank und betete das Vaterunser.

»Was grinst denn so dreckert?«, empfing sie ihn. »Du willst mir doch nicht erzählen, dass du …«

»Einen Auftrag habe ich.«

»Zeit is' g'worden.«

Stimmt, dachte Django und grinste umso mehr.

Auf dem Weg zur Geliebten vom Kreisrat erklärte Django ihr den Fall. Dass die Frau Hamberger, die Stefanie …

»Ach, ihr seid's aber schnell per Du«, die Geliebte von ihrem Mann verdächtigte. Denn die war im Testament als Alleinerbin vermerkt. Das Grinsen hatte sich in Djangos Gesicht eingebrannt, auch noch als sie am Museum 85 angekommen waren, dessen Anbau golden glänzte. Dort arbeitete die Geliebte des Ermordeten: Manuela Grosse.

Manuela Grosse war gerade dabei, einer Horde testosterongeschwängerter Buben das Glockengießerhandwerk zu erklären. Djangos soeben noch vorhandene Tiefenentspannung wich angesichts des Lärmpegels innerhalb von wenigen Sekunden aus seinen Muskeln und verwandelte sich ins Gegenteil. Das Gfries von Manuela Grosse tat ihr Übriges, obwohl sie nicht einmal hässlich im landläufigen Sinne war. Aber dieses naive, kindliche Gesicht machte ihn schon rasend, wenn er sie nur ansah. Außerdem hatte er einen Riesenhunger und der Whiskey ließ ebenfalls nach. So riss er sie mit einem Handgriff aus ihrer Führung, was nicht gerade zur Entspannung der Situation beitrug. Django wollte es einfach hinter sich bringen, auch wenn der Stundensatz von 100 Euro und das Kopfgeld auf den Täter ganz ansehnlich waren. »Tot oder lebendig«, hatte Stefanie gesagt.

»Django, jetzt sei nicht so grob«, raunte die Oma ihm ins Ohr. »Die ist so nett. So eine Mutter möchte ich für meine Enkelkinder haben.«

Damit traf sie einen wunden Punkt, weil Django mit der Maria unbedingt Kinder haben wollte. Und ihn interessierte es gerade einen Scheißdreck, wen die Oma nett fand. Bei so einer half nur die harte Tour. Auch wenn die Wimmerlbande nicht unbedingt böse über die Pause war und Django mit der Frau zur Seite ging, spürte er doch die Blicke der Gruppe. Aber das war ihm jetzt egal.

»Sie haben den Hamberger Axel umgebracht.«

»Was? Sie sind wohl nicht ganz bei Trost.«

»Mach mich nicht zintig«, erwiderte Django, denn beleidigen lassen musste er sich nicht von dieser Krampfhenner.

»Jetzt müssen S' diesen Schmarrn da nicht mehr machen.« Er zeigte auf die Schülergruppe. »Weils das Geld vom Kreisrat erben.«

»Ich verstehe nur noch Bahnhof.«

»Und ich gehe mit Ihnen gleich zum Bahnhof. Wenn Sie nicht sofort die Wahrheit sagen, dann …« Er lüpfte den speckigen Mantel und deutete auf seinen Deringer.

Manuela Grosse rümpfte die Nase, weil Django, nachdem er bei der Hamberger vorstellig geworden war, doch ein bisschen streng roch.

»Ich weiß nicht, wovon Sie sprechen.«

Django packte Sie am Arm. Am liebsten hätte er … »Sie haben Axel Hamberger ermordet, weil Sie scharf auf sein Erbe sind.«

Manuela Grosse riss sich los und schnaubte: »Sie spinnen doch, Sie Möchtegern-Cowboy.«

Django biss die Zähne zusammen: »Lady!« und zog seinen Deringer. Ein Aufschrei ging durch die Gruppe der Jugendlichen. Da erst sah er, dass alle zu im herübersahen und so ein aufgestellter Mausdreck sein Handy gezückt und auf ihn gerichtet hatte. Er konnte dem Impuls einfach nicht widerstehen und richtete den Revolver ebenfalls auf ihn: »Schleich dich!«

Da spürte er den Lauf einer Winchester in seinem Rücken. Er zögerte. Wenn es blöd lief, hörte er die Höllenglocken läuten, wenn es schlecht lief, musste er jemanden in die Prärie schicken. Und die zweite Option war mit massiven Problemen und einer Zukunft in Sing-Sing verbunden. Er zog seine Nase nach oben, spuckte aus. Dann ließ er den Colt fallen und hob die Hände hoch.

Eine Lachsalve schoss ihm entgegen. Er wandte sich um und wusste warum. Kein Winchesterlauf war ihm in den Rücken gebohrt worden, sondern der Hacklstecker von der Oma. Die drehte sich eine Zigarette, steckte sie in den Mund und befahl: »Gehen wir!«, was Django in diesem Moment ganz recht war. Allerdings nicht ohne Manuela Grosse hinterherzurufen: »Ich krieg dich schon noch, du blöde Goaß!«

Wie Django und die Oma wieder daheim waren, fiel er nach dem Abendessen ins Bett, weil an diesem Tag einfach zu viel passiert war: ein nackerter, schwarz angemalter Kreisrat, der tot umfällt, Sex vom Feinsten und die Oma, die ihn mit dem Hacklstecker bedroht.

Am nächsten Tag in der Früh, spitzte die Sonne durch das Schlafzimmerfenster vom Django und er war so gut gelaunt wie seit Langem nicht mehr, obwohl er einen Muskelkater in den Oberschenkeln hatte. Seine 30 Liegestütze machte er mit links und setzte sogar noch 20 Kniebeugen drauf. Danach war der Muskelkater verschwunden.

»Warst du eigentlich schon mal auf dem Bauernmarkt im Bauernmuseum 86 in Erding?«, fragt er die Oma beim Frühstück. Die drehte sich gerade eine Zigarette mit ein bisserl Graserl gegen ihr Rheuma. »Wir brauchen eh Erdäpfel für Reiberdatschi.« Wenig später saßen sie im Bus nach Erding.

Was er der Oma nicht gesagt hatte: Sie fuhren nicht auf den Bauernmarkt um einzukaufen, sondern um einen Farmer zu befragen. Hans Daxner, ein Bauer aus dem Isental. Stefanie hatte ihn als weiteren Verdächtigen genannt, da er seinen Hof verloren hatte; durch ihren Mann, den Kreisrat. Daxner hatte auf einem Hof im Isental gelebt, in der Nähe von Dorfen. Genau dort, wo die Autobahn gebaut wurde. Da er sich aber weigerte, die Entschädigung der Autobahndirektion Süd anzunehmen: »Ich lass mich doch von den Großkopferten nicht über den Tisch ziehn«, musste ihn der Kreisrat enteignen. Natürlich erst nach den Wahlen, weil sich's nicht gerade gut machte, wenn einer die eigenen Wähler enteignete.

Stefanie hatte Daxner als grauhaarigen, dürren, kleinen Zwerg mit einem Zinken im Gesicht beschrieben. Seitdem er den Hof verloren hatte, verkaufte er mit seiner Tochter Gebäck auf dem Bauernmarkt.

Die Sonne schien, und vor dem lang gezogenen Gebäude tummelten sich schon etliche Menschen. Auf einer Tafel wurden eine Linsensuppe und lauwarme Fleischpflanzerl angeboten. Django schob die Oma hinein. Sie mussten sich durch die Menschen drücken, die an den Ständen einkauften. An einem Stand, wo es Fleisch, Wurst und Gemüse gab, fragte er: »Sind da bloß Kartoffeln drin in der Suppen?«

»Ja«, antwortete die junge Frau. »Ein Wammerl hab'n wir halt mitgekocht.« Einen Meter weiter waren Wiener in der Linsensuppe, weswegen die auch nicht für ihn infrage kam. Blöderweise roch es am Stand von Daxners Tochter so gut nach Auszogne, dass Django an Stefanie denken musste. Als Kinder hatte ihm seine Mama manchmal ein Fuchzgerl mitgegeben, dass er sich vor der Schule beim Steigele Auszogne kaufen konnten. Das knusprige, frittierte Schmalzgebäck zählte zu den Lieblingsspeisen des kleinen Django. Allerdings gab es die Isener Bäckerei Steigele zwischenzeitlich nicht mehr, genauso wenig wie seine Mama. Um sich nicht zu sehr runterziehen zu lassen, biss er in die Auszogne, die zwar nicht vegan aber ein pfundiger Kompromiss war. Für eine Sekunde tauchte er in seine glückliche Kindheit ab, in der die Mama nach der Schule immer auf ihn gewartet hatte.

»Saugut«, stöhnte er zufrieden, und Daxners pummelige Tochter mit den roten Backen grinste ihm verschwörerisch zu. Als er fertig war, putzte er sich seine fettigen Hände am speckigen Mantel ab, was der Oma glücklicherweise entging. In dem Moment kam Hans Daxner mit einem Blech Rohrnudeln dahergehumpelt. Wenn man ihn nicht kannte, konnte man meinen, mit seinem schmalen Gesicht und den großen Augen hätte man einen Roma aus Bulgarien vor sich stehen, aber keinen Bauern aus dem Isental. Er stellte das Blech auf dem Stand neben den Schuxn ab. »Morgn, Papa«, sagte seine Tochter zärtlich und Django verdrängte den Gedanken an seinen Papa. Dann wandte er sich dem Nasenbeni zu.

»Haben Sie mal kurz Zeit?«

Der Alte schaute ihn misstrauisch an, seine Tochter flüsterte ihm etwas ins Ohr.

Um den Fehler von gestern nicht noch einmal zu wiederholen, ging Django mit dem Gringo nach draußen durch ein Gartentürl. Dahinter empfingen sie verrostete Pflüge.

Daxner hielt eine zusammengerollte Zeitung zwischen den zusammengearbeiteten Bratzen. Sie gingen an einem großen Holzschlitten und einem Bauernhaus vorbei, über eine Holzbrücke. Bis auf einen Steg am Weiher, der an eine alte Hütte aus Jakobrettenbach bei Dorfen gebaut worden war. Daxners Gesicht hob sich kaum merklich von den grauen Brettern ab.

»Was gibt's?«, knurrte der Alte.

Schwarze Wolken zogen am Himmel auf. Der Alte

klappte die Zeitung auf. Der wollte doch jetzt nicht wirklich Zeitunglesen?

»Haben Sie es schon mitgekriegt, dass der Kreisrat gestorben is?«

»Scho.« Der Alte blätterte weiter.

»Wird Ihnen wohl nicht gerade leidtun.«

»Wissen S', wenn Ihnen jemand das Dach überm Kopf raubt, und noch dazu die Heimat zerstört, dann wären Sie auch ned wirklich traurig, wenn er geht.«

»Aber brutal war's scho.«

Der Alte zuckte mit den Schultern. Django brauchte jetzt etwas zur Beruhigung. Er holte einen Kautabak aus seinem Lederbeutel und schob ihn sich in die Wange.

Daxner blätterte weiter in der Zeitung, stoppte plötzlich. Da schoss Django ein Bild ins Auge. Er, mit seiner Deringer, wie er damit auf den Rotzlöffel am Flughafen zielt und die Oma ihm den Hacklstecker in den Rücken drückt. Ein galliger Geschmack breitete sich in seinem Mund aus, der nicht nur durch den Kautabak kam.

»Das bist ja du!«, entfuhr es dem Alten.

Django sein Puls wummerte in seinem Schädel. »Also, wo warst du in der Nacht, wo der Kreisrat ermordet worden ist?«

»Das geht dich einen Scheißdreck an!«, antwortete Daxner nicht weniger wütend und humpelte zurück zu seinem Stand. Django rannte ihm hinterher. Von einem dahergelaufenen Farmer brauchte er sich nicht so behandeln lassen. Als sie den Stand erreicht hatten, schrie Django: »Also, wo warst?« Die Leute um sie herum schauten, nuschelten. Nicht nur der Alte hatte die heutige Zeitung gelesen.

»Bitte, lassen S' meinen Vater in Ruhe«, flehte die Tochter. »Der is herzkrank.«

»Ich ermittle in einem Mordfall«, sagte Django ernst, und das Gemurmel wurde lauter. »Können Sie Ihrem Vater ein Alibi für die Nacht auf den Faschingsdienstag geben?«

»Nein, das kann ich leider nicht«, sagte sie kleinlaut und sortierte ihr Gebäck. »Wollen S' vielleicht noch eine Auszogne?«

Django ging hinter den Stand, wo der Alte wieder in der Zeitung blätterte. »Die Wahrheit will ich wissen!« Er näherte sich Daxner bis auf wenige Zentimeter. Da rief eine dürre Junge: »Lassen S' den armen Mann doch in Ruhe, der ist ja schon ganz kasig!« Aber Django wollte ihn am Galgen hängen sehen, wollte Gerechtigkeit. Mit den Fingern packte er Daxners Zinken. Ein Raunen ging durch die Menschentraube, die sich um den Stand gebildet hatte. »Das ist ein Mörder«, versuchte er sich zu rechtfertigen, »Ich will, dass er die Wahrheit sagt.«

Da rollte die Oma heran und flüsterte: »Hör auf, Django. Oder willst du morgen wieder in der Zeitung stehn?« Also hatte sie den Artikel auch schon gesehen. Aber Django ließ sich davon nicht abhalten. Er war ein Gesetzloser, daran änderten auch die Zeitungen nichts. Er drückte fester zu, drehte die Nase ein bisschen, Daxner begann zu röcheln. »Ich habe dich nicht verstanden, was hast g'sagt, du Muhackl!«

»Jetzt lassen S' meinen Vater in Ruh', Sie gscherrter Hammel!« Sie packte Django am Arm, der stieß sie weg.

»Siehst du nicht, dass der gleich zusammenbricht?«, fauchte die Oma, aber Django reagierte nicht. »Ich würde auch töten, wenn mir jemand meine Heimat raubt«, presste er hervor, weil ihm die Finger vom Drehen und Drücken schon wehtaten.

Da sackte der Alte zusammen und fiel zu Boden. »Einen

Arzt, einen Arzt!«, schrie die Tochter. Die Oma haute ihrem Enkel mit dem Hacklstecker zwischen die Knie und polterte: »Sauber, das hast du ja wieder gut hingekriegt.«

Die Schaulustigen wollten die Polizei rufen. Daxner rappelte sich auf und wehrte ab. Wirst schon deinen Grund haben, dachte Django, knöpfte seinen Mantel zu und schob die Oma davon.

Der Django wäre jetzt am Liebsten um den Kronthaler Weiher 87 geritten. Im Gegensatz zum Sommer hätte er um diese Jahreszeit seine Ruhe. Allein der Anblick des Wassers würde ihn ein wenig abkühlen. Aber er musste den Auftrag zu Ende bringen, und vor allem seine Auftraggeberin, die Stefanie, sehen. Er zückte sein Handy und rief sie an. Sie war gerade dabei, ihre Gemälde für eine Ausstellung im Frauenkircherl aufzuhängen. »Ich warte auf dich, mein Cowboy«, hauchte sie und schon hatte Django den Stress wieder vergessen. Die Oma konnte er dabei gar nicht gebrauchen. Bis sie beim Schönen Turm angekommen waren, überlegte er, was der Oma gefallen könnte.

»Oma, im Museum gibt's eine neue Ausstellung über Volksfrömmigkeit.«

»Mmmh«, knurrte sie und blies den Zigarettenrauch wie ein wütender Drache in die Luft.

»Oder willst in die Therme 88, ins Schwefelwasser? Das täte deinem Rheuma gut.«

»Du wärst gut aufgehoben im Schwefelwasser, du Teufel.«

»Oma, vom Kiffen alleine wird's auch nicht besser.«

»Da hast auch wieder recht. Aber können wir uns den Eintritt in die Therme überhaupt leisten?«

»Freili, ich hab doch jetzt einen Auftrag.«

Keine Stunde, nachdem er die Oma in ein Taxi zur Therme gesetzt hatte, lag Django nackt und brutal entspannt im Wasserbett von der Stefanie und nippte an seinem Whiskey. Seinen Cowboyhut hatte er immer noch auf, das hatte sie so gewollt. Da wurde das prasselnde Geräusch der Dusche unterbrochen vom Piepsen einer SMS, die auf Stefanies Handy eingegangen war. Djangos Schnüfflerinstinkt und seine Eifersucht ließen ihn nach dem Handy greifen. ›Ich will die Skizze vom Spitzweg oder das Geld! Egon Wibbeler.‹ Egon Wibbeler, den Namen hatte er schon einmal gehört. Da fiel ihm wieder ein, woher er ihn kannte. Django war auf einer Party bei ihm versumpft, von der er nicht mehr sonderlich viel wusste. Wibbeler wohnte draußen in Bergham, beim Herderhäusl 89. Er war Kellner im Toller, wo der Kreisrat seinen Stammtisch hatte. Django schlug sich auf die Stirn, dass sein Hut hinunterfiel. Warum bin ich nicht früher darauf gekommen? Da die Dusche immer noch lief und sein Misstrauen nun geweckt war, ging er zwei Türen weiter ins Büro und öffnete die Schreibtischschubladen. Und siehe da, das Testament und ein Brief vom Kreisrat Axel Hamberger lagen darin. Im Papierkorb ruhte eine Medikamentenverpackung: Lasix. Entwässerungstabletten.

Django brauchte keine Viertelstunde bis zur Langen Zeile, wo gestern der Kreisrat seine letzten Schnauferer getan hatte. Weil Django sein Kopf wummerte wie ein ganzes Pferdegespann, ging er erst einmal in die Stadtapotheke.

Während er sich gleich zwei Tabletten einwarf, stach ihm eine kleine, gefaltete Broschüre ins Auge: »In einer Skizze, die zu den frühesten Zeichnungen Spitzwegs gehört, hat der Pharmazielehrling eine originelle Laborszene festgehalten. ›Die unglücklichen Opfer der Chemie‹ hat Spitzweg die dramatische Zeichnung betitelt. Der Vermerk eines Unbekannten lautet: ›Als Apothekerlehrling in Erding gezeichnet … Das Original der Skizze war zum letzten Mal 1917 bei einer Versteigerung in München aufgetaucht und ist bisher verschollen.‹ Mittlerweile ein Vermögen wert«, murmelte er.

Django trottete über die Lange Zeile, auf der alles so aussah wie immer. Im Toller stand der Wibbeler hinter dem Tresen. Django setzte sich auf den Barhocker: »Whiskey.«

Wibbeler musterte ihn kurz, schien ihn aber nicht wiedererkannt zu haben oder ließ es sich zumindest nicht anmerken. Er stellte Django den Whiskey auf den Tisch, der trank und schob sich einen Kautabak in die Backe. »Ich hab gehört, du hast was?«

Wibbeler wischte seine langen Haare aus der Stirn, legte Glas und Handtuch zur Seite. Mit seinen kräftigen Oberarmen lehnte er sich auf den Tresen und beugte sich zu Django nach vorn. »Ich weiß nicht, wovon du sprichst.«

Django sah sich um und flüsterte: »Die unglücklichen Opfer der Chemie.«

»Was ist es dir denn wert?«

»Fünf Mille.«

Wibbeler schluckte und sein Kehlkopf hüpfte freudig auf und nieder.

»Morgen um halbe neune bei der Mondscheinführung im Stadtturm. Wir kennen uns nicht. Comprende!«

Am nächsten Tag wartete Django vor dem Stadtturm. Seine Stiefel waren frisch gewienert und sein Gesicht unrasiert, so wie es sich gehörte. Da schlurfte auch schon der Wibbeler über den Schrannenplatz am Brunnen vorbei. Die

Schultern nach vorn gebeugt, das schlechte Gewissen auf dem Rücken. Als er an Django vorbeiging, nickte der mit dem Kopf in Richtung Eingang. Django kaute weiter auf seinem Tabak herum und spuckte einen braunen Schwall aus, dass er sich einen missbilligenden Blick von dem halben Dutzend der anderen Turmbesichtiger einfing. Ihr werdet's schon noch schauen heute, dachte er und die Gruppe setzte sich in Bewegung. Kaum war der Letzte durch die Tür gegangen, kam auch Stefanie Hamberger um die Ecke. Mit einer trendigen Wollmütze, die jetzt alle aufhatten, und einem Schal, der ihr über den Mund reichte.

Sie wehrte ab, als er ihr einen Kuss auf den Mund geben wollte. Django stapfte ihrem Hintern hinterher, der in einem Rock steckte, die Treppen hinauf. Oben verteilte die Gästeführerin bereits den Schnaps, den es um diese Jahreszeit anstelle des Sekts gab. Die Gäste durften das Stamperl als Erinnerung mitnehmen. Als Egon Wibbeler Stefanie Hamberger und gleich dahinter Django kommen sah, kippte er den Schnaps in einem Zug hinunter, was die Gästeführerin mit: »Es gibt aber nur einen«, quittierte.

Django legte lässig den Arm um Stefanie, gab ihr trotz Widerstand einen Kuss auf die Wange und zog sie sanft aber bestimmt zu Wibbeler hinüber. »Und, hast du jetzt das Geld, wie du es ihm versprochen hast?«

Stefanie schaute ihn an, wie eine Weißwurst, bevor sie ausgezuzelt wird. Django ergriff er das Wort für sie. Laut und deutlich. »Der Wibbeler wartet schon so lange auf das Geld. Er hat die K.-O.-Tropfen in das Bier von deinem Mann gemischt, ihn ausgezogen und schwarz angemalt.«

»Ich wollte ihn doch nicht umbringen!«, schrie Wibbeler, so laut, dass alle zu ihm herübersahen.

»Aber du«, ergänzte Django und sah dabei die Lady an,

die er gestern noch geliebt hatte und die eigentlich auch nur ein Barmädchen war. »Weil er sich scheiden lassen wollte von dir«, stichelte er weiter. Ihre Lippen kräuselten sich zu einem wütenden Fragezeichen. »Damit wärst du enterbt gewesen«, sagte Django.

»Stimmt«, pflichtete Wibbeler ihm erleichtert bei.

»Du bist ganz stad!«, sagte Django.

Stefanie schien sich wieder gefasst zu haben. »Der da ist bei uns eingebrochen.«

Wibbeler hob die Hände und sagte: »Und du hast gesagt, wenn ich ein schwarzes Kalb aus ihm mache, dann zeigst du mich nicht an. Und schenkst mir die Skizze vom Spitzweg, die er in der Stadtapotheke gemalt hat, als er Lehrling war.«

»Kann mich nicht daran erinnern.«

»Komm, Cowboy«, wandte sie sich Django zu und streichelte ihm über den Hintern, »wir gehen.« Sie sah ihn hoffnungsvoll aus ihren schönen Augen an. Er aber schlug ihre Hand weg und erwiderte: »Dein Cowboy bin ich schon lange nicht mehr.«

»Noch einen Mann zu verlieren, das ertrage ich nicht«, schluchzte sie theatralisch, »und dass du mich des Mordes beschuldigst, das ist einfach zu viel für mich.«

Bühnenreif strich sie sich übers Gesicht, drückte sich durch die Menge und riss das Fenster auf. Django zuckte nur kurz. Sie wischte mit einer Handbewegung den Blumentopf vom marmornen Sims, der krachend auf dem Boden zersprang. Dann kletterte sie auf das Fenstersims und schrie: »Wenn du weiter behauptest, dass ich meinen Mann ermordet habe, spring ich!«

Alle blickten gespannt auf Django, der immer noch dastand, als wäre nichts geschehen. »Spring doch«, sagte er gelangweilt, worauf ein entsetztes Raunen durch den Turm waberte. Die Blicke wanderten zur Witwe zurück. Deren hübsche Gesichtszüge entgleisten und sie sah mit einem Schlag um Jahre gealtert aus.

Breitbeinig stiefelte Django zu ihr hin, schob die anderen Besucher lässig beiseite und packte sie am Arm: »Geh runter da, sonst tust dir noch weh!« Dann rief er den Gschwoischädel Kommissar Rutzmoser an.

Am nächsten Tag waren die Zeitungen voll von dem als Cowboy verkleideten Helden, der die Witwe des Kreisrats als Mörderin ihres eigenen Mannes überführt hatte. Der Cowboy saß derweil mit seiner Oma am Frühstückstisch. Heute machte er eine Kaffeediät, weil Cowboys auch ein Herz haben. »Die unschuldigen Opfer der Chemie«, las die Oma aus dem Erdinger Teil der Zeitung vor. »Wie die nur immer auf die Überschrift kommen?« Weil Django nicht reagiert, sagte sie: »Weißt was. Wir gehen heute nach Erding zum Essen. Bei Karin's 90 gibt's auch was für dich und deine Diät.«

Gerade als ihr Django erklären wollte, dass die Stefanie dem Kreisrat statt der Herztabletten eine Entwässerungstablette an dem Abend gegeben, und dass das zu seinem Herztod geführt hatte, läutete das Telefon. Ein neuer Fall für Django.

81 Lange Zeile / Stadtapotheke: nördlich des Schrannenplatzes. Am Faschingsdienstag ziehen die Erdinger Moosgeister durch die Straße. Apotheke seit dem 17. Jh.

82 Stadtturm, Frauenkircherl, Schöner Turm:
Das Frauenkircherl am Schrannenplatz wurde 1390 im spätgotischen Stil errichtet. 1648 schwerer Brand. Mit Säkularisation 1803 Ende als Gotteshaus. Bis Anfang der 1970er im verbliebenen Rumpf Feuerwehrhaus. Sanierung 1986, seitdem Ausstellungs- und Konzertraum. Im Turm Glockenspiel mit drei Liedern.
Schöner Turm: einziger verbliebener der ursprünglich vier Stadttore, eigentlich ›Landshuter Tor‹. In seiner Kulisse werden in unregelmäßigen Abständen die Schwedenspiele veranstaltet.
Der Stadtturm am Schrannenplatz ist das Wahrzeichen der Stadt. Aus dem 14. Jh., mit Türmerstube, dient auch als Glockenturm.

83 Stadtpark: Im 19. Jh. als englischer Garten angelegt. Kleines Tiergehege mit Streichelzoo, Freischachanlage und großer Spielplatz. Durch Fluss zweigeteilt.

84 Wallfahrtskirche Heilig Blut: Barockkirche am Stadtpark. Entstehung der Wallfahrt nicht sicher geklärt. Neubau 1675.

85 Museum Erding: Bereits 1856 gegründet, seit 1986 im Antoniusheim. Ausstellungen, museumspädagogischer Arbeitsraum. Barrierefrei.

86 Bauernhausmuseum: zeigt bäuerliche Lebensweise und landwirtschaftliches Arbeiten im 18. und 19. Jahrhundert. Ältestes Gebäude Getreidekasten von 1581. Freitag nachmittags Bauernmarkt, restliches Wochenende und an Feiertagen Museum geöffnet.

87 Kronthaler Weiher: im Norden der Stadt. Badesee mit Surfmöglichkeiten, zwei Beachvolleyball-Anlagen, eine Trampolin- sowie eine Minigolfanlage.

88 Therme: Europas größte Thermen-, Sauna- und Erlebniswelt. Mit ruhiger VitalOase (ab 16 Jahren), riesigem Saunabereich und 20 Rutschen.

89 Herderhaus im Stadtteil Bergham. Um 1650 errichtetes, noch heute strohgedecktes ehemaliges Wohnhaus eines Dorfhirten.

90 Karin's: Biorestaurant, Internationale vegane, vegetarische und fleischliche Küche. Freisinger Str. 1, Dienstag bis Freitag: 17.30–23 Uhr, Samstag + Sonntag: 12-23 Uhr

# TÖDLICHE LIEBE

## -BURGHAUSEN-

Kreuzstein-Sage

Tief unten in wild romantischer Schlucht,
Wo die Salzach strömt in mächtigen Bogen,
Da ragt ein Fels aus der Fluth empor
Und um ihn schäumen die Wogen.

Und über dem Fels ein ehernes Kreuz
Sieht man zum Himmel schauen;
es entblößt der Schiffer andächtig das Haupt
Und fährt vorüber mit Grauen.

Noch lebt eine alte Sage fort,
Eine Sage von Lieb' und Wehe:
Einst als der Felsen noch starr und fest
Dort hing in schwindelnder Höhe;

Da stürzt' sich im bitteren Liebesharm,
Im Unglück vom Liebsten verlassen,
Ein Mädchen von diesem Felsen herab.
Und muss in den Felsen erblassen.

****r.*

Django kämpfte nach wie vor mit dem Liebeskummer, der ihn wegen der Kreisratswitwe beutelte. Da war er ganz froh, als am Morgen das Telefon läutete. Laut sagen hätte er das nicht dürfen, dass er froh war. Weil sich eine junge Frau das Leben genommen hatte: Aus Liebeskummer. Und als hätte das nicht ausgereicht, hatte sie das auch noch an einem historischen Ort getan. Oberhalb des Kreuzfelsens 91, an der Salzach, in Burghausen.

Django packte die Oma, frische Wäsche und Kautabak für ein paar Tage in ihren zerbeulten Wagen, und schon rasten sie auf der B 12 Richtung Burghausen.

»Oma, warum waren wir bis jetzt eigentlich nie in Burghausen?«, fragte er, als sie die A 94 verließen und durch ein Waldstück fuhren, das die Augustsonne verschluckte.

»Vielleicht, weil's da nicht schön ist«, murrte die Oma, die heute ihr Rheuma wieder arg plagte. Außen zogen Fabrikschlote vorbei.

Django blieb nichts anderes übrig, als ihr stumm recht zu geben. Aber als sie den Ludwigsberg unterhalb der Burg 92 hinabfuhren, und auf die österreichische Seite über die Salzach blickten, kam auch die Oma aus dem Staunen nicht mehr heraus. »Vielleicht weil's einfach zu nah ist«, fügte sie entschuldigend hinzu.

Ihre Auftraggeberin hieß Christa Groll und wohnte ›In den Grüben‹ 93. Die ehemalige Handwerkermeile trennte lediglich eine Häuserreihe und eine Straße von der Salzach.

Auf dem Tor, unter dem hindurch es zu den Grüben ging, prangte ein schauriges Gemälde. Ein junger Bursche wurde darauf von einem Pferdefuhrwerk überfahren, das Baumstämme zog. Hinter ihm Gevatter Tod, ein klappriges Skelett in Mantel und Hut. Darüber betete ein einfaches Paar, vielleicht Handwerker, an einem Tisch mit einem Laib Brot.

Jetzt reihte sich ›In den Grüben‹ ein Restaurant und Geschäft an das andere. In den bunten Häusern konnte man von Räucherstäbchen bis zu Souvenirs alles erwerben.

Frau Groll wohnte über einem Thailänder. Sie öffnete, kurz nachdem Django geklingelt hatte. Er stützte die Oma auf dem Weg in den ersten Stock, im Hausgang roch es nach Blaukraut. Dann standen sie schnaufend vor der Frau, die dunkle Ringe unter den Augen hatte. Über ihren großen Brüsten baumelte eine Brille, die sie jetzt aufsetzte. Sie musterte Django kritisch: »Ja, bitte?«

»Django.« Er nahm seinen Cowboyhut ab.

»Und?«, zischte sie.

»Alois Kugler, Privatdetektiv. Wir haben …«

»Aso. Kommen S' rein.«

Sie führte die Oma und Django durch den engen Flur in ein Wohnzimmer, in dessen Ecke eine Art Altar aufgebaut war. Darauf thronten Bilder eines ernst dreinblickenden jungen Mannes mit einem Bart um den Mund. Die Bilder waren eingerahmt von brennenden Kerzen und einem riesigen, goldenen Kreuz.

Die Frau blieb vor dem Altar stehen und wandte den beiden Gästen den Rücken zu. Weil die Oma so fertig war von dem Treppenaufstieg, ließ sie sich einfach in die Polster fallen. Frau Groll stand weiterhin starr da, mit dem Rücken zu ihnen.

»Mein Beileid«, sagte Django. »Das mit Ihrer Tochter ist wirklich furchtbar.«

»Mit meiner Tochter?« Sie fuhr herum. Ihre Augen blitzten Django an.

»Ja, Sie haben doch am Telefon gesagt, Ihre Tochter hat sich das Leben genommen.«

»Hab ich das?«

Die Oma sah den Django an und Django die Oma.

»Mein Wolfgang«, sie fing zu weinen an und nahm ein Taschentuch vom Tisch.

»Vielleicht können Sie mir erklären, was sich zugetragen hat«, sagte Django mit leiser Stimme. Die Frau tat ihm leid.

»Ich mach uns erst einmal einen Kaffee.«

»Gute Idee«, sagte die Oma und lächelte sie an.

Wie der Kaffee dann vor ihnen stand, wurde Frau Groll gesprächiger.

»Wissens, in Burghausen gibt es so eine Sage: vom Kreuzfelsen.«

»Aha«, sagte Django, obwohl er nicht wusste, was das mit dem Fall zu tun hatte.

»Demnach soll sich eine junge Frau von einem Felsen gleich hinter Burghausen in die Salzach gestürzt haben.«

Die will jetzt aber nicht, dass ich eine Sage aufkläre?, dachte Django und wartete gespannt, was noch kommen möge.

»Weil sich ihr Bräutigam von ihr getrennt hat.«

»Warum hat er sich von ihr getrennt?«, fragte die Oma.

»Weil ein Brand das Haus ihrer reichen Eltern, einer Kaufmannsfamilie, zerstört hat. Weswegen sie selber bettelarm geworden ist, wie er, ein armer Fischerknecht. Und deswegen hat er sich eine andere gesucht.«

»So ein Hallodri«, sagte die Oma.

»Von wegen Hallodri«, Frau Groll begann, erneut zu weinen.

Django kam sich wieder einmal vor wie in einem schlechten Film. War die Frau psychisch krank? Am Telefon hatte sie gesagt, er solle den Selbstmord einer Frau aufklären. Aber erstens konnte man keinen Selbstmord aufklären, zweitens war ihr Sohn gestorben und drittens, was hatte das alles mit der Sage zu tun? Sie konnte doch nicht von ihm verlangen, dass er eine Sage aufklärte. Oder vielleicht doch? Wenn das Honorar stimmte.

»Frau Groll, wir verstehen ja, dass das Ganze nicht einfach für Sie ist …«

»Nichts verstehen Sie, ich verstehe es ja selbst nicht.«

Django schnaufte wohl ein bisschen zu laut aus. Die Oma sah ihn strafend an. »Könnten Sie mir bitte erklären, was ich für Sie herausfinden soll?«

Sie nahm einen Schluck Kaffee und begann zu erzählen. Von Margaretha, der Freundin ihres Sohnes, die sich wie die Frau in der Sage das Leben genommen hatte. Sie hatte sich vom Kreuzfelsen gestürzt, weil, so erzählten die Leute, Wolfgang, der Sohn von Frau Groll eine andere hatte. Er soll sich erst von Margaretha getrennt haben, als deren Mutter, eine Witwe, einen Herzinfarkt erlitten hatte. Kurz nachdem das Hochwasser ihr mit einer Hypothek belastetes Hotel überschwemmt hatte. Die Leute erzählten, Wolfgang habe sich deswegen Sybille zugewandt, deren Eltern ebenfalls ein Hotel in Burghausen besitzen.

Ach, die Leut wieder einmal, dachte Django.

Und dann sei Wolfgang auch vom Felsen in die Salzach gestürzt, als er wie so oft nach Margarethas Tod Blumen in den Fluss geworfen hatte.

»Und was ist jetzt wahr und was entspringt der Sage?«, fragte Django.

»Die Margaretha und mein Wolfgang sind wie in der Sage gestorben. Wenn man nicht genau hinschaut.« Sie zerknüllte das Taschentuch in ihrer Faust.

»Und der Django soll genau hinschauen?«, fragte die Oma.

»Genau«, sagte Frau Groll mit kräftiger Stimme.

»Was glauben Sie, was wirklich passiert ist?«, fragte Django.

»Ich weiß es nicht.« Ihre Stimme zitterte. »Ich weiß nur, dass mein Wolfgang noch so viel vorgehabt hat.«

»Was hat er denn noch vorgehabt?«, fragte Django.

Die Brust von Frau Groll hob und senkte sich, als sie ausschnaufte. »Einen Roman wollte er schreiben. Schlüsselroman hat er es genannt.«

»Und hat er auch was gearbeitet?«

»Für ihn war das Arbeit.«

»Hat er seinen Lebensunterhalt damit verdient?«

Sie nahm die Brille ab und wischte sich mit beiden Händen über das Gesicht. »Für den Burghauser Anzeiger hat er Artikel geschrieben. Das war's dann aber.«

»Haben Sie ihm immer mal wieder was zugeschossen?«, fragte die Oma. »Wissen S', ich kenn das.« Django knirschte mit den Zähnen. »Von meinen Kindern.«

»Ich hab doch selber nix, außer mein bisserl Rente.«

Django schaute sich in Wolfgangs Zimmer um, während die Oma noch ein bisschen mit Wolfgangs Mutter ratschte. Es sah fast danach aus, als hätte jemand einen ziemlichen Verhau beseitigt. Und obwohl die Fenster gekippt waren, roch es nach kaltem Rauch und Alkohol. Typisch Schriftsteller, dachte Django.

Im Regal reihten sich Bücher von Thomas Mann und anderen Literaten neben den üblichen Bestsellern wie dem Grundgesetz und der Bibel.

Ein Manuskript des Buches konnte er nicht finden. Dort, wo der Laptop auf dem Schreibtisch gestanden hatte, strahlte ein schwarzer Fleck.

»Wo ist denn der Laptop?«, fragte er Wolfgangs Mutter, als er ins Wohnzimmer zurückkam.

»Den hat die Polizei noch. Ich sollte ihn aber bald zurückbekommen, da Fremdverschulden genau wie bei der Margaretha ausgeschlossen werden kann.«

Frau Groll hatte ihnen die Adresse von Sybilles Eltern gegeben. Sie besaßen wie Margarethas verstorbene Mutter ein Hotel, das allerdings gut lief. Mittlerweile arbeitete Sybille, die Konkurrentin von Margaretha, wieder dort. Zuvor hatte sie im Hotel von Margarethes Eltern gelernt, um in einen anderen Betrieb zu schnuppern. Was mit dem Hochwasser und dem damit eingehenden Konkurs ein Ende fand. Django schob die Oma am roten Mautnerschloss 94 vorbei, in dem Ludwig Thoma als Lateinschüler gewohnt hatte. Sagte zumindest die Broschüre, die Frau Groll der Oma gegeben hatte. Weil wenn sie schon einmal da waren, dann wollten sie ein bisschen was sehen von der Stadt, hatte die Oma gesagt. Am Platzl saß ein Papa mit seinem Baby auf dem Arm und strahlte ihnen entgegen. Django war froh, dass die Oma das nicht kommentierte und damit auch keinen Finger in seine offene Wunde legte, sondern auf die Heilig-Geist-Spitalkirche 95 deutete.

Im Hotel Walfisch, wo ein Ventilator die Hitze vertrieb, wurden sie an der Rezeption von einer jungen Frau empfangen: »Grüß Gott, was kann ich für Sie tun?«

Frau Groll hatte ihnen ein Bild von Sybille Bierbaum mitgegeben, das sie in Wolfgangs Zimmer gefunden hatte. Jetzt saß die zierliche Frau mit den hellblonden Locken und dem puppenhaften Gesicht vor ihnen.

»Django. Privatdetektiv.« Er nahm seinen Hut ab und ärgerte sich, dass seine Stimme unsicher klang. So hübsch war die Frau nun auch wieder nicht. Sie glotzte ihn erwartungsvoll an. Er starrte zurück, bis die Oma ihm eine in die Seite mitgab. Glücklicherweise sah das Sybille Bierbaum nicht, da die Rezeption die Oma verdeckte.

»Sie waren die Freundin von Wolfgang Groll?«

Sybille nickte. Da tönte eine dunkle Stimme aus dem Hintergrund. »Einen Scheißdreck war sie!« Ein grauhaariger Mann mit dicken Augenbrauen kam aus der Küche. »Der Hundskrüppel hat's doch nur auf unser Geld abg'sehen g'habt. Weil sein Flitscherl auf einmal keins mehr g'habt …«

»Papa«, fuhr ihm seine Tochter ins Wort.

»Und du«, er zeigte mit dem Finger dahin, woher er gekommen war. »Gehst jetzt.«

»Aber die Herrschaften!«

»Herrschaften?« Er musterte den Django und die Oma. »Lucky Luke und Rosinante, oder was?«

Nun wurde es Django zu viel. Als Lucky Luke hatte ihn noch keiner beschimpft. Wenn der Theo Waigel für Arme nicht aufpasste, dann knüpfte er ihn an seinen …«

»Ein Zimmer hätten wir gern«, schaltete sich die Oma ein.

Theo Waigel überlegte und schaute auf Omas Rollstuhl. »Ich hab nur eins im dritten Stock. Und barrierefrei sind wir nicht.«

»Kein Problem«, sagte die Oma zu Djangos Erstaunen, »ich bereite mich eh gerade auf den Iron Man vor.«

»Auf was? … Ah geh weiter.« Theo Waigel machte eine wegwerfende Handbewegung und nahm den Zimmerschlüssel hinter sich von der Wand. »Franziska!«

Eine ältere Frau hetzte herein und griff nach Djangos Tasche. »Bitt schön.«

Als die Oma und Django die erste Stufe beschritten

hatten, drohte Theo Waigel: »Und wenn Sie mein Madl nicht in Ruhe lassen, dann können S' heut Nacht auf der Straße schlafen. Zimmer werden S' nämlich keins mehr finden, weil Burgfest [96] ist. Haben wir uns verstanden?«

Im dritten Stock fielen Django und die Oma wie zwei Fußlahme in das knarrende Doppelbett. Das in die Jahre gekommenen Zimmermädchen stellte die Tasche in die Ecke und sagte: »'tschuldigen S', der ist nicht immer so. Aber das Ganze hat ihn ganz schön mitgenommen.«

»War der Wolfgang also doch der Freund von der Sybille?«, fragte die Oma.

»Scho.«

»Wie in der Sage?«, fragte Django.

»Scho.«

»Romantisch, ge«, sagte die Oma.

»Scho«, sagte Django.

Zum x-ten Mal an diesem Tag fing sich Django einen bösen Blick von der Oma ein.

»Sie«, sagte die Oma, »wir müssten der Sybille dringend was geben. Vom Wolfgang. Das hat uns seine Mama für die Sybille gegeben.«

Das gealterte Zimmermädchen dachte nach. »Ich kann's ihr ja zustecken.«

»Wir dürfen's ihr nur persönlich übergeben«, schaltete sich Django ein, »leider.«

»Am Wöhrsee [97] is'«, flüsterte das Zimmermädchen und schloss die Tür hinter sich.

»Oh nein. Jetzt müssen wir die ganzen Treppen wieder runter«, stöhnte Django.

»Du hast gut reden«, sagte die Oma, griff nach ihrem Hacklstecker und stand auf.

Vom Burghang aus beobachteten die grasenden Ziege und frisch geschorenen Schafe die Badenden im Wöhrsee. Django hatte Sybille Bierbaum dank ihrer hochgesteckten blonden Haare schon aus der Ferne erkannt. Er wäre auch gern in den von Bäumen umsäumten See im Schatten der Burg gesprungen. Aber dafür musste man Eintritt zahlen. Und da die Mutter des toten Wolfgangs nicht gerade reich war, wollte er seine Spesen in Grenzen halten. Sie wussten ja nicht einmal, was ihnen der ruppige Theo Waigel für die Übernachtung im Hotel berechnen würde. Also beschloss er, die Oma am Kiosk zurückzulassen und über den Holzzaun auf das Gelände des Bades zu kraxeln. Um nicht weiter aufzufallen, zog er Mantel und Hemd aus. Seinen Hut behielt er an.

Sybille saß abseits und starrte auf den See. Wolfgangs Tod schien ihr immer noch nahezugehen. Als Django hinter ihr stand, räusperte er sich. Sie drehte sich um, musterte seinen Oberkörper und den Knödelfriedhof, den er trotz seiner Diät vor sich hertrug. Da half es auch nichts, dass er den Bauch einzog, was auf die Dauer ein bisschen anstrengend war.

»Servus«, versuchte er so lässig wie möglich zu sagen. Es klang trotzdem gepresst. Immerhin sah sie seine spärlichen roten Haare dank des Cowboyhutes nicht.

»Grüß Gott.« Schüchtern senkte sie ihren Blick.

»Ich hätte da noch ein paar Fragen.«

»Sie dürfen meinem Vater nicht glauben. Der Wolfgang hat mich geliebt.«

»Stimmt es, dass er nicht viel Geld hatte?«

Sie grub ihren Zeh ins Gras, der für einen großen Zeh ziemlich klein war. »Das stimmt. Er hat sich von der Margaretha einen ganzen Batzen ausgeliehen.«

Auch ein Mordmotiv dachte Django.

»Aber mich wollte er heiraten um der Liebe willen.«

»Heiraten?«

Sie nickte. Er sah eine Wimper auf ihrer Wange und überlegte, ob er sie darauf hinweisen sollte.

»Ihr Vater war ja nicht so begeistert von ihrer Liaison mit dem Wolfgang.« Django war richtig stolz auf das Wort ›Liaison‹, obwohl er nicht wusste, was es bedeutete.

»Wegen was?«

»Wegen der Liaison.«

»Ist das was Unanständiges?« Sie grinste ihn verschwörerisch an. Ihm wurde heiß. Vielleicht sollte er doch baden gehen.

»Wer weiß«, sagte er und ärgerte sich über seine dumme Antwort.

»Da isser!«, schrie plötzlich ein Greis und zeigte mit dem Finger auf Django. »Der hat keinen Eintritt bezahlt.«

»Oh je«, sagte der und sah sich um. Vor dem Zaun zum Kiosk standen Leute, die mitbekommen hatten, dass etwas nicht stimmt. Von rechts kam ein Bademeister auf ihn zugerannt. Flucht zwecklos. Er wurde aufgefordert, sich auszuweisen. Glücklicherweise hatte er seinen Geldbeutel bei der Oma gelassen, weil die noch Kaffee und Kuchen wollte.

»Ihren Ausweis bitt schön«, sagte der Bademeister.

»Hab ich nicht dabei.« Django deutete in Richtung Kiosk.

»Das haben schon viele gesagt.«

»Bei mir stimmt's aber.«

»Dann müssen wir halt die Polizei rufen.«

»Lassen S' mich einfach meinen Geldbeutel holen.«

»Nix da!« Der Bademeister mit dem immensen Bizeps packte Django am Arm.

Django wollte gerade Sybille um Hilfe bitten, da bemerke er, dass sie vor einer ganzen Weile aufgestanden und zum Ufer gegangen war. Er sah nur noch ihren Apfelhintern ins Wasser tauchen.

»Aber …«

»Die Streife wird gleich da sein.«

Django hatte keine Zeit zu verlieren mit irgendwelchen Vernehmungen. Momentan sah er allerdings keine Möglichkeit, abzuhauen. Plötzlich hörte er eine Frauenstimme, die ihm bekannt vorkam: »Hilfe! Hilfe!«, tönte aus dem See. Sybille!

Django sah, wie sie immer wieder ihre Arme nach oben warf und um Hilfe schrie. Er wand sich aus dem eisernen Griff des Bademeisters und wetzte zum See. Im Laufen schälte er seine speckige Jeans herunter und köpfte vornüber in das kühle Nass. In kürzester Zeit hatte er Sybille erreicht.

»Keine Angst, ich helfe Ihnen«, raunte ihr Django ins Ohr und schlang den Arm um ihren Hals, wie er es gelernt hatte. Sie roch nach Vanille.

»Mir geht's gut«, flüsterte sie zurück. »Ich wollte Ihnen nur helfen.

Ganz langsam schwamm Django zum Ufer zurück. Er genoss die Nähe, die warme, weiche Haut Sybilles. Spürte ihren Atem an seinem Unterarm, war froh, dass das Wasser so kalt war.

Am Ufer erwarteten ihn bereits zwei Polizisten, die Bademeister und ein Pulk Schaulustiger, daneben die Oma.

»Das isser!«, sagte der Bademeister und deutete auf Django. Der stieg gerade aus dem Wasser und hievte Sybille schweren Herzens auf die Wiese. Da kam ihm, dass Sybille mit der Ablenkung sicher geplant hatte, dass er hätte abhauen können. Jetzt war es zu spät. Das Wasser tropfte an ihm herunter, die Short klebte an ihm. Bedröppelt wartete er, was nun kommen würde.

»Papa, schau moi, der hat ein Loch in seiner Unterhosen«, krächzte plötzlich ein Lausbub. Alle starrten auf Djangos Hintern, begannen zu lachen. Django hielt sich die Hand vor sein Hinterteil und wusste nicht, wo er hinschauen sollte.

»Bei so viel Zivilcourage«, sagte der Polizeibeamte augenzwinkernd und schaute zu Sybille, die mit einer Decke auf der Wiese saß, »würde ich sagen, dass wir noch mal ein Auge zudrücken.«

Django, der vermeintliche Retter, schaute, dass er sich anzog und aus dem Staub machte.

Auf den Schock brauchte Django erst einmal einen Kautabak zur Beruhigung. Die Oma und er setzten sich auf eine Bank unterhalb des Kraftwerks. Hinter ihnen blühten Rosen, die zur Landesgartenschau gepflanzt worden waren, Wasser plätscherte einen Bach entlang. Weil ihn der Kautabak nur bedingt beruhigte, musste noch etwas für die Nerven her. Was Gutes zum Essen. Diät hin, Diät her. Also gingen sie den ganzen Weg zurück, an der imposanten Kirche St. Jakob **98** vorbei zum Stadtplatz. An der Touristeninformation im grünen Rathaus **99** mit den geschwungenen Fensterbögen erfragten sie den Weg zum Kreuzfelsen. Dem Ort, wo schon so viele Menschen und eben auch Margaretha und Wolfgang den Tod gefunden hatten. Dafür mussten sie durch die Altstadt, dessen Kopfsteinpflaster wie so oft Omas Verdauung in Schwung brachte. Sie stoppten kurz am Stadtsaal, dem ehemaligen Regierungsgebäude, an dem Fahnen herunterhingen und unter Zwiebeltürmen zwei Löwen das bayerische Wappen stemmten. Am Marienbrunnen stutzte Django. Wie ihn die Maria vom Brunnen aus anschaute mit ihren feinen Gesichtszügen und ihrem Heiligenschein, fragte er sich doch, was an der ganzen Geschichte nicht stimmte.

Sie setzten sich vor das ›Yves‹ 100. Auf der Speisekarte entdeckte er Nudeln mit Röstgemüse und Kräuterpesto. So konnte er weiterhin seine vegane Diät durchziehen. Während sie auf das Essen warteten, dachte er weiter über den Fall nach.

Falls sich alles so zugetragen hatte wie in der Sage, dann hatten Sybille und vor allem ihr Papa, der Wurzelsepp recht. Wolfgang war wirklich nur ein Hallodri, der es nicht fertigbrachte, für seinen Lebensunterhalt selbst aufzukommen, und sich stattdessen von einer reichen Frau aushalten lassen wollte. Was aber, wenn sich irgendwer die Sage zunutze machte und alles ganz anders war? Es so ausschauen sollte, wie in der Sage? Was, wenn jemand sowohl Margaretha als auch Wolfgang vom Felsen gestoßen hatte?, dachte Django. Sie bezahlten und gingen an der St. Josef Kirche rechts zur Salzach hinunter. Die dunkelgrüne Salzach rauschte neben ihnen her, und die Oma und der Django konnten auf die baumbewachsene österreichische Seite am anderen Flussufer schauen. Sofort spürten sie die Kühle des Wassers, welche die Hitze des Tages ein wenig milderte. Ein Schild wies daraufhin, dass in Kürze aufgrund von Steinschlag kein Durchgang mehr möglich war. Eine steinerne Treppe führte zum Fluss hinunter. Dort starteten die Plättenfahrten 101. Die Plätten, die ehemaligen Salzkähne, sammelten hier ihre Fahrgäste ein und fuhren vollbeladen mit Touristen ab. Auch das hatte die Oma in der Broschüre über Burghausen gelesen. An schroffen Felsen, einem Haus und einem Waldstück vorbei, gelangten sie zu einer Flussbiegung und schon lag der Kreuzfelsen vor ihnen. Neben einer Schranke, hinter der ein sandiger Weg weiterführte, lag ein verbeultes, verrostetes Schild – ›Steinschlaggefahr‹ – inmitten von Sträuchern und Steinen am Ufer. Der Kreuzfelsen thronte mitten im Wasser, darauf ein goldener Jesus am Kreuz, mit Stahlschnüren verspannt. Auf dem gras- und moosbewachsenen Felsen hackten die Raben zwischen Blumen mit rosa Blüten aufeinander ein. Die Salzach rauschte, ein weißer Schmetterling flatterte über dem Wasser. Genau gegenüber dem Kreuzfelsen erhob sich jäh die Felswand, von der Margaretha und Wolfgang gestürzt waren oder sich gestürzt hatten und an dem sich schon unzählige Tragödien abgespielt hatten.

Da registrierte Django den jungen Mann, der am Ufer saß, und eine Rose in der Hand hielt. Seine schwarzen Haare waren mit Gel zu einem Seitenscheitel gestrichen, sein Dreitagebart passte perfekt zu seiner dunklen Haut. Der fesche Bursch strich sich über den Dreiteiler, der Django viel zu vornehm für diesen Ort erschien. Er hatte Django und die Oma erst jetzt bemerkt und drehte sich zu ihnen um. Ein Nicken war die einzige Regung, die er zeigte. Vielleicht kann er kein Deutsch, dachte Django, wahrscheinlich Araber oder Türke.

»Grüß Gott«, sagte die Oma.

Der Bursch stand auf. Mechanisch gab er der Oma und dem Django die Hand: »Guten Tag.«

»Schön ist es da«, sagte die Oma.

»Ja.«

»Ist aber auch schon viel passiert«, sagte die Oma.

»Ja. Es werden immer wieder die Leichen von Selbstmördern aus Salzburg angespült.« Er zeigte flussaufwärts Richtung Burghausen. »Die bleiben dann im Kreuzfelsen hängen und die Krähen hacken auf die Leichen ein.«

»Grausam«, sagte die Oma.

»Das Leben ist grausam«, sagte der fesche Bursch, dessen Augenbrauen sich zusammenzogen, weil er die Stirn runzelte. Ohne ein Wort des Abschieds ging er zu seinem Rad, das neben einer abseitigen Feuerstelle stand, und schwang sich darauf.

»Irgendwoher kommt mir der bekannt vor«, sagte Django zur Oma und dachte nach. Der Radfahrer war bereits um die Biegung verschwunden. »Jetzt weiß ich es …«

Eine halbe Stunde später saßen sie in der Wohnung von Frau Groll. Die Beamten hatten den Laptop zurückgebracht, den Django aufgeklappt vor sich stehen hatte. Das Passwort war leicht zu knacken gewesen: Kreuzfelsen.

Er fand ein Romanmanuskript, das mit ›Tod in Burghausen‹ überschrieben war. Der Schlüsselroman!

*Erstes Kapitel*

*Wolfgang Groll hatte an einem Frühlingsnachmittag des Jahres 2013, der unserer Stadt eine so gefahrdrohende Miene zeigte, von seiner Wohnung In den Grüben zu Burghausen aus, allein einen weiteren Spaziergang unternommen.*

Für Django klang das ganz schön altbacken, obwohl es in der Gegenwart spielte. Er überlegte. 2013 hatte das Hochwasser das Hotel von Margarethas Mutter überschwemmt. Vielleicht war das mit der ›gefahrdrohenden

Miene‹ gemeint. Django scrollte weiter, bis er im vierten Kapitel angelangt war.

*– und in dieser Sekunde geschah es, dass Jean lächelte, ihn anlächelte, sprechend, vertraut, liebreizend und unverhohlen …*

Jean? Schlüsselroman? Für Django las sich der Text wie eine Liebesgeschichte. Aber wer war Jean?

»Kennen Sie einen Jean?«, unterbrach er Frau Groll, die sich gerade mit der Oma über Cremes aus der Werbung unterhielt, die an ihren Falten auch nichts mehr ändern konnten.

Sie putzte ihre Brille und setzte sie auf. »Jean Fritz. Wolfgangs Kinderarzt heißt so. Ich glaube, Wolfgang hat sogar ein Bild von ihm in seinem Zimmer hängen.«

Ein Bild von seinem Arzt im Zimmer hängen zu haben, ist aber nicht normal, dachte Django und wartete gespannt, bis Frau Groll aus Wolfgangs Zimmer zurückgekehrt war. »Hier bitte.«

Django zeigte Oma das Bild. »Das gibt's ja nicht«, entfuhr es ihr. »Den haben wir doch gerade am Kreuzfelsen getroffen.«

»Wahrscheinlich hatte er Mittagspause«, sagte Frau Groll.

»Warum bin ich da nicht früher draufgekommen«, sagte Django und schlug sich mit der Hand auf die Stirn, dass sein Hut herunterfiel. »Wir müssen zurück ins Hotel.«

Dort saß das in die Jahre gekommene Zimmermädchen am Empfang. Plötzlich stürmte Sybille mit hochrotem Kopf die Treppe herunter. »Ah, Fräulein Bierbaum«, tat Django überrascht.

»Grüß Gott«, begrüßte sie ihn.

»Ich hätte da noch eine Frage.«

»Wenn's sein muss.«

»Wo war eigentlich Ihr Vater an dem Abend, als der Wolfgang sich das Leben genommen hat?«

»Sie setzte sich auf einen Sessel in der Empfangshalle und knetete ihre Finger.

»Bei mir.«

»Das habe ich mir fast gedacht. Ist schon gut, wenn man einen Vater hat, der auf einen schaut.«

»Das mit der Liebe ist nicht immer einfach, oder?«, schaltete sich die Oma ein.

»Ich habe ihnen gesagt, Sie sollen meine Tochter in Ruhe lassen!«, plärrte der Vater, der gerade durch die Eingangstür hereingekommen war.

»Wir ermitteln in einem Mordfall.«

»Das war Selbstmord. Ihr Zuagroasten. Kennt's ihr die Kreuzfelssage nicht?«

»Und ob wir die kennen«, sagte Django. »Wir kennen aber auch die Menschen. Und wenn einer Angst um seine Tochter, sein Geld und seinen Ruf hat, dann kann's passieren, dass er grantig wird.«

»Ich werd gleich grantig!«

»Sind S' doch schon«, sagte Django.

»Raus, sucht's euch einen anderen Platz zum Schlafen.«

Die Oma sah auf ihre Uhr. Halb elf. »Wie bitte. Meinen S' das ernst?«

»Und wie ich das ernst mein. Franziska! Trag den Herrschaften ihr Gepäck runter.«

Just als die Oma und Django auf der Straße standen, begann es zu tröpfeln. Aus den Tropfen wurde ein Sturzregen.

Und wie Theo Waigel prophezeit hatte, gab es wegen des Burgfestes in Burghausen kein freies Zimmer mehr. Da Django aber das Gefühl hatte, dass er ganz nah an der Lösung des Falles dran war, wollte er keinesfalls abreisen und dadurch kostbare Zeit vergeuden. Der Oma konnte er nicht zumuten, im Auto zu übernachten. Auch wenn sie jetzt herumbelferte, weil sie die Burg und das Kloster Raitenhaslach 102 noch nicht gesehen hatte, gab es keine andere Möglichkeit. Er setzte sie in den Zug nach Mühldorf, wo sie umsteigen und weiter nach Dorfen fahren sollte, um ein Taxi zu nehmen. Hätte der Verkehrsminister, wie schon vor Jahren verkündet, die Zugverbindung ausgebaut, wäre das um einiges schneller gegangen.

Wie er die Oma loshatte, holte er sich in der Tankstelle ein Sechserpack Bier und parkte am Curaplatz vor der Rentmeisterei. Von dort ging er in die Burg. Erleichtert registrierte er, dass der Regen nachließ. Jetzt konnte er sein Feierabendbier – oder alle Sechse – und seine Brezen, die er zu Hause noch eingepackt hatte, zumindest im Freien genießen. Sein leerer Geldbeutel gab im Moment nicht mehr her. Frau Groll meinte, sie könne den Vorschuss erst morgen zahlen. Heutzutage gab es sogar den Vorschuss später. Django schlenderte über den Vorhof in die Burg.

Das vom Tag erwärmte Kopfsteinpflaster hatte den Regen bereits wieder getrocknet. Bis auf einen Jogger war er der Einzige, der an dem Uhrturm vorbeiging. Irgendwie erinnerte er ihn an ein Männchen mit einer Mütze. An der dürren Hedwigskapelle bog er links ab, streifte einen üppigen Blumen- und Gemüsegarten und gelangte zu einem Tor, das den Blick auf die Burghausener Altstadt freigab.

Django nahm einen Schluck aus seinem lauwarmen Bier und biss in seine trockene Breze. Da hörte er eine, nein, sogar zwei Stimmen, die ihm bekannt vorkamen. Sybille und Jean. Was hatten die beiden bitte miteinander zu schaffen?

»Ich habe dich gesehen«, wütete Jean. »An beiden Abenden!«

»Und?«, sagte Sybille schnippisch. »Hast du dafür Zeugen?«

Stille.

»Du hast dir die Sage zunutze gemacht und Margaretha aus Eifersucht in den Fluss gestoßen«, sagte Jean. »Alle glauben, Margaretha und Wolfgang hätten sich das Leben genommen.«

Sybille lachte laut auf. »Haben sie auch.«

»Du Hexe. Ich habe ihn wirklich geliebt.«

»Dann sag es doch allen!«

»Du weißt so gut wie ich, dass ich daraufhin meinen Job als Kinderarzt sofort an den Nagel hängen kann.«

»Tja«, entgegnete sie schnippisch. »Also wird die Sage wohl auch dir weiterhelfen.«

»Ich werde dir gleich weiterhelfen.«

Django hörte einen Schrei, Jean stürzte aus dem Loch in der Burgmauer heraus. Der fesche Bursch, der jetzt ein kasiger Mann war, sah Django nur kurz an und hetzte weiter. Django kippte sein lackes Bier hinunter. Es schüttelte ihn. Er ging zurück zum Parkplatz. Und kam noch vor der Oma zu Hause an.

91 Kreuzfelsen in der Salzach: Vom obigen Salzachprallhang abgerutschter, sagenumwobener Fels im Fluss. Dieser fließt von den Kitzbühler Alpen gut 200 km bis Marktl, dem Geburtsort von J. Ratzinger (Papst Benedikt XVI.). Ab dem 14. Jh. kam dem Fluss aufgrund des Salzhandels größere Bedeutung zu.

92 Längste Burg der Welt: Länge von 1.051 Meter. Auf schmaler Bergzunge, eingebettet zwischen Wöhrsee und Salzach. Vermutlich bereits im 1. Jh. v. Chr. keltische Abschnittsbefestigung. Erweiterung der Anlage bis zur jetzigen Gestalt Ende des 15. Jh. unter dem Eindruck der Türkengefahr. Später spielten auch die Schweden, die Österreicher und Napoleon eine entscheidende Rolle. Eintritt in die Burganlage frei, öffentliche Burgführungen von Ostern bis Oktober immer samstags, sonntags und feiertags um 11 und 14 Uhr. Zudem drei Museen. Von der Aussichtsplattform am Dach der Hauptburg wunderbarer Blick über die österreichische Salzachlandschaft.
Rentmeisterei: Im nördlichen Teil der Burg. Einst Finanzverwaltung, später evangelische Kirche. Seit 1983 Haus der Fotografie bzw. Dr.-Robert-Gerlich-Museum mit historischen Aufnahmen zur Stadtgeschichte u. a. aber auch einer Galerie für zeitgenössische Fotografie.
Uhrturm: Im äußersten Burghof. Mit einer farbenfroh gestalteten Sonnenuhr und einem Brunnen.

Hedwigskapelle: Im vierten Vorhof der Burg. Zwischen 1479 und 1489 unter Herzog Georg dem Reichen und seiner Gemahlin Hedwig erbaut. (Spätestens seit dem 16. Jahrhundert wird neben der Kapelle eine Gartenanlage betrieben.)

93 In den Grüben, Platzl:
In den Grüben: Bunte Kulisse der Häuser, größtenteils aus der spätgotischen Bauperiode. Veranstaltungsorte (z. B. das Cabaret des Grauens) sowie Einrichtungen der Gastronomie, des Kunsthandwerks usw. Bronzeplatten, auf denen legendäre Jazzer verewigt sind, die in der Stadt ihre musikalische Visitenkarte hinterlassen haben.
Platzl: Den alten Burghausern ist der Bader Bauer noch ein Begriff. In der Baderstube von Roman Bauer am Ende der Mautnerstraße wurden einst alle kleineren, aber auch manch größere Gebrechen versorgt. Erst der jüngste Nachfahre der Bauers ist aus der Art geschlagen und Jurist geworden. Die Erinnerung an die Burghauser Baderdynastie bekommt jetzt einen Namen und wird damit auch bei den Jüngeren nicht in Vergessenheit geraten.

94 Mautnerschloss: Salz war die wichtigste Einnahmequelle der Stadt vom Mittelalter bis in die frühe Neuzeit. Überwachung des Handels ab dem 16. Jh. durch Mautbeamten. Mit der leuchtend orangenen Fassade und seinen Arkaden im Innenhof eine Renaissance-Perle. Im ›Jazzkeller‹ Live-Sessions im Rahmen der vielen Jazz-Events. 1877/79 war das Schloss der Wohnsitz von Ludwig Thoma.

Auf der Grundstücksfläche beim Platz zur Burgmauer hin richtet die Stadt die kleine Grünfläche her. Einstimmig hat der Stadtrat dafür 50.000 Euro bewilligt. Die Neugestaltung basiert auf Planungen des städtischen Umweltamts. Dieses Eck am Rand des großen Platzls, wo sich Bürger ausruhen und treffen können, wird den Namen ›Bader-Bauer-Platzl‹ bekommen.

95 Heilig-Geist-Spitalkirche: Spital (mit Kirche) aus dem 14. Jh., Turm von 1773. Renovierung 1986–89. Heute Alten- und Pflegeheim.

96 Burgfest: Immer am zweiten Juliwochenende. Mittelalterliches Treiben in der Burganlage mit Gauklern, Musikern und ›Adligen‹. Nachgespielt wird das Jahr 1516 – als Herzog Wilhelm IV. Burghausen mit Kaiser Maximilian I. besucht. Feierlicher Empfang und Umzug mit mehr als 1.500 Menschen und Pferden. Bei der anschließenden Feier können historische Speisen verkostet werden.

97 Wöhrsee: Wundervolle Blicke auf die Burg und schöne Spazierwege. Je nach Jahreszeit Baden, Bootfahren oder Schlittschuhlaufen möglich. Immer am dritten Samstag im Juni Wassersporttag.

98 Kirche St. Jakob: 1140 im Stil der Romanik errichtet, im Kirchenraum heute neugotische Ausstattung. Jahrhunderte alte Grabsteine. Imposante Turmhöhe von 79 Meter.

99 Touristeninformation im Rathaus, Marienbrunnen, St. Josef-Kirche
Das Rathaus befindet sich am südländisch anmutenden Stadtplatz. Kern aus dem 14./15. Jh. Ehemaliges Regierungsgebäude, an dessen Giebel das kurbayerische Wappen prangt. Zwischen 1935 und 1938 Umbau zu einem städtischen Veranstaltungsgebäude.
Marienbrunnen von 1440 mit markanter Säule (17. Jh.). Verwendung von Adneter Marmor.
St. Josef Kirche: Direkt am Stadtplatz. Frühbarocke Wandpfeilerkirche mit reizvoller Fassade. Ehemalige Jesuitenkirche (von 1630/31), nach einem Brand 1863 Neuweihe 1874. In enger Anlehnung an St. Michael in München. Im Inneren konnte wenig erhalten werden, so werden hier heute kostenlose Ausstellungen gezeigt.

100 yves | café – bar – restaurant: Internationale Küche und Veranstaltungen. Diverse vegane Gerichte. Stadtplatz 54. Durchgehend geöffnet.

101 Plättenfahrten: Auf den früheren Salzkähnen, den ›Plätten‹ wurde im Mittelalter das ›weiße Gold‹ aus den Salinen von Hallein bei Salzburg geholt. Der Einstieg erfolgt in Tittmoning oder Raitenhaslach, so kann man auch den Blick auf die Salzachlandschaften genießen. Öffentliche Fahrten von Mai bis September sonntags um 14 Uhr.

102 Kloster Raitenhaslach: Kloster mit Gasthof und Kirche. Sehenswerte Altäre, Fresken und der Kreuzgang

mit den Grabplatten der Wittelsbacher. Die Kirche soll über 800 Jahre alt sein, enthält romanische, barocke und Rokoko-Elemente. Seit 2004 befindet sich das Kloster im Besitz der Stadt Burghausen.

# SO EINE SAU

## – EBERSBERG –

Die Oma schnaufte wie eine Dampflok, als sie endlich wieder in ihrem Rollstuhl saß.

»Das nächste Mal bestellen wir einen Hubschrauber. Aber das war's wert.« Sehnsüchtig schaute sie zum Aussichtsturm 103 hinauf, der sich zwischen den Baumwipfeln des Ebersberger Forsts 104 in die Höhe streckte. Von oben konnte sie bis auf die Alpen, die Kampenwand und den Wendelstein blicken, hatte die frische Luft tief eingesogen und innegehalten. In der Nähe des Museums Wald und Umwelt 105, das fast zu ihren Füßen lag, hatten sie einen Landwirt mit seinem Sohn beobachtet, wie sie den alten Dachstuhl einer Scheune mit Balken erneuert hatten.

Jetzt wollte die Oma noch ein bisschen im Wald herumkutschiert werden. Und so rollte Django sie auf dem Weg, den der Regen zu einem schwarzen, schlammigen Brei verwandelt hatte. Als sie den Klangwald bearbeitete, an dem man auf herunterhängende Baumhölzer schlagen konnte, und der Teil des Naturerlebnispfads war, hörte Django die Schreie zum ersten Mal. Die Oma spitzte ebenfalls die Ohren. Die Schreie kamen näher, durch die dicht an dicht stehenden Bäume, übertönten das Vogelgezwitscher und das Klopfen des Kuckucks. Django packte die Griffe des Rollstuhls und hetzte den Rufen entgegen, bretterte über Wurzeln, dass es den Rollstuhl aushob, durch Pfützen, über Steine. Die Oma hielt sich fest, schütze sich mit dem Arm vor den herunterhängenden Ästen. Plötzlich stand sie vor ihnen. Die nassgeschwitzten, strähnigen Haare hingen ihr im Gesicht. Keuchend deutete sie in die Richtung, aus der sie gekommen war. Stützte sich mit zitternden Händen auf den Oberschenkeln ab. »Die Haut hat er ihm abgezogen.«

»Jetzt setzen Sie sich erst einmal«, sagte Django und zeigte auf die Bank neben dem schmalen Pfad.

Sie strich sich die Haare aus dem Gesicht, ihr Körper bebte. »Aber mein Philius hängt da. Ohne Haut.« Sie richtete sich auf und spie ins Gebüsch. Die Oma reichte ihr ein Taschentuch. Sie nahm es und kippte um. Django zog seinen Ledermantel aus und legte ihn auf den Waldboden; die Frau darauf, die Füße auf die Bank.

Als sie wieder ansprechbar war, sagte die Oma: »Wenn's Ihnen nichts ausmacht, dann können Sie auf meinem Schoß mitfahren.«

Die Frau im Jogginganzug schaute sie fragend an. Und schon saß sie auf der Oma.

Django quälte sich den Berg hinauf und war komplett durchgeschwitzt, als er den Ausstieg des Skilifts 106 auf der Anhöhe erreicht hatte. Die Plastikbügel des laufenden Lifts stoppten kurz und schlugen gegen das Eisenblech, fuhren um die Kurve und wackelten ins Tal. Eine weiße Suppe hatte sich über die Piste verteilt. Da schimmerte etwas rosa durch den Nebel, schwang an einem Skiliftbügel hin und her. Hatte ihm wirklich jemand die Haut abgezogen? Django wurde übel. Tatsächlich hatte jemand dem Hund Fell und Haut abgezogen. Sein Frauchen brach schluchzend in Omas Schoß zusammen. Das tote Tier war jetzt nur noch wenige Meter von Django entfernt. Die Vorderläufe waren mit einem Seil zusammengeknotet und an den Bügel des Lifts gehängt worden. Im Herz des Tieres steckte eine Metallstange. Die leblosen Augen starrten Django an. Er schnappte sich den Hacklstecker der Oma, die nach wie vor die fremde Frau in ihrem Schoß tröstete. Dann erreichte der Lift den Ausstiegspunkt. Django nahm den Hacklstecker, schob ihn zwischen die Vorderläufe des Tieres und hob es herunter. Was von ihm übrig geblieben war, war noch warm. Django legte ihn auf die Wiese, sein Frauchen erhob sich, schaute zu ihrem Liebling und kippte erneut um. Als sie erwachte, hatte Django den Hund untersucht. Auch wenn Django sich darüber im Klaren war, dass er dadurch Kommissar Rutzmoser und die Spurensicherung extrem verärgern würde, zog er an dem Eisenstab.

Die Frau löste sich von der Oma und kroch zu ihrem Hund. Weinend ließ sie sich auf das tote Tier fallen. Django war froh, dass er die Eisenstange bereits herausgezogen hatte. Weil er nicht warten wollte, bis sein alter Bekannter, Kommissar Rutzmoser, von der Erdinger Kripo eintrudelte, hielt er der Frau die Mordwaffe unter die Nase.

»Kennen Sie das?«

Sie schüttelte den Kopf.

»Können Sie sich vorstellen, wem es gehört?«

»Dem Bergmeister Manfred vom Grabkreuzmuseum 107. Der ist Schmied und hat so was Zeit seines Lebens hergestellt.«

Django überlegte, ob er jetzt fragen sollte, ob der Hund irgendwelche Feinde gehabt hat oder ob sie irgendwelche Feinde gehabt hat. Da kam ihm die Oma zuvor.

»Haben Sie in der letzten Zeit mit irgendwem Ärger gehabt?«

Die Frau dachte nach. Nach Djangos Gefühl ein bisschen zu lange. »Ja, mit dem Manz Konstantin.«

Django nervte es, ihr alles aus der Nase ziehen zu müssen, auch wenn die Frau unter Schock stand. Glücklicherweise half ihm die Oma beim Ziehen.

»Was war los?«

»Er war gegen das Einkaufszentrum, und ich dafür.«

»Warum ist jemand gegen das Einkaufen?«, fragte die Oma.

»Gegen das Einkaufen ist er nicht.«

»Das haben sie doch gerade gesagt«, sagte die Oma, der das aus der Nase ziehen anscheinend auch keinen Spaß mehr bereitete.

»Ich habe nur gesagt, dass er gegen das Einkaufszentrum war. Weil er, der Stifte-Dantler, Angst hat, dann weniger zu verkaufen.«

»Und, verkauft er dann weniger Stifte?«

»Weiß nicht?« Die Frau kniete immer noch bei ihrem Hund, und Django fragte sich, warum er sich überhaupt die Mühe gab, sie zu befragen.

»Wisssen S' was«, sagte Django. »Ich bin Privatdetektiv. Wenn Sie wollen, dass ich den Mörder Ihres Philisys …«

»Philius!«

»… Ihres Philius finde, müssen Sie schon ein bisserl mithelfen.«

»Wahrscheinlich vor allem finanziell?« Die Frau schien sich wieder gefangen zu haben und rieb Daumen und Zeigefinger aneinander.

»Scho«, sagte Django.

»So ein Knödlfriedhof lebt nicht von Luft und Liebe«, sagte sie und lächelte Django an, wodurch ihr faltiges Gesicht um ein paar Falten reicher wurde. Django fand sie jetzt sogar ein bisschen attraktiv, mit ihren funkelnden grünen Augen und den schwarzen Haaren. »Gut. Ich beauftrage Sie hiermit«, sie erhob sich, »den Mörder von Philius zu ermitteln.«

Der Vorschuss ihrer Auftraggeberin Marianne Faller wanderte in Djangos Geldbeutel.

Nun begann die eigentliche Arbeit, und Django und die Oma polterten die Piste hinunter an den Fuß des Lifts. Der endete an einer Straße im Industriegebiet. Keiner der Menschen, die sie dort antrafen, konnte ihnen weiterhelfen oder hatte etwas gesehen. Also ließen sie sich ein Taxi kommen. Django hatte für heute genug gesportelt.

Am Klostersee [108] vorbei, an dem Django als Kind öfter mit seiner Mutter beim Baden gewesen war, fuhren Sie durchs Zentrum von Ebersberg zum Bergmeister Manfred. Bergmeister, seines Zeichens Schmied und Gründer des Grabkreuzmuseums wusste vielleicht mehr, meinte zumindest die Marianne. Und wenn der nicht, dann sein Sohn.

An der Schmiede empfing sie allerdings nicht der Bergmeister Manfred, sondern eine Katze. Deren Kopf steckte in einem Schloss, auf dem ›STÜCK DAVON‹ stand. Die Eisenkatze und das Schloss, das an der Wand befestigt war, wurden von diversen Namen umrahmt. Obwohl die Oma mehrfach klingelte, öffnete niemand. Also rief Django die angegebene Nummer an. Der Sohn war am Apparat, sein Vater sei gerade unterwegs auf dem Neuen Friedhof [109]. Djangos Fragen beantwortete trotzdem der Sohn und nicht der Vater.

Der bestätigte, nachdem er ein bisschen herumgedruckst hatte, dass er Konstantin Manz, dem Besitzer des Schreibwarenladens, ein Kreuz angefertigt und ausgehändigt hatte. Django schilderte den Mord in seinen brutalen Einzelheiten, was ganz schön arg war. Daraufhin gab ihm Bergmeister die Namen der anderen Kunden preis, denen er kürzlich ein Grabkreuz geschmiedet hatte: einer Edith Bull, die nach seinen Worten gewisse psychische Probleme hatte und vor Jahren ihren Sohn verloren hatte. Edith Bull hatte nicht nur einen Vogel, sondern wohnte mit einer ganzen Vogelkolonie in einer Holzhütte mitten im Ebersberger Forst. Ihre Kohlen holte sie sich bei einem der letzten Köhler in Deutschland, am Forsthaus Diana 110. Laut Berghammer schlief sie unter Tags meist und öffnete die Tür nicht, wie er aus leidiger Erfahrung wusste. Sie mied die Menschen und ging deswegen nur in der Nacht aus dem Haus, seitdem ihr Sohn bei einem Autounfall ums Leben gekommen war.

Außerdem war da noch Richard Straub, der Vorsitzende des Landesverbandes für Vogelschutz. Er hatte ebenfalls ein Kreuz geordert. Um diese Uhrzeit wäre er irgendwo um den Egglburger See herum antreffen.

Django beriet sich mit der Oma, wie sie taktisch am klügsten vorgehen sollten. Als Erstes wollten Sie ihre Bäuche im Korn-Bio-Markt 111 am Schlossplatz füllen, weil Django nach wie vor seine vegane Diät durchzog und er in einem Bio-Markt am ehesten fündig werden würde. Da ihnen die Geschichte noch ganz schön im Magen lag, hielt sich die Mahlzeit in Grenzen.

Obwohl es riskant war, fuhren Django und die Oma nach dem Essen zur Hütte von Edith Bull. Denn wenn jemand einem Hund die Haut abzog, dann schreckte er vielleicht auch beim Menschen nicht vor einer Gräueltat zurück.

An der Abzweigung nach Forstinning zweigte eine Straße in den dichten Wald ein. Es wurde umgehend dunkler, Django schaltete das Licht ein. Edith Bull hatte sich nach dem Tod ihres Sohnes eine Hütte nahe der Hubertuskapelle 112 gemietet. Der Sage nach spukte an der Kapelle eine weiße Frau, die sich in der Nacht manchmal den Autofahrern zeigte. Sie soll bei einem Verkehrsunfall umgekommen sein, der Fahrer hatte sie schwerverletzt liegen gelassen. Es heißt, wer sie mitnimmt, dem wird nichts passieren, sie verschwindet irgendwann einfach wieder. Wer sie stehen lässt, der läuft Gefahr zu verunglücken. Angeblich sucht sie den Fahrer, der sie zurückgelassen hatte.

Nach wenigen Minuten fuhren sie an der sagenumwobenen Kapelle vorbei, die an der Einmündung des Scheibenwegs stand. Kurz darauf bogen sie links ab in den Wald. Django ließ die Oma raus und setzte sie in den Rollstuhl. Ganz wohl war ihm nicht bei der Sache. Aber den Egglburger See zu observieren, würde sich für sie noch schwieriger gestalten. Außerdem hatte sie Handy und Pfefferspray in der Tasche. Er verabschiedete sich mit einem Bussi von ihr, stieg ins Auto und brauste davon.

Am Ortsrand von Ebersberg parkte er am Parkplatz zur Gass, packte sein Fernglas, eine fast leere Flasche Wasser und einen Apfel ein. Aufgeblasene, grauschwarze Wolken türmten sich über dem Forst, es donnerte. Beim weißblauen Maibaum hinter dem Wirtshaus fiel eine asphaltierte Straße ab. Von dort aus konnte Django bereits auf den See blicken, der dunkel vor ihm lag. Er holte den Apfel heraus und biss hinein. Kauend las er den Spruch an den Wanderer, der unter einem Wegkreuz prangte. Dann ging er weiter. Die Straße wurde abgelöst von einem Pfad, der am Rand eines Gebüschs durch eine Wiese führte. Der Regen der letzten Nacht hatte sie völlig durchnässt, das Wasser stand immer noch in kleinen Pfützen zwischen den Grashalmen, sodass Djangos Schritte schmatzen. Die grüne Landschaft vor ihm hob und senkte sich. Am Ufer zu seiner Rechten wucherten braune Gräser. Nach kurzer Zeit mündete der Weg in eine Straße, von der ein von Bäumen umrahmter, aufsteigender Weg mit Holztreppen abging. Während er gedankenverloren den Apfelbutzen in seiner Manteltasche gleiten ließ und seine Flasche austrank, überlegte er, ob er ihm folgen sollte. Vom Hügel aus hätte er vermutlich einen guten Überblick über den See, auch wenn sich mittlerweile die Dämmerung darüber legte. Ein Schild wies darauf hin, dass er sich in einem Naturschutzgebiet befand. Auf einem gelben Zettel stand: ›Von 15. März bis 31. Juli gilt hier: BITTE HUNDE AN DIE LEINE UND AUF DEN WEGEN BLEIBEN.‹ Auf dem Foto darunter war ein kopfloser Jogger mit einem Hund an der Leine zu sehen. Untertitelt war es mit den Worten: ›Wir bitten um Ihr Verständnis und Beachtung. Vielen Dank, Ihr Landratsamt Ebersberg.‹ Django sah auf seine Taschenuhr: Heute war der 15. Mai.

Nachdem er den Berg bestiegen hatte, empfing ihn hinter einem eisernen Türl die verrußte Kirche St. Michael 113, die ein kleiner Friedhof umarmte. Da Django Durst hatte, freute er sich, als er den Wasserschlauch an der Kirche sah. Er steckte ihn in seine Flasche, drehte auf und füllte sie mit Wasser, um einen kräftigen Schluck davon zu nehmen. Es geht doch nichts über frisches, reines Quellwasser, dachte er. Ein Geschenk der Natur. Er behielt das Wasser im Mund, schaute auf die Flasche, und spuckte aus. Im Wasser schwamm ein Ohrenwutzler! Ja, ja, ein Geschenk der Natur! Er schüttete sie aus und spie auf die Wiese. »Pfui Deibel!« Wütend ging er auf dem Friedhof zur Mauer, von wo aus er auf die geschwungenen Felder sah. Was ihm leider nicht weiterhalf, da die Vögel direkt am See nisteten, den er von hier aus nicht sehen konnte.

Da zerriss ein seltsames Geräusch die Stille. Er sah nach oben. Fledermäuse stoben unter der Dachrinne des Kircherls auf. Es knackste, als hätte jemand den Panzer eines Maikäfers geknackt. Django schlich in die Richtung, aus der das unheimliche Geräusch gekommen war. Plötzlich stand ein Mann vor ihm. Hatte Django ihn dabei gestört, wie er einem Hund das Genick gebrochen hatte und ihm gerade die Haut abziehen wollte?

Die Oma saß im Ebersberger Forst und hoffte, dass sie vom Gewitter verschont bleiben würde. An einen Regenschirm hatten weder Django noch sie gedacht. Entfernt hörte sie Lastwägen vorbeidonnern. Mit der einen Hand umklammerte sie das Handy, mit der anderen das Pfefferspray.

Bis eben hatte sich in der verfallenen Hütte nichts gerührt. Nun leuchtete ein Streichholz auf und eine Kerze wurde entzündet. Die Oma rollte näher an die Hütte heran. Die Eingangstür öffnete sich, Edith Bull kam heraus und sperrte ab. Hastig kutschierte sich die Oma hinter einen Baum. Keine Sekunde zu früh. Edith Bull radelte vorbei. Zefix! In ihrem Rollstuhl konnte die Oma kein Fahrrad verfolgen. Aber versuchen musste sie es. Also drehte sie am Greifreifen. Der Rollstuhl bewegte sich keinen Millimeter, sie steckte fest. Auch das noch! Sie ruckelte und ruckelte. Doch nichts geschah. Sie versuchte es erneut. Das Handy glitt ihr aus der Hand, knallte auf einen Stein und zerfiel in seine Einzelteile. Jetzt konnte sie nicht einmal mehr ihren Enkel anrufen, dass der sie holen würde. Zu allem Überfluss schlugen die ersten Tropfen auf sie ein. Sie ruckelte erneut hin und her, der Rollstuhl kippte zur Seite, sie fiel auf den feuchtkalten Waldboden. Sie versuchte, sich wieder nach oben zu ziehen, stieß dadurch den Rollstuhl ein wenig nach vorn. Der fuhr auf die Scherben des Handys und dann hörte sie, wie die Luft aus einem Reifen entwich. Der Regen wurde immer stärker, die Tropfen vermischten sich mit den Tränen, die ihr übers Gesicht liefen. Warum hatte sie bloß ihren Hacklstecker im Auto liegen lassen? Sie tastete den Boden um sich herum ab, zerstach sich die Hände in einer Brombeerhecke, fand einen Stecker und richtete sich auf. Weil sie sich beim Sturz ihre Hüfte geprellt hatte, hinkte sie langsam in Richtung Hauptstraße. Ihr Zopf war aufgegangen, ihre weißen, langen Haare hingen ihr über die Schultern. Sie konnte keine fünf Meter weit sehen, hin und wieder irrte ein Licht durch den Wald. Da es Mitte Mai war, hatte sie sich lediglich ihre Strickjacke übergezogen, die kalt und schwer an ihr klebte. Am Waldrand blinkte etwas Weißes. Sie humpelte näher, hob die Plastikplane mit Riss auf und stülpte sie über ihren Kopf. Nach einer Ewigkeit erreichte sie die weißgetünchte Hubertuskapelle an der Straße. Vereinzelt schossen Autos vorbei. Ihr war nach Beten zumute, aber noch mehr war ihr nach einem warmen Bad und trockenen Anziehsachen. Also stellte sie sich an die Straße, in der Hoffnung, jemand würde sie mitnehmen. Da hörte sie im Wald einen Ast knacksen. Sie drehte sich um. Edith Bull starrte sie wutverzerrt an und brüllte: »Nimm das du Sau!« Dann roch die Oma nur noch Blut.

Auch auf Django und Straub prasselte der Regen nieder.

Straub sah Django verstört an: »Grüß Gott«

Django hielt sich nicht lange mit Floskeln auf – »Richard Straub?« – und zog seinen Deringer.

Straub musterte die Waffe und flitzte los, rempelte Django um, ein Schuss löste sich. Er ließ das Kircherl und den Friedhof hinter sich und hastete den abfallenden Feldweg hinunter. Django folgte ihm durch das Metalltürl, warf ihm wütend seine leere Flasche hinterher, schlitterte und landete auf dem Hintern. Ächzend stand er wieder auf und klopfte sich den Schlatz vom Mantel. Dann wetzte er an einem Bauernhof vorbei. Aus dem Stall glotzte ihn eine Kuh an. Doch Straub war nirgends zu sehen. Django drehte sich um, sah noch, wie der Verdächtige in die entgegengesetzte Richtung nach Gass rannte. Er konnte jetzt nicht nachsehen, woher das Knacken stammte und ob auf dem Friedhof wirklich ein gehäuteter Hund lag. Also zog er seinen Mantel aus und mobilisierte seine letzten Kräfte, die gar nicht so wenig waren. Und so erreichte er den Parkplatz zur Gass, als Straub gerade startete. Django hüpfte ebenfalls in seinen Wagen und gab Gas.

Straub donnerte Richtung Hohenlinden am Ebersberger Forst entlang. Oje, die Oma, fuhr es Django durch den Kopf. Aber die musste warten, er war einem Tatverdächtigen auf der Spur. Wenn sie in Schwierigkeiten war, würde sie sich schon melden.

An einem Schild, auf dem stand ›Sauschütt – Wirtshaus und Biergarten‹, bog Straub links in den Wald ein. Da schau her, dachte Django. Triffst dich mit deinen Komplizen. Django ging vom Gas, um den Abstand zu erhöhen. Er parkte drei Reihen hinter dem Verdächtigen und folgte ihm zum Wirtshaus. Doch vor der Stuben drehte er sich um und erkannte Django wieder, was angesichts des Cowboyhutes nicht sonderlich verwunderlich war. Hätte er bloß seinen Hut abgenommen! Straub wollte die Türe öffnen, doch die war verschlossen. Auch im Inneren der Sauschütt brannte kein Licht. Straub rüttelte an der Tür, sah sich erneut nach Django um und rannte nach links in den Wald. Dieses Mal hatte Django einen kleinen Vorteil, weil er einen Teil des Weges abschneiden konnte. Er hüpfte über den Sandkasten, über einen Plastikbulldog und war nur noch wenige Meter von Staub entfernt. Ein Krampf in der Wade zwang ihn stehen zu bleiben. Obwohl er mehrmals heftig auf den stechenden Muskel schlug, die Wade massierte, ließ der Schmerz erst nach einer Minute nach und er konnte weiterlaufen. Durch eine Allee, den aufgeweichten Walderlebnispfad entlang folgte er Straub weiter in den Wald. Ein Hirsch glotzte dem rasenden Cowboy grimmig hinterher. Der ließ das Fledermaushaus mit der riesigen Holzfledermaus auf dem Dach links liegen und gelangte zum Wildschweingatter. Hinter dem Zaun hatte sich etwas bewegt.

»Straub, wenn Sie da drin sind, ergeben Sie sich!« Fünf Frischlinge standen unter dem Überdach, schauten ihn an und grunzten aufgeregt. Irgendwas stimmte hier nicht.

Die einzige Antwort, die Django erhielt, war ein Grunzen. Also beschloss er, über den Zaun zu klettern. Er stieg auf den Maschendraht, rutschte ab und plumpste auf der anderen Seite in die stinkende Suhlgrube der Schweine. »Zefix! So eine Sauerei!« Als er sich aufrichtete, sah er zwei Beine, die auf dem matschigen Boden landeten und davonrannten. Und den Eber mit seinen riesigen Hauern. Der stierte erst dem flüchtenden Straub hinterher, um dann Django ins Visier zu nehmen. Offenbar konnte er sich nicht entscheiden, wen er zuerst auf die Hauer nehmen sollte. Er wählte Django, der jetzt in die gleiche Richtung wie Straub rannte. Django schlitterte erneut in den Matsch. Sah zwei rot leuchtende Augen auf sich zukommen. Und die weißen Hauer. Er richtete sich auf und stolperte auf einen Baum zu.

Die Oma wartete an der Straße, an der es nur hell wurde, wenn ein Auto vorbeifuhr. Einige Autos waren langsamer geworden, eines sogar fast stehen geblieben. Omas Schädel fühlte sich matschig an, als hätte der Regen ihn weichgeklopft. Da stoppte ein schwarzer Mercedes, die Tür sprang auf. Omas weiße Plastikfolie hatte der Regen mittlerweile sauber gewaschen, aber in ihren Haaren klebte immer noch Blut.

Aus dem Wagen stierte sie eine Frau mit Nickelbrille an. »Nach Ebersberg?«, stammelte die Oma und die Nickelbrille nickte.

Die Frau fuhr los, sagte kein Wort, musterte die Oma unauffällig aus den Augenwinkeln, schien auf etwas zu warten.

»So ein Sauwetter«, sagte die Oma. Die Frau zuckte zusammen, schniefte, stellte die Scheibenwischer schneller, vergaß das Fernlicht abzustellen und schaltete stattdessen die Nebelscheinwerfer ein. Der Traumfänger aus Leder, der am Rückspiegel hing, baumelte wild zwischen der Oma und der Nickelbrille hin und her. Die Oma versuchte es erneut. »Ist Ihnen das nicht zu gefährlich, so allein mitten im Wald?« Die Frau schniefte erneut, sah zur Oma, blinzelte mit den Augen, dass der Oma angst und bang wurde, weil man ja wegen des starken Regens und der Scheibenwischer eh schon wenig sah.

»Ich tät gern am Marienplatz aussteigen«, flüsterte die Oma, als sie am Ortsschild von Ebersberg vorbeifuhren.

Die Frau blinzelte, schaltete die Scheibenwischer aus und verschaltete sich, dass der Motor nur so krachte. Dann schniefte sie und brüllte: »Sagen Sie mal, wollen Sie mich eigentlich verarschen? Ich warte die ganze Zeit darauf, dass sie verschwinden, so wie es sich gehört! Stattdessen versauen Sie mir meine neuen Ledersitze! Sie sind ja gar nicht die weiße Frau!« Jetzt hatte die Frau unter der Nickelbrille wieder Farbe im Gesicht.

»Ich bin nicht die weiße Frau«, sagte die Oma, bevor sie ausstieg, und ihr die Hand reichte. »Kugler mein Name.« Die Autofahrerin gab mit offener Tür Gas und ruckelte davon.

Die Oma dagegen schüttelte den Kopf, hinkte in die Eisdiele am Marktplatz und hoffte, dass ihr Enkel bald auftauchen würde. Auf dem Weg zu ihrem Tisch hinterließ sie eine rote Tropfspur.

Der Kellner kam an ihren Tisch: »Kann ich Ihnen helfen?« Keine Sekunde später hatte sie ein Telefon in der Hand, mit dem sie Djangos Nummer wählte. Der war auf dem Weg zur Hubertuskapelle und hatte den Eber und Ebersberg bereits hinter sich gelassen.

Glücklicherweise hatte Django immer eine Ladung frischer Anziehsachen für die Oma im Kofferraum. »Falls es mal nass reingeht.« Bisher war es vor allem nass reingegangen, wenn die Aufträge ausblieben. Jetzt profitierte nicht nur die Oma von seiner Weitsicht.

Vom Grog, den ihr der Wirt spendiert hatte, war der Oma bereits warm geworden. Und so erzählte sie Django nach seiner Ankunft im Eiscafé gut gelaunt, wie sie ungewollt weiße Frau gespielt hatte. Der lauschte ihr gespannt in Miederrock und Bluse. Denn auch er hatte sich nach den Ausrutschern im Schweinegehege an den Ersatzklamotten bedient. Wäre die Benzfahrerin nicht so unhöflich geworden, hätte sie ihr fast ein bisschen leidgetan, resümierte die Oma. Aber so blieb die Schadenfreude ganz auf ihrer Seite.

Django konnte seine Oma-Verkleidung immerhin ein

wenig mit seinem Ledermantel kaschieren. Trotzdem nannte ihn die Bedienung Seniorina, als er ebenfalls einen Grog bestellte.

Im Gegenzug berichtete er der Oma von seiner Verfolgungsjagd. Und von dem Geständnis, dass ihm der Straub auf dem Baum gemacht hatte, während der wütende Eber immer wieder seine Hauer in das Holz gerammt hatte.

Eigentlich war Straub nur in Egglburg gewesen, um den Großen Abendsegler zu beobachten, eine besondere Fledermausart. Von der rührte auch das Knacken her. Oder besser gesagt von dem Hirschkäfer, den sich die Fledermaus geschnappt hatte. Dessen Mantel zerbrach sie, um ihn anschließend fressen zu können. Geflüchtet war Straub, weil er Djangos Deringer gesehen hatte. Er dachte, der Bauer, der ihm vor Kurzem gedroht hatte, ihn umzubringen, hatte einen Auftragskiller engagiert.

Bei einem Samstagmorgen-Spaziergang hatte der Naturschützer Straub nämlich den Landwirt erwischt, wie er unerlaubterweise Holz geschlagen hatte. Weswegen ihm der Bauer mit dem Tode gedroht hatte.

Auf dem Baum hatte Straub Django den Impfausweis seines Labradors gezeigt. Und welcher Hundebesitzer würde schon einem anderen Vierbeiner die Haut abziehen? Dem Besitzer des Schreibwarenladens, dem Manz Konstantin, gab er auch gleich noch ein mehr oder weniger wasserdichtes Alibi. Wie Straub war er Mitglied im Hundeverein.

Als Django nach dem Geständnis einen Kautabak aus der Manteltasche holen wollte, stieß er auf den Apfelbutzen. Den warf er dem Eber vor die Füße und der stürzte sich anstatt auf die Männer auf den Butzen und die beiden konnten fliehen.

Also bleib die einzige Verdächtige Edith Bull, die durch ihre Blutdusche, vermutlich Hundeblut, den Verdacht noch erhärtet hatte. Dass es sich um Menschenblut handeln könnte, wollte Django in Gegenwart der Oma gar nicht erst denken. Eine Probe des Blutes konnten sie leider nicht nehmen, da der Regen schon alles abgewaschen und Django keine Röhrchen einstecken hatte, um es zu transportieren.

Als sie an der Hubertuskapelle vorüberfuhren, beutelte es die Oma. Django legte ihr die Hand auf die Schulter. Sie fuhren nicht ganz bis zur Hütte, schalteten das Licht schon an der Abzweigung aus. Mittlerweile hatte es zu regnen aufgehört und der Mond strahlte durch die Baumwipfel. Kaum, dass Django den Motor ausgeschaltet hatte, entzündete sich in der Hütte wieder ein Streichholz. Von vorn rollte ein Auto heran. Ein Mann mit langen weißen Haaren, mehr war in der Dunkelheit nicht zu erkennen, stieg aus und hinkte zur Eingangstür. Er trug einen Eimer in der Hand.

»Ihr Lieferant«, flüsterte die Oma.

»Du lenkst sie ab und ich schnappe ihn mir.«

Die Oma holte ihren Hacklstecker vom Rücksitz, kraxelte raus, drückte die Tür leise zu und ging in Richtung Hütte. Jetzt war für Django der Augenblick gekommen, den Gschwoischädel Kommissar Rutzmoser zu informieren. Er schickte ihm eine SMS und machte sich ebenfalls auf den Weg.

In großem Bogen näherte er sich der Hütte von hinten, möglichst, ohne Lärm zu machen. Aber er war eben kein Indianer, sondern ein Cowboy und seine Stiefel waren nicht dafür gemacht, durch den Wald zu schleichen. Kurz bevor er die Hinterseite des Hauses erreicht hatte, an der sich allerlei Krusch sammelte, trat er auf einen dicken Ast, der lautstark knackte. Dann hörte er die Oma. »Grüß Gott, könnte ich bitte noch einmal so eine Blutdusche haben? Die ist gut für meine Haut. Und mein Rheuma wird davon auch besser.«

»Verschwind, du Hex!«, belferte Edith Bull.

»Aber, aber, meine Damen«, versuchte der Lieferant die Streithanseln zu beschwichtigen. »Wer wird denn da schimpfen?«

»Bei dir hilft ja nicht einmal das Hundeblut«, sagte Edith Bull.

Django drückte sich an der Hauswand entlang, stolperte über einen Rechen, der lautstark zu Boden krachte. Die drei an der Tür stritten einfach weiter, bis Djangos Handy läutete. »Django!«, schallte es durch den Ebersberger Forst. Er ging dran. »Was ist das jetzt wieder für ein Scheiß, Django!«, brüllte Rutzmoser. Django zog seinen Deringer, sprang neben die Oma und nahm Edith Bull und den Lieferanten ins Fadenkreuz.

»Was ist denn heute los?«, fragte der Lieferant. »Erst kommt eine Hexe aus dem dunklen Wald und überdies beehrt uns auch noch ein Cowboy, samt Titelmelodie.«

Django war nur eine Sekunde unaufmerksam. Aber die reichte dem Lieferanten, um ihm den Deringer aus der Hand zu hauen und ihn zu überwältigen. »Schnell, Edith, hol Kabelbinder.«

»Aaaber«, stotterte die, »der ist sicher kein Dämon, weil ein Dämon ein Weiberts sein muss.«

»Dann haben wir jetzt halt gegendert«, sagte der Lieferant.

»Ge… was?«, fragte Edith Bull verdutzt.

»Vergiss es! Hol endlich den Kabelbinder!«

Edith Bull ging in die Hüte. Die Oma holte mit ihrem Hacklstecker aus. Der Lieferant stoppte ihn mit der Hand, verdrehte der Oma den Arm, »du grober Lackl!«, und legte sie neben Django auf den Boden.

Kurz darauf kam die Bull mit einem ganzen Packen Kabelbinder aus dem Haus. Der Lieferant fesselte erst Django und dann der Oma die Arme. »Vielleicht kannst deine Dämonen zukünftig mit Menschenblut, anstatt mit Hundeblut behandeln«, sagte er.

Die Oma sah Django verängstigt an. Der bekam eine Gänsehaut. Würden die beiden sie jetzt schröpfen? Aderlass wie im Mittelalter?

Da blitzte Blaulicht zwischen den Bäumen auf, Sirenen ertönten. Kommissar Rutzmoser und drei Streifenbeamte sprangen aus dem Wagen, verfolgten die beiden Flüchtenden und holten sie bereits nach kurzer Zeit ein. Als sie mit Handschellen im Streifenwagen saßen, sagte Rutzmoser: »Jetzt müsst ihr mir das Ganze aber schon mal erklären.« Die Oma und Django erklärten es, so gut sie konnten, bis die Uhr weit nach Mitternacht anzeigte. »Ausnahmsweise halte ich dich auf dem Laufenden«, verabschiedete sich Rutzmoser.

»Nimm bloß die weiße Frau mit«, gab Django zurück und freute sich auf sein Bett.

Ein paar Tage später berichtete Rutzmoser Django, dass das Blut im Eimer wirklich von Philius stammte. Der Lieferant, alias Helge Wanderwitz, hatte den Hund ermordet, weil der brütende Tiere am Egglburger See gejagt hatte. Mehrfach hatte er Marianne darauf hingewiesen, ihren Hund an die Leine zu nehmen. Sie hatte nicht reagiert, weswegen er andere Methoden hatte anwenden müssen, wie er sagte. Natürlich hätte das kein normaler Mensch getan. Im Laufe des Verhörs fand Rutzmoser heraus, dass Wanderwitz in seiner Kindheit von seinem Vater über Tage im Keller eingesperrt worden war. Seine einzigen Ansprechpartner waren Tauben gewesen, die ihm auf dem Hausdach Gesellschaft geleistet hatten. Der Hund seines Vaters hatte ihn dagegen immer wieder in Schach gehalten.

Mit Marianne trafen sie sich aufgewärmt und ausgeschlafen am versteckten Antoni Weiher. Als ihr neuer Hund, den sie sich aus dem Tierheim geholt hatte, ins Wasser sprang und die Perlhühner verschreckte, überlegte Django, ob er etwas sagen sollte. Marianne schien seine Gedanken erraten zu haben und pfiff den Hund zurück. Nach dem Honorar gab sie ihm noch einen Kuss auf die Wange, der ihn verdattert zurückließ. Bis sein Handy läutete und es »Django!« durch den Wald tönte.

103 Aussichtsturm: Im Ebersberger Forst. 35 Meter hoher Turm in Betonbauweise. Anfang des 19. Jhs. an der Stelle eines 1873 aufgestellten hölzernen Turms auf der Ludwigshöhe errichtet. Bei guter Sicht sehr weiter Ausblick.

104 Ebersberger Forst mit Waldlehrpfad: Der Ebersberger Forst ist eines der größten zusammenhängenden Waldgebiete in Deutschland.
Waldlehrpfad: Beginn an der Waldgaststätte Hohenlindener Sauschütt, vorbei an Wildschwein- und Dammwildgehegen im Forst mit Infotafeln und Aussichtsplattformen. Gaststätte mit Biergarten und großem Spielplatz.

105 Museum Wald und Umwelt und Naturerlebnispfad: Am Rand des Forstes. Ausgangspunkt vieler Wanderwege. Dauerausstellung zu Waldökologie, Sonderausstellungen, schöner Laden. Der NaturErlebnisPfad beginnt am Vorplatz des Museums und ist immer zugänglich. Ludwigshöhe 2, Telefon: 08092/247983. Öffnungszeiten 15. März bis 15. November Samstag, Sonntag, Feiertag 11–18 Uhr, 16. November bis 14. März Sonntag, Feiertag 12–17 Uhr.

106 Skilift im Waldsportpark: Nördlich von Ebersberg. Waldstadion, Skilift, Langlaufloipen. Manfred-Bergmeister-Weg Ebersberg Richtung Markt Schwaben.

107 Grabkreuzmuseum: Östlich der Stadt, bei der Kunstschmiede Bergmeister. Älteste Beispiele aus der Frührenaissance im 16. Jh. Erläuterungen zur Symbolik. Samstags vormittags geöffnet.

108 Egglburger See, Familienbad Klostersee: Zwischen der Stadt und dem Ebersberger Forst. Vermutlich im 11. Jh. durch eine Aufstauung entstanden. Wichtiger Brutplatz für teils seltene Vögel. Teil der Weiherkette Im Ebrachtal. Beginnend mit dem Egglburger See, gefolgt vom Seeweber-, Lang- und Kleinen Weiher. Im Osten abschließend mit dem Familienbad Klostersee an der Eberhardstraße. Hübscher Wanderweg. Öffnungszeiten Familienbad Mitte Mai bis Mitte Oktober täglich von 9 bis 21 Uhr. Eintritt frei. Familienbad Klostersee: Aufgestauter Badesee. Einst vom Kloster für die Fischzucht genutzt. Heute mit Strand, Spielplatz, Badeinsel usw.

109 Neuer Friedhof: Nordöstlich der Stadt. Besticht durch seine außergewöhnliche Architektur.

110 Forsthaus Diana: Zugang über den Waldfriedhof Kirchseeon. Einer der letzten Köhler Bayerns arbeitet hier und verkauft auch seine Grillkohle.

111 Korn-Bio-Markt mit Bistro von Montag bis Freitag 11:30 bis 14 Uhr. Wechselnde vegane, vegetarische und fleischliche Gerichte und Salate. Schlossplatz 5.

112 Hubertuskapelle: Wegkapelle im Forst.

113 Egglburger Kirche St. Michael: Aufgrund der abgeschiedenen Lage ist die Kirche außerhalb der Gottesdienstzeiten verschlossen. Für eine Besichtigung kontaktieren Sie bitte das Pfarrbüro. Tel. 08092/853390.

# WER KO, DER KO

## -MÜNCHEN-

Die Rohre staken wie Innereien aus der Zimmerdecke hervor. Putz bedeckte den Boden. Der Taschenlampenkegel kämpfte sich durch den Staub, den Django mit seinen Cowboystiefeln aufwirbelte, und fing die Blutsprengsel auf dem verdreckten Fußboden ein. Er folgte der Blutspur in das größte Zimmer der Wohnung. Zusammengekrümmt wie ein Embryo lag er auf dem Boden in einer Lache Blut. Django bückte sich. Neben der Leiche lag ein Hammer – blutverschmiert. Instinktiv griff er danach und wurde sich umgehend seines Fehlers bewusst. Da hörte er ein Geräusch hinter sich, zog seinen Deringer und drehte sich um.

»Polizei! Hände hoch!«

Django ließ die Waffe fallen und hob die Hände, die brutal nach unten gerissen wurden.

»Sie sind verhaftet, Sie werden des Mordes an Franz Gedert verdächtigt.«

Sie führten ihn durch das marode Treppenhaus, auf die Straße, stießen ihn in den Streifenwagen und fuhren ins Polizeipräsidium in der Ettstraße, nahe der Frauenkirche. Als Kind war er dort zum Spaß in den Teufelstritt 114 gestiegen, der der Sage nach vom Teufel stammen sollte. Zum Teufel!

*

*Zwölf Stunden vorher*

Django war es gewohnt, dass die Kunden wie aufgeschreckte Hühner seine Dienste einforderten. Doch so etwas wie die herumquiekende Viktoria Wiemken hatte er noch nie erlebt. Und dafür, dass sie nichts sagen wollte, hatte sie verdammt viel gesagt. Trotzdem rückte sie am Telefon nicht damit heraus, um welchen Auftrag es sich handelte. Aber da wieder einmal der Satz: »Geld spielt keine Rolle«, gefallen war, interessierte ihn das wenig.

Er hatte der Oma noch nicht erzählt, wo die Reise hingehen sollte, da saß sie schon im Ausgehkleid in ihrem Rollstuhl und strahlte: »Auf geht's nach Minga.«

Weil sie zu früh dran waren, stiegen sie am Stachus aus der S-Bahn. Die Gischt des Brunnens befeuchtete Djangos Gesicht, und wie immer im Sommer fühlte er sich hier wie in Italien. Die Touristen, die Palmen und die Eingeborenen, die gemeinsam mit dem Tag erwachten, die Zeitung am Brunnen lasen oder sich mit dem Stadtplan die Route für ihre Stadtbesichtigung festlegten. Vor 10 Uhr konnte man sich in der Fußgängerzone noch frei bewegen, ohne einem Touristen durchs Bild zu laufen oder einem Shoppingsklaven scine prall gefüllten Einkaufstüten zu rammen. Hellwach war dagegen der Franz Xaver Krenkl, ein Münchner Original, das wie die anderen drei Kragenköpfe schon lange das Zeitliche gesegnet hatte. Jetzt grinste er von früh bis spät aus der Ecke des Neuhauser Tors 115 herunter.

»Am Ross-Krenkl kannst du dir mal ein Beispiel nehmen«, frotzelte die Oma, »der lacht immer.« Sie gingen die Neuhauserstraße hinunter. Nach ein paar hundert Metern, vor einem Obststand mit frischen Schwammerln und Erdbeeren, haute die Oma die Bremse hinein, dass sich der Django den Griff in sein Allerheiligstes rammte.

»Oma, du weißt doch, dass ich das nicht verpack, wenn du einfach bremst, ohne mir Bescheid zu geben! Was möchtest?«

Die Oma nickte mit dem Kopf in Richtung des rotweißen Baus hinter dem Obststand, auf dem in goldener Schrift ein lateinischer Text prangte. Dort wachte über dem Eingang der Bürgersaalkirche 116 die Mutter Gottes mit dem Jesuskind auf dem Schoß.

Bevor sie in die Unterkirche des Bürgersaals gingen, sah er das Plakat mit einem Bild von Pater Rupert Mayer. Djangos Religionslehrerin aus der Grundschule, Frau Brunnauer, hatte förmlich von ihm geschwärmt. Mutig hatte er sich gegen die Nazis und das von ihnen verhängte Redeverbot gewandt, weswegen er im KZ Sachsenhausen interniert wurde. Für Django war Pater Rupert Mayer immer schon ein Held. Vielleicht war er deswegen auch Privatdetektiv geworden, um für die Schwachen zu kämpfen. Andere Münchner hatten ihren Protest stummer vollzogen und waren durch die Drückebergergasse 117 hinter der Feldherrnhalle gegangen, um sich den Hitlergruß zu sparen.

In der dunklen Unterkirche saß ein betender Mann auf einer der Holzbänke vor dem Altar, das Gewölbe mit den kaum beleuchteten Säulen erfüllte Django mit einer ungewöhnlichen Ruhe. Die Oma fuhr auf die Bronzebüste von Pater Rupert Mayer zu, stellte die Bremse fest und erhob sich ächzend aus dem Rollstuhl. Dann strich sie über die glatt polierte linke Brust und ließ sich wieder in den Rollstuhl fallen.

»So jetzt kann's losgehen«, sagte sie und drehte den Rollstuhl eigenhändig herum. Django nutzte die Gelegenheit, um heimlich mit der Hand über die Büste zu streicheln.

Kurz darauf hatten sie das Café erreicht, in dem sich die Kundin mit ihnen treffen wollte. Vor dem Café waren die Stühle nur spärlich besetzt. Als Erkennungszeichen hatte ihre Auftraggeberin, Frau Viktoria Wiemken, ein Stück Erdbeerkuchen und eine Tasse Kaffee vereinbart. Nicht sehr originell, wie Django fand.

An einem der wenigen besetzten Tische saß eine kleine, gedrungene Frau allein vor einem Stück Erdbeerkuchen und einer Tasse Kaffee. Django schob am Nebentisch einen Stuhl beiseite, die Oma stattdessen hin und pflanzte sich dazu. Abgesehen von der ›unbedingten Diskretion‹ hatte Frau Wiemken zwei weitere Stichwörter genannt: ›Heiratsschwindler‹ und ›um Jahre jüngerer Mann‹. Weswegen Django auch davon ausging, dass die Frau am Nebentisch seine Kundin war: Anfang 50 und ein bisschen schiach. Die Oma bestellte sich ebenfalls einen Kuchen, Django, der nach wie vor versuchte, seine vegane Diät durchzuziehen, nur einen Kaffee, weil er vom Frühstück immer noch bummvoll war.

Als die Oma ihren Kuchen verputzt hatte, wurde es ihm zu bunt und er sprach die Frau einfach an. »’tschuldigung, sind Sie vielleicht mit einem viel jüngeren Mann verheiratet, den Sie für einen Heiratsschwindler halten?«

Die Oma ließ ihre Gabel auf den Teller fallen. Ihr kritischer Blick entging ihm, da sich die Frau mit den Zöpfen erhob, die Augen unter den Brauen weit aufgerissen. Ihre flache Hand kam auf ihn zu, es machte einen Dumpfen, sein Kopf wurde zur Seite gerissen, ein Pfeifen schoss durch sein Ohr. Die Frau schwänzelte mit wackelndem Hintern aus dem Café.

»Das war sie dann wohl nicht«, murmelte er und hielt sich die Backe.

Kurz darauf kam die Bedienung kassieren: »Die Dame meinte, Sie würden sie auf Kaffee und Kuchen einladen.«

»Das hast jetzt davon«, sagte die Oma und schob sich das letzte Stück ihres Erdbeerkuchens in den Mund.

Plötzlich stand ein Vogel vor ihnen: Eine abgehetzte Frau mit aufgestellten Haaren, einem Gesicht und einer Nase wie der Schnabel eines Federviehs: »Entschuldigen Sie bitte. Sind Sie der Privatdetektiv?«

Der Vogel, alias Viktoria Wiemken, bestellte nicht einmal, sondern blubberte sofort los. Tränenreich legte sie dar, wie sie ihren 25 Jahre jüngeren Ehemann Ernst Dreyer vor zwei Jahren an einem lauen Sommerabend im Kabinettsgarten 118 hinter der Allerheiligen-Hofkirche der Residenz kennen und lieben gelernt hatte. Django musterte währenddessen die Frau unauffällig: Die Hose glitzerte silbern wie ein Lametta geschmückter Weihnachtsbaum über den lila Pumps. Ihr Push-up-Busen stand unter dem seltsam ausdruckslosen Gesicht hervor, in den wahrscheinlich etliche Botoxspritzen gefahren waren und Falten und Gesichtszüge versteinert hatten. Vor diesem Eingriff war sie vielleicht sogar hübsch gewesen. Aber jetzt war es nur noch eine zugekleisterte Fassade.

»Das Schlimmste ist gar nicht«, fuhr sie fort, nachdem sich geschnäuzt und das Taschentuch bunt gefärbt hatte, »dass er mir fremdgeht, sondern mit wem.«

»Das kann ich gut verstehen«, sagte Django gedankenverloren.

»Ich aber nicht«, giftete sie ihn an, dass er schon befürchtete, die Vogelnase würde gleich auf ihn einhacken.

»So Erfahrungen möchte man nicht machen«, schaltete sich die Oma ein und legte ihr die Hand auf die grün lackierten Fingernägel.

»Mit einem Mann«, sagte der Vogel.

Django verstand nicht ganz, warum das für sie schlimmer war, als wenn er mit einer Frau fremdgegangen wäre. Das Kuvert mit Geld bewahrte ihn davor, nachzubohren. Er linste kurz hinein und das Bündel grüner Scheine, ließ ihn gedankenlos nach der Adresse des Verdächtigen fragen.

»Schön langsam frage ich mich, ob Ihre Referenzen nicht gekauft sind«, giftete sie ihn wieder an. »Wo soll er schon wohnen, bei mir natürlich.«

»Und wo ist er sonst noch anzutreffen?«

Plötzlich wurde sie so klein mit Hut. »In der Deutschen Eiche [119].«

»Hmmm«, brummte Django und verkniff sich die Frage, ob ihr Ehemann eine Vorliebe für Springerstiefel habe oder in der AfD sei.

»Eines der ältesten Schwulenlokale Münchens. Fassbinder verweilte dort, genau wie Hitler.«

»War Hitler schwul?«, schoss es aus der Oma heraus. Doch dann schien sie die Antwort nicht mehr zu interessieren. Stattdessen sah sie zu Django herüber und begann zu grinsen.

»Sie verlangen jetzt nicht von mir?«, stotterte Django.

»Nein, im Gasthaus sollen Sie nicht ermitteln.« Django atmete erleichtert aus. »Dort ist er auf keinen Fall, da er ja gesehen werden könnte. Der Betrüger treibt sich im Badehaus mit seinem Herrn Liebhaber herum.« Sie sah auf das Kuvert mit dem Geldbündel. Django spürte, wie ihm das Blut vom Kopf in die Zehen absackte. Die Oma sah ihn erwartungsvoll an. Er stand auf: »Ich muss mir noch eine Badehose besorgen.«

»Nix da«, winkte die Wiemken mit erhobenem Zeigefinger. »In der Eiche ist man nackt. Mal abgesehen von einem Handtuch und Badeschlappen, die Sie sich natürlich auf Spesen mieten können.«

»So romantisch, wie es begonnen hatte, wird es wohl nicht enden«, schloss Viktoria Wiemken ihren Bericht. Django wusste nicht, wie Recht sie behalten würde.

Mit bumberndem Herzen verabschiedete sich Django von seiner Auftraggeberin und der Oma, die die gemeinsame Wohnung observieren sollte. Das war eindeutig der angenehmere Teil des Auftrags.

Als er vor dem Café stand, nahm er seinen Cowboyhut ab und wischte sich mit einem Stofftaschentuch über die Stirn. Die Bewegung tat ihm gut. Am Marienplatz stieg er in die U-Bahn, die ihn in der Fraunhoferstraße lustlos wieder ausspuckte. So sehr hatten ihn die Cafés rund um den Gärtnerplatz mit seinen bunten Blumenbetten bis jetzt nie angelacht. Nur der phallische Brunnen machte ihm Angst und schien zukunftsweisend. Das ›Leo von Klenze‹-Denkmal, des ›Baumeisters‹ der Ruhmeshalle, erinnerte ihn daran, dass er einen Auftrag hatte. Bei der Krimibuchhandlung Glatteis, die wenige hundert Meter vor der Eiche reale und erfundene Kriminalfälle zwischen Buchdeckeln präsentierte, wäre er fast schwach geworden. Am Eingang machte er gerade noch einmal kehrt, obwohl ihm die Besitzerin mit ihrem verschmitzten Lächeln und der Brille hinterherrief: »Kann ich Ihnen helfen?« Das konnte sie leider nicht, denn als Frau wäre sie bereits am Eingang des Badehauses abgewiesen worden. Was war er nur für ein Mann, der sich vor der Observation in einer Schwulensauna in die Hose machte? Oder hielt er sich für so männlich, dass er im Besuch einer Schwulensauna den

Untergang des hetero-Abendlandes sah? Sicherheitshalber zog er schon mal seinen Ledermantel aus, damit keine falschen Schlüsse auf irgendwelche Vorlieben gezogen werden konnten.

Dann sah er das Schild, das nicht anders aussah, als das Schild anderer gewöhnlicher Gaststätten: ›Deutsche Eiche‹. Darüber flatterten Fahnen verschiedener Nationen. Sogar eine Familie saß unter der Markise, die die Sonne davon abhielt, die Gäste zu blenden. Die Bedienung im knallpinken Hemd kassierte gerade zwei Männer ab, denen man nach Djangos Meinung ansah, dass sie gern seinen Ledermantel anprobiert hätten. Über der Tür prangte in großen Lettern: ›DEUTSCHE EICHE – HOTEL – RESTAURANT – SAUNA **** superior:‹ Erzählen durfte Django das niemandem. Hätte er doch nur eine Tüte für seinen Ledermantel. Vor dem Eingang wurde auf einem Tischchen ein panierter Parasol angeboten. Daneben thronte ein Fliegenpilz, unter dem stand: ›Der ist nur für die Schwiegermutter!!‹ Django fühlte sich wie die Schwiegermutter und betrat die Höhle des pinken Löwen. Erleichtert registrierte er, dass an der Rezeption, die von außen einsehbar war, keiner saß. Als er die Theke erreicht hatte, summte es wie von Geisterhand. Er ging auf die Tür zu, auf der Männerbadehaus geschrieben war, und öffnete sie. Wieder eine Rezeption, mit zwei Männern, natürlich in pinken Poloshirts. Wie sollte es anders sein. Ansonsten sah es aus wie in jedem Schwimmbad, mit einer Reihe von Spinden vor ihm. Er drehte sich um. An einer Bar saßen Männer, nur Männer, mit Handtüchern um den Hüften. So viel Testosteron findet man in anderen Schwimmbädern nur am Sprungturm vor.

»Hallo«, flötete der Dickere der beiden.

»Badeschlappen bitte«, flüsterte Django, obwohl ein Cowboy in Badeschlappen eigentlich gar nicht ging. Aber seine Lederstiefel anlassen, wollte er auch nicht. Der Dicke schob die Flip Flops über die Theke. »Spind oder Kabine?«

»Ähh.« Django wusste nicht, was mit einer Kabine gemeint war. Er konnte oder wollte sich lieber nichts darunter vorstellen. Kabine hörte sich so nach Guckloch und Schweinskram an.

»Brauchen Sie einen Rückzugsraum?«

»Rückzugsraum. Ja«, sagte Django und zahlte.

»Sie müssen ja nicht in die dunkelsten Ecken gehen«, schossen ihm Wiemkens Worte durch den Kopf. Im Moment wusste er nicht, ob die das als Beruhigung oder Warnung gemeint hatte.

Er legte Handtücher und Schlappen auf seinen Ledermantel, umklammerte seinen Schlüssel und wetzte in den Keller, zwei Stockwerke tiefer. Schon auf der ersten Treppe wurde es immer dunkler. Dort fummelte er den Schlüssel in das Schloss der Kabine Nummer 16, öffnete die Tür und ließ sich auf das Bett fallen. Eine Gummimatratze. »Pfui Deibel!« Er schreckte wieder hoch. Daneben lagen Bettlaken, Handtücher, Gleitgel und, Safety first, natürlich Kondome. Er zog sich widerwillig aus, seine Wampe spiegelte sich im Fernseher an der Wand. Gern hätte er sich jetzt einen Kautabak in den Mund geschoben, aber wo ausspucken? Dann besah er sich die Fotos von Ernst Dreyer und Franz Gedert und schlich hinaus. Die Dunkelheit erschien ihm noch dunkler als zuvor. An der Ecke stand ein nackter Typ, mit einem eigenartigen Ledergürtel, der sich auch über die Oberschenkel zog, und streckte seinen Hintern heraus. Plötzlich huschte ein anderer Mann vorbei, gar nicht nackt, in weißer Segeltuchhose und Lederjacke. Django erkannte ihn trotz des schummrigen Lichts sofort: Ernst Dreyer. Ihm folgte ein Mann, ebenfalls angezogen, schwarzer Vollbart und sehr ausgeprägte Geheimratsecken: Franz Gedert. Django hob seinen Arm mit der Uhr. Die eingebaute Kamera schoss drei Fotos, auf denen die beiden hoffentlich zu sehen waren. Er machte kehrt und wetzte in die Kabine. Dort schob er sich einen Kautabak in den Mund und schlüpfte in seine Anziehsachen.

An der Rezeption sah ihn der Dicke verdutzt an. »Das ging aber schnell.« Bevor er weitere Vermutungen anstellen konnte, warf Django Handtuch und Badeschlappen in das dafür vorgesehene Loch in der Theke und hetzte, ohne sich zu verabschieden, durch die Tür, die sich summend öffnete. Als ihn die Sonne empfing, atmete er erleichtert auf. Irgendwie konnte er es gar nicht fassen, dass der Fall schon abgeschlossen war. Trotz gewisser Herausforderungen hatte er doch seinen Reiz gehabt. Auf einmal stand ein Gschwoischädel, alias Kommissar Rutzmoser von der Erdinger Kripo, vor ihm. »Ach«, sagte der mit hoher Stimme und künstlich gebogener Hand, »jetzt weiß ich, warum du seit der Maria keine Freundin mehr gehabt hast.« Ehe Django etwas erwidern oder ihm eine brettern konnte, verschwand Rutzmoser um die nächste Ecke.

Immer noch bebend holte er sein Handy heraus und wählte die Nummer von Viktoria Wiemken.

»Schicken Sie mir das Foto!«, forderte sie selbstbewusst. Django zog das Foto aufs Smartphone und tat wie ihm befohlen. Eine Minute später läutete sein Handy. »Das nennen Sie einen Beweis?«, belferte es aus dem Hörer. »Ich will Sie sehen, beim Akt.« Dann legte sie auf.

Also rief er die Oma an. »Und, bist noch Jungfrau?«, frotzelte die. Django ging überhaupt nicht auf ihren

Schmarrn ein. »Ist er schon wieder da? Hast du irgendwas beobachtet« Die Oma mampfte ungeniert weiter, ohne ihm zu antworten. »Oma, du sollst nicht nur Kuchen essen, sondern die Wohnung des Verdächtigen observieren.«

»Mach ich doch. Er ist vor fünf Minuten rein. Ich beobachte ihn wie meinen Augapfel.«

»Oma, hast du g'schnapselt?«

»Warum?«

»Weil man jemanden hütet wie einen Augapfel und nicht beobachtet.«

»Ich mach das eben anders.«

Ein Rülpser stieß Django aus dem Handy auf. Was die Oma wohl alles verdrückt hatte?

»Er kommt wieder raus«, flüsterte sie dann. »Ich kann die Wiemken schon verstehen, warum sie sich in den verschaut hat. Der ist einfach fesch.«

»Oma!«

»Er steigt in die Tram. Richtung Stachus. Ich bleib an ihm dran. Irgendwer wird mir schon helfen.«

»Ich fahr auch Richtung Stachus. Rühr dich, wenn du weißt, wo er hinwill.«

Djangos U-Bahn verspätete sich aufgrund einer Schienenstörung. Weswegen er erst am Sendlinger Tor war, als sein Handy erneut klingelte. »Er sitzt jetzt in der S-Bahn Richtung Marienplatz.«

»Das passt, dann fahr ich da ebenfalls hin.«

Dann ein weiterer Anruf, als Django ausstieg: »Am Marienplatz ist er raus.« Django sah sich um. Und genau am anderen Ende des Bahnsteigs stolzierte Ernst Dreyer. Da mittlerweile die ganze Welt in München angekommen zu sein schien, war es für Django einfach. Dafür war die Gefahr größer, ihn zu verlieren. Zum zweiten Mal an diesem Tag ging Django durch die Fußgängerzone, die ihr Gesicht komplett verändert hatte. Wo man vor ein paar Stunden noch tanzen hätte können, musste man nun den Bauch einziehen. Und dann stand Django wie unzählige Touristen vor der Michaelskirche 120, an deren Fasse in einer Nische gerade das Böse mit einer Lanze besiegt wurde. Jetzt kann eigentlich nichts mehr schiefgehen, dachte Django. Er hätte Dreyer zwischen den Tablets, Smartphones und spiegelreflexkameraknipsenden Touris ohne Probleme fotografieren können. Dafür blieb keine Zeit, denn Dreyer huschte in die Kirche. Keine Sekunde später, öffnete auch Franz Gedert die Kirchentür, neben der ein verblichener König Ludwig auf die Wittelsbacher Fürstengruft hinwies.

Wenn das kein weiterer Beweis ist, dass ihr schwul seid, dachte Django. Ihr habt's doch den Kini so gern, mit seinen Schlössern und seiner Liebe zur Musik. Django folgte ihnen und sah gerade noch, wie Gedert von einer Treppe rechts neben dem Altar verschluckt wurde. Jetzt konnte er sich Zeit lassen, hier würde er sie sicher nicht verlieren. Trotzdem musste er an ihnen dranbleiben. Vielleicht schreckten die nicht einmal davor zurück, in einer Kirche zu schnackseln. Vielleicht fanden sie es sogar ganz besonders aufregend? Er ging die Treppen hinunter, an dem gusseisernen Tor mit den Rauten und den Löwen vorbei, das sperrangelweit offenstand. An der Kasse empfingen ihn ein brummiger Dicker und eine Tageszeitung, die über dem Tisch hing. Django zahlte und tauchte ein in die dunkle Fürstengruft. Es sah so aus, als wäre er der einzige Besucher, aber die beiden Schwerenöter mussten irgendwo sein. Er schaute auf seine Uhr, ob der Fotoapparat einsatzbereit war. Dann suchte er neben und hinter den Särgen der Kurfürsten, Herzöge und dem des Königs mit frischen und vertrockneten Blumen nach Nischen und Kämmerchen, in denen man sich vergnügen konnte. Plötzlich hörte er ein kindliches Kichern, das zu einem Mann gehören musste. Ein anderer Mann fiel ebenfalls in das Gackern ein. Django schlich sich an. Er hatte richtig vermutet.

»Doch nicht da.« Wieder ein Kichern. »Was sollen die Leut' denken? In einer Kirch. Puhh, ist das kalt.«

Drecksäu, dachte Django. Zusammenschrumpfen soll er euch. Django huschte am Zinksarg von Herzog Eugène Napoleon Beauharnais von Leuchtenberg vorbei, mit dessen meterlangem Namen er keine Verträge hätte unterzeichnen wollen.

»Ahhh!«, hörte er ein Stöhnen aus der Nische, die sich hinter einem Rundbogen verbarg. Und dann bestätigte sich seine Vermutung: Franz Gedert stand mit lustvoll verzücktem Gesicht und nacktem Oberkörper vor Dreyer, der sich auf Höhe seiner Brustwarzen nach vorn beugte. Django drückte dreimal auf seine Armbanduhr. Jetzt waren die Beweise im Kasten. Er machte kehrt und wetzte zur Kasse, den Rest musste er sich nicht auch noch antun.

»Könnte ich bitte eine Quittung haben?«, fragte Django den Dicken, der über seiner Zeitung gebeugt dasaß, während die Maschine zischend eine Tasse Kaffee aufbrühte.

»Für die paar Pfennig eine Quittung?«

Django schob seinen Cowboyhut tiefer in die Stirn, als er aus der Gruft Schritte hörte. »Ich bin Freiberufler.«

»Gibt's nich«, grummelte der Dicke und holte die Tasse aus der Maschine.

Auf einmal stand Dreyer neben ihm, gefolgt von Gedert. Django konnte nicht anders und schaute erst Gedert auf die Brust, dann Dreyer in den Schritt.

»Na, Cowboy«, zwinkerte Dreyer ihn an.

»Ich kenn dich doch«, polterte Gedert und kam auf Django zu. Der sagte: »Servus«, zum Kassenmenschen, drehte sich um und hetzte davon. Die Treppe hinauf, durch das Kirchenschiff, in die Fußgängerzone. Neugierige Touristen- und Heiligenaugen folgten ihm. Genau wie die schwulen Vögel.

Ohne stehen zu bleiben, preschte er nach links, Richtung Marienplatz, rempelte einen Nazi mit Thor-Steinar-Pulli an, was ihm nicht wirklich leidtat. Auf dem Marienplatz 121 wandte er sich kurz um und sah, dass sie nach wie vor hinter ihm her waren. Das Glockenspiel untermalte die Verfolgungsjagd mit Musik. Er wetzte nach rechts zum Alten Peter, warf am Kassenhäuschen sein Kleingeld samt ein »Bassd scho!« hin und hechtete die Holztreppen den Turm hinauf. Zwei japanische Touristen wichen verstört zurück. Django rannte und rannte, an den Gittern vorbei, nahm mehrere Holzstufen auf einmal. Immer wieder drückten sich andere Besucher an die verkratzten und verschmierten Wände, damit der Cowboy sie nicht umnietete. Eine junge Frau flüchtete auf eine Holzbank, um dem schwitzenden und keuchenden Django nicht in die Quere zu kommen. Und dann stand er oben, auf der Aussichtsplattform des Alten Peter, die sich wie die Touristen, an den Turm schmiegte. Ein leichtes Lüftchen wehte, die Sonne schien. Django quetschte sich ebenfalls am Turm entlang, aber ein Fernsehteam stoppte ihn. Sie hatten eine Tür im Drahtzaun geöffnet, weswegen eine Lücke entstanden war, von der aus man weit über die Dächer Münchens blicken konnte.

Plötzlich hörte er jemanden in seiner Nähe schwer atmen. Franz Gedert war nur noch wenige Meter von ihm entfernt. Mit hochrotem Kopf schob er Touristen beiseite, kam Django immer näher. Der wäre weiter geflüchtet, hätte nicht der Kameramann den Weg versperrt.

»Du Sau!«, brüllte Gedert. Spucke durchkreuzte die Sonnenstrahlen. »Teis hat dich geschickt, um mich fertigzumachen!«

»Teis? Wer soll das sein?«

»Red kein Scheiß!«, polterte Gedert, der sich jetzt vor ihm aufpflanzte. Von seinem Knoblauchatem wurde Django schlecht. Gedert fuhr seine Hand aus, packte ihn an der Gurgel. Django fühlte sich, als würde sein Hals in einem Schraubstock stecken, er schnappte nach Luft. Durch den Halbmarathon war die Luft bereits knapp gewesen, ganz München drehte sich. Er schlug kraftlos nach Gederts Gesicht, schwankte, ergriff Gederts Arm. Der schepperte ihm eine, dass er Sterne sah, obwohl es erst drei Uhr war. Weswegen die sieben Glocken wie jeden Samstag um diese Uhrzeit besonders ausgiebig zu läuten begannen. Der Kameramann wich ängstlich von der Öffnung im Drahtzaun zurück; es entstand eine gefährliche Lücke. Die Tür weit offen, dahinter ging es fast 60 Meter in die Tiefe. Gedert quetschte immer noch Djangos Luftröhre: »Ihr könnt mich nicht fertigmachen«, und schob ihn weiter Richtung Tür. In Gedanken verabschiedete sich Django von der Oma und freute sich, seine Eltern endlich wiederzusehen.

Plötzlich tauchte das verschwommene Gesicht von Ernst Dreyer auf. »Franz, lass den Mann los!« Gedert sah sich um, Django bekam wieder Luft. Jetzt schien ihm seine Aktion sogar peinlich zu sein. Django wollte schon ausholen und ihm eine retour geben, da legte ihm Dreyer den Arm auf die Schulter: »Kommen Sie erst einmal mit. Das Ganze ist vermutlich nur ein Missverständnis.« Dann führte Dreyer Gedert und ihn in das Innere des Turms, worüber Django sehr dankbar war, da die Glocken immer noch läuteten. Die Umherstehenden sahen ihnen neugierig hinterher. Django ließ sich auf die beschmierte Eckbank fallen, wischte sich mit einem Taschentuch über die Stirn und schob sich Kautabak in den Mund. Als er sich gefangen hatte, sagte er zu Gedert: »Ich verstehe ja, dass ihr sauer seid, weil ich euch beim Sex in der Königsgruft erwischt habe.«

Gedert hob den Zeigefinger, deutete auf Django und bekam erneut diesen Gesichtsausdruck: »Da schau, da schau.« Dreyer legte ihm die Hand auf die Schulter und Django fuhr fort. »Deswegen musst du mir ja nicht gleich an die Gurgel gehen.«

»Das mit dem Sex verstehe ich auch nicht ganz«, sagte Dreyer, »und wer sind Sie überhaupt?«

»Privatdetektiv.«

»Da schau, da schau«, fing Gedert wieder mit seiner Litanei an.

Am liebsten hätte Django gesagt, er schaut ja schon, aber jetzt war Deeskalation angesagt. »Ich soll herausfinden, ob Sie, Herr Dreyer, schwul sind.« Gedert wollte gerade wieder seine Schau-Aufforderung wiederholen, da prustete Dreyer lautstark los: »Und, bin ich schwul?«

»Schaut ganz so aus.«

»Aber«, tobte Gedert wieder, »das bedeutet ja, dass ich ebenfalls schwul bin. Teis, die Sau.«

Wer hier die Sau ist, dachte Deichsler. Sex in einer Kirche. Schwul oder nicht, das war dann auch schon egal. »Und wer ist Teis?«

»Eine brutale Drecksau«, sagte Gedert. »Sehen Sie«, sagte Dreyer für Djangos Geschmack ein bisschen zu ruhig und sah auf seine Cowboystiefel aus Krokodilleder, die Django nicht einmal mit der Pinzette angelangt hätte. »Franz Gedert wohnt in einem Haus, das brutal entmietet wird. Der Vermieter möchte ihn mit aller Gewalt draußen haben, um es sanieren und die Mietpreise erhöhen zu können.«

»Und wie macht er das?«, fragte Django.

»Ein Rohr hat er mir ins Bad gelegt, ohne mich zu fragen. Ständig werden Arbeiten angefangen und nicht beendet. Psychoterror ist das.« Gederts Schultern fielen nach vorn.

»Und warum ziehen Sie nicht aus?«, fragte Django.

»Weil ich mir das nicht gefallen lasse. Eine alte Frau hat er schon rausgeekelt. Der hat er das Dach eingetreten.«

»Er hat ihr das Dach eingetreten?«

»Natürlich nicht er«, schaltete sich Dreyer ein. »Ein gekaufter Arbeiter aus Rumänien. Der ist mittlerweile verschwunden.«

»Und was haben Sie mit der ganzen Sache zu tun?«, fragte Django.

»Ich bin Autor und schreibe einen Krimi über die ganze Sache.«

»Bietet sich ja auch an«, sagte Django.

»Und da der Teis wirklich zu allem fähig ist, treffen wir uns an Orten, wo es auffällt, wenn er uns verfolgt. Wir dachten, sie observieren uns in seinem Auftrag, damit er über unser weiteres Vorgehen informiert ist.«

»Das heißt, Sie haben gar nicht …«

»In der Fürstengruft? Nein, da hatte der Franz seinen Kaffee verschüttet und ich habe ihm geholfen, die Sauerei wegzumachen. Aber gut, dass wir Sie schon einmal da haben.«

Django sah ihn erwartungsvoll an und Gedert sah Dreyer an: »Du meinst …?«

»Sicher ist sicher.«

Weil sich alle drei erst einmal stärken mussten, beschlossen sie, essen zu gehen. Die beiden staunten nicht schlecht, als der Vorstadtcowboy nach seinen Wünschen gefragt »vegan« äußerte.

Keine zehn Minuten später saß Django im Royal-Veggie-Döner 122 gleich am Hauptbahnhof vor einem Weißbier und ließ sich ein veganes Schnitzel mit Pommes schmecken. Wenn er gewusst hätte, dass das einer Henkersmahlzeit gleichkam, hätte er sie vermutlich noch mehr genossen.

Was die Oma wohl dazu gesagt hätte?

Während sie schlemmten, besprachen sie den Plan: Gedert vermutete, dass in einer der nächsten Nächte wieder etwas passieren würde. Nicht weniger mörderisch, als die erste Aktion. Damals hatte der Vermieter Teis einfach die Kamine abgerissen, obwohl die Gasheizungen liefen. In einem anderen Haus in München hatte das einem Mieter das Leben gekostet.

Nach dem Essen verabschiedete sich der Tag gemächlich. Sie gingen in Richtung des Hauses, das ganz in der Nähe lag. Django informierte die Oma, die schon die ganze Zeit versucht hatte, ihn zu erreichen, und schlug ihr vor, sich ein Zimmer zu nehmen. Das nahm sie erfreut an; einen Italiener wusste sie bereits, bei dem sie zuvor speisen würde.

Das Haus, in dem das Licht flackerte, war seltsam leer, einige Türen im Gang neu, die Namen an den Briefkästen abgekratzt. Gederts Wohnung befand sich im ersten Stock. Das Bad war nicht mehr vorhanden, genauso wenig wie die Küche, überall glänzten offene Leitungen, lag Putz und Ziegelstaub. Lediglich ein kleines Zimmer wirkte noch bewohnt: ein Schreibtisch, eine Taschenlampe, Kartons und eine Matratze füllten es. Sie ließen sich auf die Matratze fallen. Gedert öffnete eine Flasche Wein, die sie leerten, bis die Nacht über sie hereinbrach, über Django hereinbrach.

Als er wieder erwachte, dröhnte sein Kopf, als hätte er eine Flasche Whiskey allein geleert. Er stand auf, schwankte, musste sich festhalten, weil sich alles um ihn herum drehte. Die Rohre staken wie Innereien aus der Zimmerdecke hervor. Putz bedeckte den Boden. Der Taschenlampenkegel kämpfte sich durch den Staub, den Django mit seinen Cowboystiefeln aufwirbelte, und fing die Blutsprengsel auf dem verdreckten Fußboden ein. Er folgte der Blutspur in das größte Zimmer der Wohnung. Zusammengekrümmt wie ein Embryo lag Franz Gedert auf dem Boden in einer Lache Blut. Django bückte sich. Neben der Leiche lag ein Hammer, blutverschmiert. Instinktiv griff er danach und wurde sich umgehend seines Fehlers bewusst. Da hörte er ein Geräusch hinter sich, zog seinen Deringer und drehte sich um.

»Polizei! Hände hoch!«

Django ließ die Waffe fallen und hob die Hände, die brutal nach unten gerissen wurden.

»Sie sind verhaftet, Sie werden des Mordes an Franz Gedert verdächtigt.«

Sie führten ihn durch das marode Treppenhaus, auf die Straße, stießen ihn in den Streifenwagen und fuhren ins Polizeipräsidium in der Ettstraße, nahe der Frauenkirche. Als Kind war er dort zum Spaß in den Teufelstritt gestiegen, der der Sage nach vom Teufel stammen sollte. Zum Teufel!

Den einzigen Anruf, die ihm die Beamten gewährten, nutzte er, um die Oma zu informieren. Sie musste für ihn ermitteln, ihn aus der Bredouille holen. Mord war kein Kinderspiel und Sing Sing kein Ort für einen Cowboy.

Nachdem er die Anweisungen durchgegeben hatte, war er froh, wieder in seine Zelle geführt zu werden, um endlich seinen Rausch ausschlafen zu können.

Die Oma machte sich währenddessen auf den Weg zum Tatort. Mit Taschenlampe und Stecken bewaffnet, schob sie sich von Mülleimer zu Mülleimer. Ein Schlipsträger sah sie mitleidig an. »Schau ned so blöd!«, schleuderte sie ihm rotzig entgegen, worauf er verächtlich die Nase rümpfte. Nach kurzer Zeit hatte sie gefunden, wonach sie gesucht hatte. Jetzt musste sie sich, aber vor allem Django, noch bis morgen gedulden, denn das Deutsche Museum 123 hatte logischerweise schon geschlossen.

Als die Oma am nächsten Morgen, umringt von einer Horde Schulkinder, auf der Museumsinsel wartete, bis das Besucherlabor öffnete, hatte Django bereits das zweite Verhör hinter sich. »Kommissar Rutzmoser hat sie gesehen, wie Sie und das Opfer kurz hintereinander aus der Deutschen Eiche gekommen sind. Klarer Fall von Mord aus Eifersucht«, sagte der ermittelnde Beamte.

Django kam mittlerweile auf dem Zahnfleisch daher und die Polizisten hatten ihm trotz mehrfachen Bittens einen Arzt verweigert. Irgendwas stimmte nicht mit seinem Genick, es fühlte sich an, als würde ein Messer darin stecken. Entweder kam es von Gederts Würgegriff oder von etwas anderem, was er für wahrscheinlicher hielt. Um das abzuklären, brauchte er einen Arzt. Denn 2,5 Promille kamen keinesfalls von einer Flasche Wein, die er nicht einmal allein getrunken hatte.

Die Mitarbeiter des DNA-Besucherlabors und die Schüler staunten nicht schlecht, als die Oma mit ihrem Rollstuhl hereinrollte. Aber noch mehr staunten sie, als sie sich Wegwerfhandschuhe überstreifte, aus einer Tüte ein weiteres Paar hervorzauberte und energisch forderte: »Die DNA brauche ich!«

Stunden später hatte sie das Gewünschte. Nun hing alles von den Polizisten in der Ettstraße ab. Wenn die nicht mitspielten, war ihr Enkel verloren.

Wieder einmal schob sich der Schlüssel in das Schloss von Djangos Zellentür. »B'such is da«, grunzte der Beamte.

Das konnte die Oma oder der Staatsanwalt sein. Es war die Oma. Sie grinste bis über beide Ohren und wollte ihn überhaupt nicht mehr loslassen.

»Sie vergleichen die DNA an den Handschuhen mit der vom Gedert. Es hat mich zwar ein bisserl Überzeugungsarbeit und ein Stückerl Erdbeerkuchen gekostet …«

»Wahrscheinlich war der Schandi auf Diät.«

»Die du da herin wahrscheinlich auch nicht weiter durchziehen kannst, oder?«

»Doch, weil ich gar keinen Hunger hab.«

»Wie ist denn das Ganze eigentlich passiert?«

»Ich glaube, die Wiemken, die Goas, die hat mich nur beauftragt, um mich als Mörder zu instrumentalisieren. Und der Dreyer ist ihr Komplize. Vielleicht gehört denen sogar das Haus, in dem der Gedert gewohnt hat. Jetzt haben sie ihn nämlich los. Versuch das Mal bitte rauszufinden, in der Zeit, wo ich auf die Auswertung der DNA warte.«

Wieder einmal überbrückte Django das Warten, in dem er ratzte. So ausgelaugt hatte er sich das letzte Mal nach dem Isener Waldfest gefühlt. Mittlerweile war er sicher, dass sie ihm hochprozentigen Alkohol gespritzt hatten.

Nach fünf Stunden kam der grantelnde Schandi zurück, um ihn aus der Zelle zu holen. »Sie können gehen.«

Total neben der Spur stromerte er zum Promenadenplatz, an diversen Denkmälern und der Michael-Jackson-Gedenkstätte vorbei. An der Ecke Kardinal-Faulhaber-Straße, vor einem Laden, in dem ein Gürtel 200 Euro kostete, blieb Django stehen. Da lag er und wurde täglich mit Füßen getreten. Vor Jahrzehnten war er von einem Rechten erschossen worden, der Begründer des Freistaates Bayern: Kurt Eisner [124]. Kein Wunder, dass er in der Hauptstadt, in der es immer schwieriger wurde, eine Wohnung zu finden, wie ein Haderlump behandelt, mit Füßen getreten wurde. Lediglich eine Frau kletterte über ihn hinweg, worauf Django weiterhatschte. Die Parfümwolke des Ladenbesitzers mit dem sündteuren Gürtel roch er aber noch. Der war gerade vor seinen Laden gegangen, um nachzuschauen, was der Santler dort machte.

Django dackelte bis zum Hofgarten [125]. Weil er so lange eingesperrt gewesen war, musste er sich einfach bewegen. Als es ihm zu warm wurde, zog er, kurz nachdem er im Englischen Garten angekommen war, am japanischen Teehaus Stiefel und Socken aus. Jetzt kam er sich zwar wie ein Indianer vor, genoss aber trotzdem den kalten Boden, wenn er in den Schatten trat. Am Eisbach riss er sich die restlichen Kleider vom Leib, ließ sich unbeholfen in das eiskalte Wasser gleiten. Die starke Strömung wusch den Dreck der letzten Stunden von ihm. Dann stieg er aus dem hellgrünen Wasser, nackt, wie ihn seine toten Eltern geschaffen hatten. Er schaute über den Bach auf den Monopteros oben auf dem Hügel, atmete tief durch und fühlte sich unglaublich frei.

114 Frauenkirche mit Teufelstritt: Wahrzeichen der Stadt. Gotische Dom- und Stadtpfarrkirche aus dem 15. Jh. Ruhestätte von Wittelsbachern und Erzbischöfen. Fußabtritt in der Eingangshalle ›Teufelstritt‹ – der Überlieferung nach Entstehung bei einem Wettstreit des Teufels mit dem Baumeister.

115 Neuhauser Tor: Heute Karlstor, am Stachus. In den Ecken des Haupttorbogens die sogenannten Kragenköpfe (besondere Münchner Persönlichkeiten: Kutscher Krenkl, Baron Sulzbeck, Finessensepperl und Bayerns letzter Hofnarr). Entstanden im 14. Jh. Umbau u. a. 1861 im gotischen Stil.

116 Die Bürgersaalkirche ist um 1700 entstanden. Erstes kirchliches Museum der Stadt, Pater Rupert Mayer gewidmet. Oberkirche barocker Saal mit modernem Deckenbild, Unterkirche Krypta.

117 Drückebergergasse, Feldherrnhalle
Drückebergergasse: Eigentlich Viscardigasse. Mit schmalem Pfad aus hellem Pflaster. Viele Münchnerinnen und Münchner wählten diesen Weg, um der von den Nationalsozialisten erteilten ›Grußpflicht‹ zu entgehen.
Die Feldherrnhalle wurde von 1841 bis 1844 nach der Loggia dei Lanzi in Florenz erbaut. König Ludwig I. hatte Friedrich von Gärtner dazu beauftragt.

118 Kabinettsgarten: hinter der Allerheiligen-Hofkirche der Residenz inmitten der Altstadt. Ruhiger, da versteckter Ort. Entstanden im Rahmen der Sanierung der Allerheiligen-Hofkirche, Neugestaltung 2003. (Bunte Fliesen in den Wasserspielen sind Reminiszenz an die Mosaike der Kirche.)

119 Deutsche Eiche, Leo von Klenze Denkmal: Im Gärtnerplatzviertel. 3-Sterne-Hotel, Restaurant, Sauna. Einer der ältesten Szenetreffpunkte der Schwulen. U. a. von Rainer Werner Fassbinder geschätzt.
Leo von Klenze Denkmal: (Schaffer der Propyläen und Glyptothek auf dem Münchner Königsplatz, Ruhmeshalle)
Denkmal am Gärtnerplatz, von der Deutschen Eiche gestiftet. Königsplatz in der Maxvorstadt. Im Sommer Konzerte und Kinovorstellungen. Glyptothek, die im 19. Jh. von Ludwig I. in Auftrag gegeben wurde, von Leo von Klenze fertiggestellt. Ähnlicher Verlauf bei den Propyläen. Klassizistisches, repräsentativstes Stadttor. Ruhmeshalle hinter der Bavaria-Statue. Säulenhalle mit Büsten bedeutender Bayern aus den letzten Jahrhunderten.

120 Michaelskirche (mit Wittelsbacher Fürstengruft): In der Fußgängerzone. Erste deutsche Renaissancekirche. An der Fassade 15 Statuen ehemaliger Herrscher. Ende des 16. Jhs. erbaut. Mit Triumphbögen nach antikem Vorbild. In der Fürstengruft ruhen u. a. Wilhelm V., Kurfürst Maximilian I. sowie König Ludwig II.

121 Marienplatz (mit Glockenspiel, Fischbrunnen und Kirche St. Peter): Glockenspiel auf Höhe des Rathausdaches. Größtes Exemplar Deutschlands (43 Glocken). Solarbetrieben.
Am Fischbrunnen wäscht der Münchner Oberbürgermeister am Aschermittwoch den leeren Geldbeutel der Stadt. In der Hoffnung, dass er dadurch im nächsten Jahr wieder voll sein wird.
Die Kirche St. Peter, von den Münchnern liebevoll der Alte Peter genannt, ist die älteste Pfarrkirche der Stadt. Eine der besten Ausblicke auf die Stadt von der Plattform am Turm (91 Meter hoch). Barocker Hochaltar, Reliquien der heiligen Munditia.

122 Royal-Veggie-Döner: Vegetarisch, veganes und fleischliches Fastfood-Restaurant. Arnulfstraße 5. täglich von 10-22 Uhr geöffnet (außer So.)

123 Deutsches Museum: Etwas 50 Themenbereiche der Naturwissenschaften und Technik, u. a. Flugzeuge, Bergstollen, die besichtigt werden können. Sternwarte soll bis zum Frühjahr 2015 saniert worden sein.

124 Kurt-Eisner-Denkmal: Bodenplatte mit Umriss des ermordeten Eisner am Tatort. Seit 2011 zusätzlich Glas-Skulptur am Oberanger (mit Zitat, das bei Dunkelheit beleuchtet wird).

125 Hofgarten und Englischer Garten: Hinter dem Odeonsplatz. Blumenbeete, Kieswege, Pavillons. Anfang des 17. Jhs. entstanden. Wandmalereien im seitlichen Arkadengang.

Englischer Garten (mit japanischem Teehaus und Eisbach: Weitläufige Grünflächen, vom Monopteros aus schöner Ausblick. Am südlichen Ende Surfmöglichkeit im Eisbach. See mit Bootverleih, Reitwege u. a. Japanisches Teehaus auf der kleinen Insel beim Haus der Kunst, seit den olympischen Sommerspielen 1972. Mit Zen-Übungsweg.

**MICHAEL GERWIEN**
Brummschädel

978-3-8392-1757-3 (Paperback)
978-3-8392-4777-8 (pdf)
978-3-8392-4776-1 (epub)

»Zwei weibliche Mordopfer, zwei mögliche Täter, die sich an nichts erinnern können, und zwei Ermittler, die normalerweise so gut wie jede harte Nuss knacken.«

Ein Geschäftsmann erwacht morgens neben seinem Bett im Hotelzimmer. Er hat keinerlei Erinnerung mehr an die Ereignisse der letzten Nacht und sein Kollege, mit dem er letzte Nacht noch in der Hotelbar gesessen hat, ist spurlos verschwunden. Parallel dazu wird der Münchner Exkommissar und jetzige Privatdetektiv Max Raintaler zu einem Tatort am Isarufer gerufen. Nördlich der Museumsinsel liegen mitten in der Stadt die Leichen zweier junger Russinnen. Besteht ein Zusammenhang zwischen den beiden Ereignissen?

**ANDREAS SCHRÖFL**
Brauerehre

978-3-8392-1754-2 (Paperback)
978-3-8392-4771-6 (pdf)
978-3-8392-4770-9 (epub)

»Ein Bier-Krimi, der in die besondere Welt der Bierbrauer sowie in die Münchner Lebensart entführt und gleichzeitig den Ermittler im Leser weckt.«

In der Münchner Sternbrauerei wird kurz vor dem Oktoberfest ein Mitarbeiter brutal ermordet. Der »Sanktus«, ein Bierbrauer, Expolizist und Original-Münchner, versucht, den Mörder seines Freundes zu finden. Unterstützt wird er dabei von seinen ehemaligen Brauerkollegen und der Tochter des Brauereidirektors, Sanktus' Jugendliebe. Seine abenteuerliche Recherche leitet ihn quer durch die facettenreiche Isarmetropole, auf das Oktoberfest und tief hinein in die nicht ganz so heile Welt der Münchner Bierbrauer.

GMEINER SPANNUNG

WWW.GMEINER-VERLAG.DE
*Wir machen's spannend*

# Das Neueste aus der Gmeiner-Bibliothek

## Unsere Lesermagazine

Bestellen Sie das kostenlose KrimiJournal in Ihrer Buchhandlung oder unter www.gmeiner-verlag.de

## Informieren Sie sich …

**www** … auf unserer Homepage:
www.gmeiner-verlag.de

**@** … über unseren Newsletter:
Melden Sie sich für unseren Newsletter an unter www.gmeiner-verlag.de/newsletter

**f** … werden Sie Fan auf Facebook:
www.facebook.com/gmeiner.verlag

## Mitmachen und gewinnen!

Schicken Sie uns Ihre Meinung zu unseren Büchern per Mail an gewinnspiel@gmeiner-verlag.de und nehmen Sie automatisch an unserem Jahresgewinnspiel mit »mörderisch guten« Preisen teil!